■ 本书获集美大学第二批应急管理专业课教材立项课题"邮轮安全与管理"（项目编号：Z921208）资助

■ 本书为福建省本科高校教育教学研究项目"人工智能背景下'五位一体三融合'推进'新商科'教学改革的实践探索"（项目编号：FBJY20240201）、集美大学本科教研重点项目"数字赋能邮轮旅游人才培养的模式与路径研究"（项目编号：C150954）成果

应急管理系列教材

总主编：沈灿煌

邮轮安全 与应急管理

主　编：陈岩英　黄　倩　黄晓波

厦门大学出版社
XIAMEN UNIVERSITY PRESS

国家一级出版社
全国百佳图书出版单位

图书在版编目（CIP）数据

邮轮安全与应急管理 / 陈岩英，黄倩，黄晓波主编.
厦门 ：厦门大学出版社，2025. 5. -- （应急管理系列教
材）. -- ISBN 978-7-5615-9743-9

Ⅰ. F590.7

中国国家版本馆 CIP 数据核字第 2025G5T836 号

责任编辑　施建岚
策划编辑　张佐群
美术编辑　张雨秋
技术编辑　朱　楷

出版发行　厦门大学出版社
社　　址　厦门市软件园二期望海路 39 号
邮政编码　361008
总　　机　0592-2181111　0592-2181406(传真)
营销中心　0592-2184458　0592-2181365
网　　址　http://www.xmupress.com
邮　　箱　xmup@xmupress.com
印　　刷　厦门金凯龙包装科技有限公司

开本　787 mm×1 092 mm　1/16
印张　13.25
插页　2
字数　268 千字
版次　2025 年 5 月第 1 版
印次　2025 年 5 月第 1 次印刷
定价　48.00 元

厦门大学出版社
微信二维码

厦门大学出版社
微博二维码

总　序

　　2019 年 11 月 29 日,习近平总书记在主持中共中央政治局第十九次集体学习时强调,应急管理是国家治理体系和治理能力的重要组成部分,承担防范化解重大安全风险、及时应对处置各类灾害事故的重要职责,担负保护人民群众生命财产安全和维护社会稳定的重要使命。2020 年新冠疫情暴发,我国在应对社会性重大突发事件过程中暴露出的短板和不足,反映出健全国家应急管理体系、提高处理急难险重任务的能力迫在眉睫。加强应急管理体系和能力建设,强化应急管理全流程理论研究与教学实践,既是一项紧迫任务,又是一项长期任务。因此,发挥高校人才的智力优势,助力国家的应急管理人才培养和科学研究是新时代高校肩负的神圣使命。

　　集美大学是习近平同志曾经担任过校董会主席的高校,当年习近平同志要求集美大学充分调动师资队伍的科技要素和社会相结合,在产学研优化结合方面对社会生产力的发展作出贡献,突出集美大学的学科特色,加上体制创新,培养更多的学科增长点。集美大学发挥学科专业优势,积极参与国家应急管理体系建设,2020 年经批准成为福建省唯一的"应急安全指挥学习工场(2020)"暨应急管理学院建设试点高校,致力于培养应急管理领域高层次研究与实践人才。2021 年,集美大学申办应急管理专业获批;同年,应急管理研究院正式成立。高起点办好一流专业,需要一流师资、一流课程,更需要一流教材。学校联合国内应急管理龙头企业加强应急管理体系建设,组织一批应急管理专家学者开展理论研究和实践教学总结,邀请国内应急管理有关专家,高标准、高质量编写了应急管理系列教材,包括《应急管理基础理论》《应急管理工程技术理论》《应急管理信息化应用》《应急管理法律理论与实践》《海岸带灾害应急管理概论》《海洋灾害与应急管理》《邮轮安全与应急管理》《应急管理案例分析与研究》。该系列教材紧密结合国家应急管理实践要求,注重对应急管理基础理论、技术应用、实际案例、法律法规、涉海应急等内容的梳理,将我校"工海"优势学科应用于涉海应急管理领域,形成独具特色的涉海应急管理教学、研究一体化教材。

该系列教材的出版,表明了集美大学对服务好国家应急管理战略的决心和能力,是我校应急管理学科专业建设的阶段性成果,展示了我校应急管理专业建设成效,极大地增强了我校的应急管理人才培养能力,提升了我校应急管理的研究水平。我校将进一步深化应急管理研究成果和实践教学的应用和转化,为服务国家应急管理战略贡献更大的力量。

2022 年 5 月 28 日

目　录

第一章

邮轮安全与应急管理概述

【学习引导】

　　安全是邮轮产业发展的生命线,是邮轮产业高质量发展的基本保障。本章主要阐述邮轮安全与应急管理的战略意义、时代挑战以及发展历程,进一步明确安全管理对邮轮产业发展的重要性,并深入分析邮轮安全与应急管理的产生背景、邮轮国际技术标准的制定和发展、邮轮安全风险主体类型的转向以及邮轮安全管理体系的发展与完善。

【学习目标】

　　1.理解邮轮安全与应急管理的战略意义。

　　2.了解邮轮安全与应急管理的时代挑战。

　　3.了解邮轮安全与应急管理的发展进程。

　　党的十八大以来,习近平总书记多次强调建设海洋强国,党的二十大报告再次作出了"加快建设海洋强国"重大部署。邮轮业具有产业链长、经济带动性强的显著特点,对促进海洋经济发展具有重要意义。但频繁发生的邮轮突发事件使邮轮产业遭受极大损失,严重打击消费者信心,阻碍邮轮产业健康发展。因此,充分理解邮轮安全事件的发生规律,剖析邮轮安全与应急管理的内容体系,能够有效保障游客人身安全,降低邮轮运营成本,促进邮轮产业高质量发展。

第一节　邮轮安全与应急管理的战略意义

一、保障邮轮经济高质量发展

习近平总书记指出,安全是发展的前提,发展是安全的保障。党的二十大报告提出以新安全格局保障新发展格局,通过安全发展推动高质量发展和高水平安全动态平衡,努力实现高质量发展和高水平安全的良性互动。当前,我国邮轮产业正处于快速发展阶段,邮轮安全管理水平、应急处置能力直接关系到邮轮经济能否实现高质量发展。因此,深入理解邮轮安全与应急管理的工作内容,建立健全邮轮安全与应急管理体系,对于我国邮轮经济高质量转型发展具有重要战略意义。

邮轮产业是高度敏感型产业,业内外突发事件都可能影响邮轮产业的稳定发展。2019年前,中国邮轮产业的直接经济贡献高达140亿元,据国际邮轮协会统计(Cruise Lines International Association,CLIA),2018年全球邮轮游客量达到2850万人次,亚洲地区邮轮游客量达到420万人次,中国自2006年发展邮轮业以来,一直保持高速发展的强劲势头,邮轮旅游已成为推动海洋经济发展的新动力。2019年底的突发公共卫生事件发生后,我国邮轮产业处于停摆状态,严重阻碍了我国邮轮产业的高速发展,对我国处于发展初期的邮轮产业造成严重破坏。

突发公共卫生事件在重创邮轮产业的同时,也重构了全球邮轮产业格局,为我国发展邮轮经济创造了新契机。2021年12月,国务院印发的《"十四五"旅游业发展规划》提出要有序推进上海等地邮轮旅游发展,加强灾害事故重大风险防范和涉旅突发事件应对;2022年8月,工业和信息化部、国家发展改革委、财政部、交通运输部、文化和旅游部联合发布《关于加快邮轮游艇装备及产业发展的实施意见》,提出要大力发展邮轮旅游;2023年11月,首艘国产邮轮"爱达·魔都"号邮轮正式交付,意味着我国正式进入邮轮全产业链发展阶段。因此,为适应邮轮产业高质量发展的步伐,亟须建立完善的邮轮安全与应急管理体系,加强邮轮产业对事故灾难风险的防范能力和突发事件的应对能力,为我国邮轮产业高质量发展提供安全保障。

二、降低邮轮产业运营成本

邮轮突发事件相较一般旅游突发事件产生的影响更具广泛性、严重性和衍生性，严重增加邮轮产业运营成本。因此，加强邮轮安全与应急管理研究对于降低邮轮产业运营成本具有重要战略意义。

邮轮突发事件通常破坏力大，造成损失严重，由此增加邮轮运营成本。一方面，因邮轮载客量大、海上巡航时间长等特点，食物中毒、传染性疾病等事件的发生容易造成大规模游客健康受到威胁。例如，2023年2月26日至3月5日，"红宝石公主"号邮轮上有284名邮轮旅游者和34名船员出现呕吐和腹泻症状。另一方面，邮轮体量大、造价高，一旦发生火灾、爆炸、触礁、碰撞、倾覆等事故，容易造成高额经济损失。如2012年歌诗达"协和"号发生触礁事故，造成32人遇难，船内有6000多件艺术品受损，该邮轮造价为6.12亿美元，打捞耗费20亿美元。

邮轮突发事件可能导致邮轮产业链蒙受损失，增加邮轮产业健康发展成本。2019年突发公共卫生事件发生后，全球邮轮航线全部停航，全球邮轮产业受到严重打击。其中，嘉年华集团、皇家加勒比邮轮集团、诺唯真邮轮集团等三大邮轮集团总市值蒸发超过500亿美元，部分大型邮轮公司因取消航次直接损失7亿～10亿元，小型邮轮公司的损失在5000万元左右，而为邮轮公司和港口配套的其他供应商、企业等预计损失10亿元左右。更有邮轮公司因此宣告破产，2020年3月日本神户夜光邮轮公司宣布破产，成为该突发公共卫生事件暴发以来第一家宣布破产的邮轮企业。

因此，系统探究邮轮安全与应急管理内容体系，有助于强化邮轮旅游者安全意识及防范能力，并从根本上预防安全事故的发生，减少突发事件对邮轮产业造成的损失，从根本上降低邮轮产业发展成本。

三、维护邮轮旅游高端品牌形象

邮轮旅游通常定位为高端产品，在消费场景、消费群体、服务水准等方面都呈现高端化形象，突发事件容易损害游客对邮轮旅游的高品质心理定位，导致邮轮旅游品牌形象受损，进而影响邮轮旅游市场的开发和渗透。

邮轮突发事件降低消费者安全感，打击邮轮消费者信心。现代通信技术十分发达，邮轮突发事件经由媒体大肆报道，可能在一定程度上放大邮轮旅游风险，损害邮轮旅游整体形象。"钻石公主"号邮轮上突发公共卫生事件大规模暴发之后，网络言论表明民众普遍存在负面情绪。随着邮轮每日确诊病例人数在短期内大幅攀升，"钻石公主"号被邮轮旅游者和公众形象类比成"恐怖邮轮""海上监狱"。随着网络舆情开始发酵,经过短时间的汇聚以及危机事件的发展,民众因受到关键节点事件的冲击而在短时间内情绪放大或观点极化,导致舆情演化的弛豫时间延长。

邮轮突发事件严重损害邮轮旅游国际声誉,影响旅游市场品牌塑造。邮轮旅游是一种高度国际化的旅游方式,参与邮轮旅游的游客和工作人员来自世界各地,邮轮突发事件的发生导致国际游客和工作人员对邮轮旅游产生负面评价,进而影响邮轮市场的国际声誉。以我国"霸船"事件为例,据统计,2012—2014 年发生在上海水域的"霸船"事件达 13 起,最严重的一次涉及近 400 人,"僵持"9 个小时。此类事件不仅给港口、邮轮公司、政府带来重大损失,也严重损害我国邮轮旅游产业的国际形象,甚至可能对其他游客和公民产生不良示范效应。

因此,系统探究邮轮安全与应急管理的内容体系,有助于塑造邮轮旅游品牌形象,增强邮轮旅游者的安全感和消费信心,进而促进邮轮旅游市场拓展。

第二节　邮轮安全与应急管理的时代挑战

一、邮轮安全风险因素复杂

邮轮安全风险因素复杂多样,各类安全风险隐患交织叠加,导致邮轮突发事件频发,对邮轮安全保障与应急管理造成难度。李明琨和蒋欣颖(2020)基于多元集合结构的邮轮安全事故致灾原理,建立了基于基础原因(缺陷因素,包括员工能力缺陷、邮轮旅游者行为和心理素质缺陷以及邮轮设施缺陷)、直接原因(非人为突发状况)以及触发原因(危急情况下人的不安全决策与行为)的邮轮安全预警指标体系。Mileski 等(2014)对 580 次邮轮事故与灾难产生的原因进行分析后认为,邮轮安全事故基本成因可划分为船舶设计缺陷、船员人为错误、船舶缺乏适当维护和不确定原因,并认为基本原因的组合也是造成海难事故的原因。Roberts(2008)认为造成海难事故的主要原因有台风、风暴、严重大风、货舱的爆炸以及低能见度导致的碰撞。Lu 和 Tseng(2012)通过分析得出,船员能力对邮轮旅游者安全影响最大,而《国际海上人命安全公约》(International Convention for Safety of Life at Sea,SOLAS)(1974)中提到的船舶结构、安全设备、导航、通信等因素却是次要的。罗景峰(2015)将海难事故系统的原因总结为人、机和环境 3 个要素,认为他们之间存在非线性相干作用。印桂生等(2021)通过对典型邮轮事故案例进行分析,将事故原因总结为船舶设备因素和人为因素,其中船舶设备因素分为内部因素和外部因素,人为因素分为船员因素和邮轮旅游者因素。

在实际运营过程中,很多邮轮突发事件并不是单一风险因素引发的,而是复合风险因素共同作用的结果。邮轮突发事件风险类型复杂,增加了风险识别、监测预警和预防预备的难度,给应急管理工作带来了巨大挑战。

二、邮轮突发事件类型多样

综观历史上发生的邮轮突发事件,主要有火灾、碰撞、搁浅、传染性疾病、旅游犯罪等多种类型。栾晨焕(2016)根据《中华人民共和国突发事件应对法》将邮轮旅游突发事件分为自然灾害、事故灾难、公共卫生事件和社会安全事件,认为邮轮运输突发事件具有人为因素突出、事件连锁反应以及话语权变异等特点,未来邮轮突发事件应急体系的重心应该逐渐偏向对制度性风险的防范以及对话沟通机制的建设上。夏贤坤(2019)将邮轮交通突发事件险情信息分为特别重大(Ⅰ级)、重大(Ⅱ级)、较大(Ⅲ级)、一般(Ⅳ级)4个等级。从细分角度看,邮轮突发事件常见类型多样。以邮轮公共卫生事件为例,包括诸如病毒、流感、麻疹和退伍军人病等。以邮轮纠纷为例,叶欣梁和李涛涛(2015)将邮轮承运纠纷分为邮轮延误、航线变更或取消、强制滞留等八类。

邮轮突发事件通常损害规模大,造成的损失严重。以邮轮传染性疾病为例,2022年1月,美国有超过90艘邮轮染疫,约5000例突发公共卫生事件感染病例,美国疾控中心关于避免乘坐国际邮轮和国内邮轮旅行的建议一经发布,美国三大邮轮公司股价应声下跌,其中嘉年华集团股价下跌1.2%至20.53美元,皇家加勒比集团股价下跌1.1%至77.35美元,诺唯真邮轮集团股价下跌2.6%至21.02美元。

邮轮突发事件种类多、发生频率高、造成损失重,且事件的隐蔽性、复杂性、耦合性强,容易引发衍生事故,进一步增加风险防控和应急处置的复杂性及难度;通常不仅造成大规模人员伤亡,同时也造成巨大经济损失,甚至影响邮轮旅游国际声誉和未来发展布局,给邮轮安全管理带来极大挑战。

三、邮轮应急管理体系有待完善

目前,我国应急管理体系不断健全完善,已经形成统一指挥、专常兼备、反应灵敏、上下联动的中国特色应急管理体制,修订了一系列应急管理法律法规和应急预案,有效推动了我国应急管理事业的发展。但我国邮轮突发事件的应急处置经验较少,邮轮突发事件应急管理政策法规、体制机制建设以及预案建设等尚不完备,这不利于邮轮突发事件的科学处置,制约了邮轮产业的安全有序发展。

我国应急管理相关政策法规较为完备,但专门针对邮轮安全与应急管理的政策法规尚未出台。《中华人民共和国突发事件应对法》是突发事件应对的"母法",其基本制度原理可以适用于大型邮轮,但未专门针对大型邮轮进行规制,对邮轮突发事件的应对操作性指导较为有限。在交通运输政策法规方面,我国现有《中华人民共和国海上交通安全法》《中华人民共和国海商法》《中华人民共和国国际海运条例》《国内水路运输管理条例》等法律法规,并未涉及邮轮安全相关规定。当前邮轮安全与应急管理的重要工作内容之一,是推进邮轮突发事件应急管理政策、法规、规章的制定与修订,为邮轮突发事件应急管理夯实法治基础。

当前,我国邮轮应急管理涉及的部门纷繁,未能围绕邮轮场景进行体系化建设,尚未形成应急主体部门之间的联动机制。涉及邮轮安全与应急管理的部门众多,以厦门市为例,包括了厦门港口管理局、厦门市口岸办、厦门鹭江海事处、厦门邮轮港海关、高崎出入境边防检查站、厦门市海上搜救中心等政府部门,还包括了厦门国际邮轮母港集团、邮轮公司和旅行社等企业。一旦发生邮轮突发事件,难以快速构建统一的应急指挥体系,不利于邮轮突发事件的应急处置,因此亟须提高各部门之间的协调合作、高效运转和综合统筹能力。

目前我国缺乏围绕邮轮突发事件编写的应急预案,无法保证邮轮突发事件得到快速有序妥善的处置。现有的《国家突发公共事件总体应急预案》《水路交通突发事件应急预案》等,虽对邮轮突发事件应对提供了纲领性指导,但未能专注于邮轮,对于邮轮管理者和邮轮运营者而言,仍然需要更为具体的操作性预案指导。现有的《国家海上搜救应急预案》等海上搜救预案更倾向于一般船舶,导致与邮轮旅游特质挂钩的旅游主管部门常常被排除在应急预案的成员单位之外。上海市、深圳市在邮轮突发事件预案建设方面较为领先,深圳市 2017 年发布《深圳市邮轮旅游突发事件应急预案》(2017),但还有较多邮轮港口城市尚未建立完善的邮轮突发事件应急预案。

邮轮对于中国市场而言仍然是新兴事物,邮轮突发事件的应对能力薄弱、公众风险防范意识不足等问题比较突出,邮轮应急管理体系和能力与邮轮产业高质量发展的要求还存在差距。《"十四五"国家应急体系规划》提出七大重点任务,其中包括构建优化协同高效的治理模式、夯实应急法治基础等内容,在《"十四五"国家应急体系规划》的指导下,邮轮应急管理体系建设将更加完备。

四、邮轮应急管理国际合作机制不成熟

邮轮经停不同的港口,搭载不同国家的旅游者,邮轮安全与应急管理涉及港口国、

船旗国、沿海国、邮轮公司所属国等诸多利益方,应急联动和国际合作显得尤为重要。2019 年底突发的公共卫生事件暴露出国际社会针对邮轮突发事件缺乏明确定义的共同管理战略问题。这不利于邮轮突发事件的妥善处置,阻碍全球邮轮业的安全有序发展。

邮轮旅游国际化程度高,往往涉及多个国家和地区。根据《联合国海洋法公约》第 91 条、92 条和 94 条,邮轮有权利悬挂船旗国旗帜,船旗国应对悬挂该国旗帜的船舶有效地行使行政、技术及社会事项上的管辖和控制。当邮轮在公海区域时,应由船旗国对邮轮进行管理,当邮轮靠港后,船旗国依然有义务对其进行管控。但实际上,邮轮突发事件发生之后,直接面临商业风险的责任主体是邮轮经营者,而非船旗国,因此船旗国并没有处置邮轮相关突发事件的压力。邮轮港口所在国家和地区是否接受发生突发事件的邮轮靠岸,一定程度上取决于本地区的应急处置资源。以"钻石公主"号邮轮为例,船旗国是英国,船舶经营者来自美国嘉年华公司,邮轮母港是日本的横滨港,邮轮载有 56 个国家和地区的 2666 名游客和 1045 名工作人员。突发公共卫生事件发生后,"钻石公主"号邮轮的船旗国、港口所在国、船舶经营者所在国、邮轮旅游者和船上工作人员国籍国,这些主体应该承担什么样的责任、相互之间应该如何协作,未形成统一认识。根据《联合国海洋法公约》(United Nations Convention on the Law of the Sea,1982,以下简称 UNCLOS 1982),"钻石公主"号邮轮在海上航行期间,对邮轮行使管理职责的是英国,美国嘉年华邮轮公司作为邮轮旅游的实际运营和管理主体,也应承担相应的管理职责。在面对国际性邮轮突发公共卫生事件时,邮轮公司能够采取的应急措施相对有限。

因此,不少学者呼吁应尽快达成船旗国和港口国之间的合作,克服在执行国家主权原则和援助海上遇险人员之间的冲突。建立政府、政府间组织、非政府组织、行业间的多边协调、合作和协作机制,有助于构建运行良好的旅行卫生命运共同体。同时,应进一步修订与邮轮旅游有关的国际条例,完善相关海事法律制度,制定框架性公共卫生安全国际合作协议,构建针对各类突发事件的邮轮安全合作机制。

第三节　邮轮安全与应急管理的发展进程

一、邮轮安全与应急管理产生的背景

随着邮轮旅游产业发展步伐加快,邮轮突发事件也在不断发生。尽管邮轮建造和维护的新型技术不断更新,国际公约、法律法规不断完善,邮轮突发事件仍然时有发生,对邮轮产业的健康发展、邮轮旅游者的生命财产安全造成威胁。1912年"泰坦尼克"号沉没、2012年歌诗达"协和"号触礁事故,2020年"钻石公主"号邮轮发生公共卫生事件等邮轮突发事件,都在时刻提醒邮轮业界和学界邮轮安全与应急管理的重要性。因此,掌握邮轮安全与应急管理的规律和方法成为邮轮业发展的迫切需要。为防止事故发生、减少事故损失、确保邮轮安全运营,1959年1月6日国际海事组织(International Maritime Organization,IMO)成立,专门负责海上航行安全和防止船舶造成海洋污染相关问题。该组织对于世界各国的海上航行安全起到重要作用,对于邮轮海上航行安全和运营安全起到重要作用。国际海事组织成立之后,不断吸取事故经验教训,吸收科学研究成果,先后制定了一系列重要的国际公约,从法律和技术上对邮轮船舶设计、设备性能、操作规程、人员培训作出了规范,包括《国际海上人命安全公约》《海员培训、发证和值班标准国际公约》《制止危及海上航行安全非法行为公约》等,有效提升了海洋安全。随着国际海事组织的各项规制生效实施,不断发展的技术和过去事故中的经验教训促使该组织不断修订相关规制,并带来积极改变。

二、邮轮国际技术标准的制定和发展

1912年4月15日,英国皇家邮轮"泰坦尼克"号在由英格兰南安普敦港驶往美国纽约的处女航中因与冰山相撞而沉没。这场空前悲惨的海难事故为邮轮旅游安全敲响了警钟。"泰坦尼克"号邮轮的海难事故促进了《国际海上人命安全公约》(SOLAS)的制定,自此,全世界各国的邮轮组织和企业更加关注邮轮安全问题。

"泰坦尼克"号沉没事故发生后,相关部门进行了事故原因调查。从设施设备的角度看,造成事故的原因包括:"泰坦尼克"号邮轮的水密分隔舱壁高度不够,导致船舱破损后海水流入其他船舱;船壳钢板韧性不足,导致邮轮撞击冰山后船壳快速断裂;邮轮上配备的救生设备严重不足,导致人员伤亡惨重,全船只配备20只救生艇,只可供1178人乘用。从管理制度角度看,邮轮应急逃生程序混乱;当时海上船舶没有建立严格的无线电值班制度,"泰坦尼克"号与冰山相撞25分钟后才用无线电设备发出国际求救信号,但当时距离最近的一艘船舶无线电无人值班,导致求救信号未被接收。

"泰坦尼克"号沉船事故发生后,国际上呼吁制定一部所有海洋船舶共同遵守的安全准则,以有效提高海上航运安全、保障人命安全。1914年,英国政府邀请各国代表在伦敦开会研究船舶安全问题,由此制定了第一部SOLAS。SOLAS在技术、设备和管理制度等方面对从事国际航行的商船特别是客船提出了更高的安全要求,规定船舶应设置水密隔舱并耐火,客船应配备救生设备和防火、灭火设备,要求50名乘员以上客船必须配备无线电报机,还建立了北大西洋冰区巡逻制度。这些规定和标准有助于提升邮轮海上航行安全,减少突发事件发生概率以及可能造成的人身安全和财产损失。

SOLAS 生效后,经历了多次修正,其中不乏因业内外重大危机事件而进行的修正。1990 年"斯堪的纳维亚之星"号客船发生火灾,导致 158 人死亡。1992 年 4 月 SOLAS 修正案对防火安全措施、应急照明设置、通用应急报警系统等提出更高要求。2006 年"星公主"号客船发生火灾事故,火灾首先发生在外部阳台而后波及甲板。2006 年 12 月 SOLAS 修正案对客船舱室带露台的防火布置提出更高要求。2001 年"9·11"事件发生后,为预防海上恐怖袭击事件的发生,2002 年公约修正案将《国际船舶和港口设施保安规则》(ISPS)变更为强制标准,要求船舶配备自动识别系统(AIS)、连续概要记录(CSR),为进一步加强船舶安保管理,要求船体刻上能够永久识别的国际海事组织(IMO)编号。2006 年 SOLAS 修正案为了配合反恐,对船舶提出了配备远程识别与跟踪系统(LRIT)的要求。2013 年 6 月 SOLAS 修正案对应急培训和演习、船载航行系统和设备配备提出新的要求。2012 年歌诗达"协和"号触礁搁浅,造成 32 人死亡。2017 年 6 月 SOLAS 修正案增加新造客船在碰撞或搁浅后发生进水时保持稳性①的能力要求。

SOLAS 历经百余年的发展,经过数次内容上的修正和扩展,从最初适用于船舶设计、建造技术标准扩展为现在适用于多种类型船舶设计、建造、经营管理的综合性技术标准,每一次修正和扩展背后都凝聚了海上事故的经验教训和人类智慧,已成为当前邮轮海上人命安全的重要公约。

三、邮轮安全风险主体类型的转向

《国际海上人命安全公约》在邮轮船舶建造、设计以及设备配备等技术角度建立了统一的标准,减少了邮轮海上航行的风险,但邮轮以及相关的客船安全事故仍然屡屡发生。研究人员深入探索发现,邮轮等船舶的海上交通事故 80% 的引致因素是人为因素或管理因素,而非技术设备因素,过去的国际公约对邮轮船舶的安全技术标准十分重视,但忽视了人为因素和管理因素对海上交通事故的影响。因此,国际海事组织将对人的因素的研究纳入海上安全委员会和海上环境保护委员会的议事日程。各成员国和相关组织在人的因素议题下开展的主要研究包括事故中人的因素的识别、综合安全评估、疲劳与预防、事故中人的因素的调查、人的管理、人的知识与能力的培训以及安全文化等。

---

① "稳性"为船舶领域专业术语,指船舶抵抗外力不使其倾覆,当外力消失后能恢复到原平衡位置的能力。

邮轮海上航行安全与船员的素质能力高度相关,为进一步提高邮轮等船舶在海上航行的安全,国际海事组织制定了《1978年海员培训、发证和值班标准国际公约》(International Convention on Standards of Training, Certification, and Watchkeeping for Seafarers, STCW),第一次突出强调人在海上交通安全中的重要作用,也是第一个在国际上达成一致的关于海员培训、发证和值班基本要求的公约,旨在通过建立海员培训、发证和值班最低的国际标准,加强海上人命、财产安全和海洋环境保护。STCW经历了1995年和2010年两次全面的修订,及时更新船员适任标准,并建立了有效的实施审核机制。为了防止疲劳和适应值班以保证安全,强调了制定并实施参与值班的人员的作息时间,增加防止滥用药物和酒精的新要求,以及有关海员健康的新标准。

四、邮轮安全管理体系的发展与完善

1987年,载有邮轮旅游者463人、船员80人、小车81辆、货车47辆、其他车3辆的"自由企业先驱"号邮轮在离开港口航道700米处突然倾翻,整个过程只有1.5分钟,船上人员尚未作出求救反应,船舶就沉没在大海中。事故调查发现,船艏门未关、船舶超载、运载的车辆未固定等是造成事故的主要原因,反映出当时客船、商船在安全管理上的漏洞。因此,国际海事组织意识到仅制定和执行船舶的技术规范和标准远不足以保障船舶安全,应该建立一套科学有序的安全管理体系。在这样的背景下,1993年11月,国际海事组织第18届大会上通过了《国际船舶安全营运和防止污染管理规则》(International Safty Management Code for the Safe Operation of Ships and for Pollution Prevention, ISM)。根据该规则,航运公司要建立和实施安全管理体系和监督系统,明晰管理架构,明确责、权、利,建立、实施安全操作和维护保养的程序。《国际船舶安全营运和防止污染管理规则》的制定和实施,要求每个邮轮公司都建立安全管理体系,使邮轮公司逐渐形成安全管理文化,让邮轮公司和从业者完成了从被动遵守安全规定到主动思考安全问题的转变。

⟨?⟩复习思考

1.邮轮安全与应急管理具有什么意义?

2.邮轮安全与应急管理面临哪些时代挑战?

3.总结邮轮安全与应急管理的发展历程。

4.分析未来邮轮安全与应急管理的发展趋势。

 案例分析

案例一：1·13 歌诗达"协和"号触礁搁浅事故

2012 年 1 月 13 日，意大利歌诗达邮轮公司的大型豪华邮轮"协和"号从意大利首都罗马附近的奇维塔韦基亚港启航，踏上了为期 7 天的环绕地中海的旅程。

13 日 20 时左右，"协和"号在驶入意大利吉利奥岛附近海域时，不幸触礁搁浅。船长原本试图驾驶邮轮到附近的浅水区，以便放下救生艇疏散邮轮旅游者，不过未能成功，船长不得已下令所有邮轮旅游者和船员穿上救生衣弃船逃生。

回忆起惊心动魄的逃生经过，获救邮轮旅游者感慨良多，直言好似在电影里看到的"泰坦尼克"号沉没事故的重演。据一些邮轮旅游者反映，随着船体不断下沉和倾斜，惊慌失措的人们为了抢先登艇拥作一团，许多人被挤下舷梯。还有不少邮轮旅游者出于对邮轮沉没的恐惧，自行跳船逃生。其中有一名 70 多岁的男性邮轮旅游者，就是因为跳入冰冷的水中突发心脏病不幸身亡。不少邮轮旅游者对邮轮工作人员的处置方式表示不满，指责船长在事发后试图隐瞒真相，导致耽误了宝贵的逃生时间。此外，船员们也大多缺乏应对突发事件的经验和能力，不知道如何指导游客逃生，更不清楚如何操作释放船上的救生艇，致使整个疏散过程混乱不堪。

在继续搜寻水下船舱的同时，意大利当局迅速就邮轮触礁原因展开了调查，初步认定邮轮的动力系统和导航系统并未出现故障，人为操作失误是事故的主要原因，船长斯凯蒂诺难辞其咎。邮轮黑匣子数据记录的分析结果显示，船长违反规定选择了错误的航线，邮轮距离礁石遍布的海岸线过近，致使船体触礁搁浅。"协和"号所属的歌诗达邮轮公司首席执行官福斯基召开记者会含泪致歉，承认事故确实存在人为失误。1 月 16 日，黑匣子部分内容公布，邮轮航行路线数据和驾驶舱船员对话内容证实"协和"号船长弗朗切斯科·斯凯蒂诺确实弃船而逃，没有指挥疏散。船长弗朗切斯科·斯凯蒂诺与港口官员的通话录音文本显示，斯凯蒂诺弃船而逃并且"拒绝返回岗位"，没有参与指挥邮轮旅游者和船员疏散。

2015 年 2 月 11 日，意大利格罗塞托地方法院裁定斯凯蒂诺有罪，并判处监禁 16 年。

（资料来源：李程.意大利大型豪华游轮"协和号"打捞计划曝光［EB/OL］.(2013-09-03)［2024-02-22］.https://www.guancha.cn/Project/2013_09_03_170098.shtml.）

思考讨论：

1.分析歌诗达"协和"号邮轮触礁事故可能产生的影响。

2.如何降低类似事件的发生概率？

案例二:"海洋独立"号邮轮发生大规模食物中毒事故

皇家加勒比旗下"海洋独立"号(Independence of the Seas)豪华邮轮日前发生游客大规模食物中毒事故,有超过300名邮轮旅游者怀疑感染诺如病毒,出现呕吐及腹泻症状。

"海洋独立"号邮轮于2017年12月11日从佛罗里达州Fort Lauderdale港出发,展开6日5夜的海上之旅,前往海地及牙买加。船上载有5547名邮轮旅游者,332人疑因诺如病毒导致肠胃不适,患病人数占比5.99%。该船随后于12月16日回到佛罗里达。

皇家加勒比邮轮发言人Owen Torres发表声明称,那些患者已经在邮轮上得到了治疗,船上的医疗人员为病人使用了非处方药,希望所有受影响的邮轮旅游者能够很快康复。但目击者说,船上的医疗人员不足。消息称,该邮轮在佛罗里达的Everglades港口靠岸后,生病的邮轮旅游者数量相信要比皇家加勒比邮轮发言人之前说的要多。

邮轮发言人Torres说,在下次启航之前,该邮轮将会进行额外的清洁处理。"我们鼓励客人和船组人员经常洗手。健康专家建议说,这是对肠胃病毒的最佳防御。每年全球有3亿人受感染。"

据悉,这是皇家加勒比在不到两个星期内发生的第二起类似事件。该公司的"海洋赞礼"号(Ovation of the Seas)于11月23日从新加坡出发,12月7日回到悉尼。其间有逾200名邮轮旅游者生病,其中5名邮轮旅游者在澳大利亚被送入医院。

(案例来源:"海洋独立"号邮轮发生大规模食物中毒事故[EB/OL].(2017-12-20)[2024-02-22].https://www.sohu.com/a/211726994_155167.)

思考讨论:

1.邮轮突发大规模食物中毒事件可能对邮轮企业产生什么影响?

2.可以采取哪些措施防范邮轮食物中毒风险?

第二章

邮轮安全与应急管理的研究框架

【学习引导】

邮轮安全与应急管理是旅游安全实践工作的重要组成部分,也是旅游安全研究的重要分支领域。英国"泰坦尼克"号沉没事件促成《国际海上人命安全公约》(SOLAS)的制定,自此邮轮安全问题引起产业界和学术界的高度关注,无数从业人员、研究人员不断探索和总结邮轮安全与应急管理的方法、理论,并取得了较为丰硕的成果。本章从实践工作和理论研究两个层面向读者展示邮轮安全与应急管理的研究框架,主要介绍了实践体系、研究动态、概念体系,让读者对邮轮安全与应急管理产生基本认知。

【学习目标】

1.掌握邮轮安全与应急管理的工作主体、工作内容。

2.了解邮轮安全与应急管理的保障要素、技术方法、相关法规。

3.掌握邮轮安全与应急管理的概念、特点。

4.掌握邮轮突发事件的概念、特点。

第一节　邮轮安全与应急管理的实践体系

一、邮轮安全与应急管理的工作主体

邮轮安全与应急管理工作是一个综合性的系统工程,需要旅游行政管理部门、相关政府部门、邮轮和旅游行业协会、邮轮企业以及旅游者等各个利益相关主体的共同

参与。在处理邮轮突发事件的过程中,不仅需要各个主体的参与,还需要建立机制将不同主体联动起来。不仅需建立相关政府部门之间的联动机制,构建上下层级联动关系;也需要处理好政府与邮轮企业之间的关系,建立政府与企业之间的合作机制;同时,基于邮轮突发事件的国际性特点,还需要构建邮轮安全与应急管理国际合作机制。

(一)政府部门

政府部门在邮轮安全与应急管理中发挥着主导作用,其中邮轮码头所在地区人民政府负责本行政区域内邮轮旅游突发事件的应急处置工作,制定本区域内邮轮港口旅游应急处置预案;旅游行政管理部门负责对旅行社经营邮轮旅游业务的监督管理;交通行政管理部门负责维护邮轮港口秩序、监督管理邮轮公司经营的邮轮运输业务以及国际船舶代理企业代理邮轮船票的行为;其他相关部门按照各自职责做好邮轮旅游经营的服务和管理工作。

(二)邮轮港口

邮轮港口是邮轮进出和停靠的主要场所,为邮轮的安全进出、停靠以及旅游者安全上下船提供服务,主要包括访问港、始发港和母港三种类型。邮轮港口在邮轮航线起止、岸上观光旅游等过程中发挥着重要作用,因其特殊的地理位置和相对的空间封闭性,极易成为各类突发事件的汇聚点。邮轮港口应建立健全安保制度,具备应对恶劣气候、公共卫生、防台防汛、应急疏散、安全生产等突发事件的能力。

(三)邮轮企业

邮轮企业面向旅游者提供邮轮旅游服务,基于管理控制的视角对安全隐患和突发事件进行管控,通过建立健全安全意识和企业组织文化、开展安全培训工作提高员工的安全素质;邮轮企业充分了解突发事件的引致因素,通过识别、监测等手段减少安全风险。

(四)邮轮旅游者

邮轮旅游者是邮轮安全与应急管理中的能动要素,邮轮旅游者的安全意识、安全素质和能力也是邮轮安全与应急管理的重要内容。旅游者需要主动了解邮轮安全与应急管理相关规定和内容,主动配合和参与安全与应急管理工作;在一些特殊的邮轮突发事件中,旅游者也发挥着重要的主导作用,如在"霸船"等群体性事件中,解决问题的关键是邮轮旅游者与邮轮企业之间的和解与让步,政府部门更像是调停者。

(五)邮轮从业者

邮轮是一个庞大的"海上移动社区",搭载大量为旅游者提供服务的从业人员。作为连接旅游者和邮轮旅游资源之间的纽带,邮轮从业者的素质和行为直接关系到邮轮能否安全、优质地完成航行任务。

(六)船旗国

船旗国是指船舶悬挂其旗帜的国家,以此避免船舶被误会为海盗船、走私船,同时也保护各国领海安全。1982年《联合国海洋法公约》第94条规定,船旗国应对悬挂其旗帜的船舶履行下列义务。

(1)每个国家应对悬挂该国旗帜的船舶有效地行使行政、技术及社会事项的管辖和控制。

(2)每个国家特别应做到:①保持一本船舶登记册,载列悬挂该国旗帜的船舶名称和详细情况,但因体积过小而不在一般接受的国际规章规定范围内的船舶除外;②根据其国内法,就有关每艘悬挂该国旗帜的船舶的行政、技术和社会事项,对该船及其船长、高级船员和船员行使管辖权。

(3)每个国家对悬挂该国旗帜的船舶,应采取为保证海上安全所必要的措施。

(4)每一国家采取必要安全措施时,需遵守和接受一般国际规章、程序和惯例,并采取为保证这些规章、程序和惯例得到遵行所必要的任何措施。

(5)一个国家如有明确理由相信船旗国对某一船舶未行使适当的管辖权时,可将这项事实通知船旗国。船旗国接到通知后,应对该事项进行调查,并于适当时机采取必要行动,以补救这种情况。

(6)每一国家对于涉及悬挂该国旗帜的船舶在公海上因海难或航行事故对另一国国民造成死亡或严重伤害,或对另一国的船舶或设施,或海洋环境造成严重损害的每一事件,都应由适当的合格人士一人或数人或在有这种人士在场的情况下进行调查。对于另一国就任何这种海难或航行事故进行的任何调查,船旗国应与该另一国合作。

船旗国还应负责确保其船只遵守关于船舶安全的公认国际规章、程序和惯例。《UNCLOS 1982》第217条第2款规定,船旗国必须确保悬挂其旗帜或在其国内登记的船只,在遵守海上减少和控制污染的国际规则和标准的规定之前(包括关于船只的设计、建造、装备和人员配备的规定),不得出海航行。

(七)港口国监控

港口国监控(port state control)是指港口国当局对抵港的外国船舶实施的,以船员、船舶技术状况和操作要求为检查对象的,以确保船舶和人命财产安全、防止海洋污染为宗旨的一种监督与控制。

(八)船级社

船级社(classification society),或称验船协会,有时统称为验船机构,是建立和维护船舶和离岸设施的建造和操作的相关技术标准的机构。船级社的主要业务是对新造船舶进行技术检验,对合格船舶授予相应证书;根据检验业务的需要,制定相应的技术规范和标准;受本国或他国政府委托,代表其参与海事活动。有的船级社也接受陆上工程设施的检验业务。

船级社以其专业的船舶技术知识在保障船舶航行安全方面起着独特的作用。船级社通过对船舶的检验,使船舶达到政府和保险商要求的以及船东和公众期望的安全标准。船级社提供的传统服务主要包括入级服务和法定服务。船级社面对的客户具有多样性。在船舶设计和建造阶段,船级社的服务对象是船厂;交船后,服务对象即转为船舶所有人或船舶管理人。中国船级社是中华人民共和国交通运输部的直属机构,也是国际船级社协会(International Association of Classification Societies,IACS)正式成员,曾三次出任国际船级社协会主席,是国际海事舞台上的一支重要力量。

(九)行业组织

邮轮安全与应急管理具有较强的专业性和技术性,政府行政工作人员缺少相关专业知识,海事与邮轮协会组织工作人员的专业性恰好能够弥补这一点。国内外大型海事和邮轮协会组织在行业条约的建立、技术标准与规范的制定、邮轮船员的培训与发证等方面发挥着重要作用,同时也在邮轮安全与应急管理方面发挥着监督、促进的作用。如国际海事组织(IMO)于1959年成立,是联合国处理海上安全事务和发展海运技术方面的专门机构之一。IMO的宗旨是促进各国的航运技术合作,鼓励各国在促进海上安全、提高船舶航行效率、防止和控制船舶对海洋污染方面采取统一的标准。在IMO通过的多个海事方面的公约中,最著名的是涉及航运安全、海洋环境和船员管理的《国际海上人命安全公约》《国际防止船舶造成污染公约》(International Convention for the Prevention of Pollution from Ships,MARPOL)和《1978年海员培训、发证和值班标准国际公约》三项公约。目前国内外主要海事或邮轮组织及其在邮轮安全与应急管理方面的作用如表 2-1 所示。

表 2-1　国内外主要海事或邮轮组织及其在邮轮安全与应急管理中的作用

海事或邮轮组织	在邮轮安全与应急管理方面的作用
国际海事组织（IMO）	旨在创建一个监管公平和有效的航运业框架,涵盖船舶设计、施工、设备、人员配备、操作和处理等方面,确保这些方面的安全、环保、节能,在制定重要条约和公约方面发挥重要作用
国际邮轮协会（CLIA）	全球最大的邮轮行业贸易协会,为全球邮轮界提供统一的声音和领导权威,支持促进安全、健康和可持续邮轮环境的政策和实践
国际邮轮理事会（ICCL）	分析和解释国际航运政策,就公共卫生、环境责任、安全防范措施、医疗设备、游客保护和法律行为等提供建议
亚洲邮轮协会（ACA）	致力于建立一个可以协调与政府机构和监管部门关系的基础,推动构建成熟的邮轮发展环境,其目标之一是提高邮轮安全标准和加强环境保护
国际船级社协会（IACS）	促进海上安全标准的提高,与有关的国际组织和海事组织进行合作,与世界海运业保持紧密合作
中国交通运输协会邮轮游艇分会（CCYIA）	促进中国邮轮行业同国际领域间的交流与合作,组织探讨中国邮轮产业面临的安全问题和解决措施,营造邮轮业健康和可持续发展氛围

二、邮轮安全与应急管理的工作内容

邮轮安全与应急管理是一个立体化的复杂系统,既包括邮轮作为船舶主体的安全与应急管理,需要预防邮轮船舶自身的火灾、触礁、搁浅等事故;也包括邮轮作为旅游承载体的安全与应急管理,需要预防航行过程中船上易发生的公共安全事故,如旅游者被绑架、性侵等犯罪活动,以及旅游者滑倒、摔伤、泳池溺水等意外事故。从邮轮旅游活动过程来看,邮轮安全与应急管理包括了邮轮航行登船前、邮轮航行中以及邮轮航行结束后三个阶段的安全与应急管理,不同阶段的安全应急管理具有不同的工作内容和责任主体,需要进行具体分析、探索和构建。

三、邮轮安全与应急管理的保障要素

邮轮安全与应急管理需要机制、法制和预案建设等顶层设计的保障,也需要人才、技术等资源要素的保障。从顶层设计的保障角度来说,邮轮安全与应急管理的机制建设要求厘清各个责任主体之间的工作关系、工作流程和工作方法,形成程序化的邮轮应急措施;邮轮旅游安全与应急管理的法治建设则包括旅游部门的法治建设、海事交通运输部门等非旅游部门的法治建设;邮轮安全与应急管理的预案建设要求各级旅游行政管理部门、邮轮旅游公司等相关责任主体建立针对各类事件的应急预案,并进行演练和培训。从资源要素的保障角度来说,邮轮安全与应急管理是专业性极强的领域,不仅需要旅游、航海等专业领域的人才、技术和财务的投入,同时也需要融合交通、气象等相关领域的人才、技术和财务资源。

四、邮轮安全与应急管理的技术方法

邮轮安全与应急管理具有较强的技术性特点,近年来邮轮安全与应急管理技术方法取得较大进展,在邮轮航行安全和邮轮安保等方面的技术方法都有了较大程度的发展。在邮轮航行安全方面,如无线电航行警告系统、船舶定线制、船舶报告系统、导航定位电子化、避碰自动化、海图电子化、航海资料数字化、通信自动化、船舶自动识别系统(AIS)等现代技术保障了邮轮的航行安全。在邮轮安保方面,如将全球海上遇难与安全系统(GMDSS)、一体化电子锁定系统、电子安全演习技术、可穿戴技术等新型技术术或设备运用于邮轮安保当中,提高了邮轮旅游者和工作人员的安全性。

如皇家加勒比邮轮集团开发了一项"电子安全演习"技术,这一技术将取代传统的救生演习,即邮轮旅游者不再需要聚集在邮轮上的不同地方参加安全演习,而是通过自己的手机、平板电脑或舱房内的电视来查看和学习安全信息。该公司还开发了一种名为"Tracelet"的可穿戴接触追踪设备,它是一个手腕带,包含一个射频识别芯片,可以追踪游客去的任何地方,以及在船上可能会接触到谁。

五、邮轮安全与应急管理的相关法规

邮轮产业是国际性的,为了保障邮轮运营的安全与邮轮上人员的安全,确保邮轮安全与应急管理预防措施的实施,国际行业组织或协会订立了相关公约和规则,对邮轮安全进行保障,详见表 2-2。

表 2-2　国际邮轮安全与应急管理相关公约和规则

名称	生效时间	发布机构	主要宗旨
《国际海上人命安全公约》(SOLAS)	1980-05-25	国际海事组织海上安全委员会	为保障海上航行船舶的人命安全,在船舶结构、设备和性能等方面规定统一标准的国际公约。规定各缔约国所属船舶须经本国政府授权的组织或人员检查,符合公约规定的技术标准,取得合格证书,才能从事国际航运
《国际船舶和港口设施保安规则》(ISPS)	2004-07-01	国际海事组织海上保安外交大会	船舶、港口和政府机构最低安全的非正式协议《国际海上人命安全公约》的修正案,规定了政府、船舶公司、船上人员和港口设施相关人员对发生安全威胁和对影响国际贸易中使用的船舶或港口设施的安全事件采取预防措施的责任
《海员培训、发证和值班标准国际公约》(STCW)	1984-04-28	国际海事组织在伦敦的海员培训与发证国际会议	统一各国的海员培训、发证和值班标准,以确保海运船舶的航行安全
《国际船舶安全营运和防止污染管理规则》(ISM)	1998-07-01	国际海事组织第十八届大会	规定船运公司建立安全管理体系,确保水上安全性,避免伤亡事故,防止对自然环境,尤其是对海洋资源和资产造成毁坏

邮轮安全与应急管理的法规制度能够有效指引邮轮产业的安全发展,我国邮轮旅游仍然是新兴产物,目前还没有形成系统的安全与应急管理法制,仅有邮轮出入境检验检疫、群体性突发疾病事件等公共卫生方面的法规。相关国际法的碎片化规定导致各部门法在应对邮轮突发公共卫生事件方面困难重重。我国尚未形成系统性规制邮轮活动的法律体系,现有不同层级的相关法律法规(见表 2-3)在应对和处理邮轮安全事件中容易发生冲突。

表 2-3　国内邮轮安全与应急管理相关法律法规和预案

类型	名称(发布/实施时间)	发布机构
法律	《中华人民共和国海上交通安全法》(1983-09-02 发布,2021-04-29 修订)	第六届全国人民代表大会
	《中华人民共和国海商法》(1993-07-01)	第七届全国人民代表大会

续表

类型	名称(发布/实施时间)	发布机构
法规条例	《国际邮轮口岸旅游服务规范》(2011-06-01)	国家旅游局
	《国境口岸突发公共卫生事件出入境检验检疫应急处理规定》(2003-09-28)	国家质检总局
	《出入境邮轮检疫管理办法》(2017-01-01 生效)	国家质检总局
	《国际航行船舶出入境检验检疫管理办法(2018 年第三次修正)》(2018-05-29 发布,2018-07-01 生效)	国家质检总局
	《上海市邮轮旅游经营规范》(2016-04-10,有效期 5 年)	上海市文旅局
	《上海市旅游条例》(2004-03-01 实施,2009-10-22 第一次修正,2014-12-25 第二次修正,2018-11-22 第三次修正,2020-05-14 第四次修正)	上海市人民代表大会常务委员会
应急预案	《国家海上搜救应急预案》(2006-01-22)	中华人民共和国国务院
	《水路交通突发事故应急预案》(2009-01-05)	交通运输部
	《出入境口岸食物中毒应急处理预案》(2004-11-04)	国家质检总局
	《国际航行邮轮群体性疾病突发事件应急处置技术方案》(2009-02-25)	国家质检总局
	《上海海上搜救应急预案》(2021-12-29)	上海市人民政府
	《深圳市邮轮旅游突发事件应急预案》(2018-05-29)	深圳市人民政府
	《浙江省海上突发公共事件应急预案(简本)》(2023-03-29)	浙江省海事局
	《天津市海上搜救应急预案》(2020-09-01)	天津市人民政府
	《海南省海上搜救应急预案》(2011-04-17 发布,2022-02 修订)	海南省人民政府
	《上海口岸应对突发公共卫生事件处置预案(2021 年)》(2021-03-02)	上海海关

建立覆盖全国各地区、各邮轮企业的应急预案体系,有助于科学应对邮轮突发事件,提高邮轮安全与应急管理决策的科学性。在邮轮应急预案建设方面,我国尚未形成从国家到地方再到企业层面的预案体系,当前邮轮应急处置大部分情况下仍然遵循海事或船舶相关的应急处置方式。部分邮轮产业发展较为迅速的省(自治区、直辖市)如上海、深圳、天津、海南等,已经开始关注邮轮应急预案建设。

 知识关联

《国际海上人命安全公约》

《国际海上人命安全公约》(1974)是各缔约国政府共同制定的统一原则和有关规则,旨在增进海上人命安全。

SOLAS 的产生背景是国际航运史上震惊世人的"TITANIC(泰坦尼克)"号事件。

1912 年 4 月 14 日,这艘当时号称世界最豪华的客轮,首航从英国南安普敦出发驶向美国纽约,1912 年 4 月 14 日 23 时 40 分左右,"泰坦尼克"号与一座冰山相撞,造成右舷船艏至船中部破裂,五间水密舱进水。4 月 15 日凌晨 2 时 20 分左右,"泰坦尼克"号船体断裂成两截后沉入大西洋底 3700 多米处,成为历史上最大的一次海难。

"泰坦尼克"号的沉没对国际航运界提出了许多有关海上安全标准的问题,为此,英国政府专门召开一次国际会议,讨论海上安全规则,会议于 1913 年在伦敦召开,与会者来自 13 个国家,会上产生了第一个《国际海上人命安全公约》,即 1914 年的 SOLAS。

公约对客船的水密和防火舱壁、救生设备、消防设备等作了严格规定,并针对"泰坦尼克"号的遇险信号未能被他船接收的情况要求所有 50 人以上的商船须配备无线电报机,24 小时有报务员值班,该公约还建立了北大西洋冰区巡逻制度。由于第一次世界大战的爆发,公约未能于原定的 1915 年 7 月生效,但公约中许多条款被一些航海国家采用。

一战结束后,1929 年新的 SOLAS 被来自 18 个国家的代表在伦敦召开的第二次国际海上人命安全会议上采纳。新公约在 1914 年公约的基础上,更新并增加了新的条款,并把修订的国际海上避碰规则作为其附则之一。虽然于 1933 年生效,但 1929 年 SOLAS 同样由于第二次世界大战的原因未能充分实施。

二战结束后,一直到 1948 年,有感于 1929 年 SOLAS 在许多方面已落后于技术的发展,第三次海上人命安全会议在伦敦召开,制定了第三个 SOLAS。该公约在许多方面作了改进,如客船采用水密分舱结构、稳性标准,重要应急设备的保养以及结构防火等。避碰规则作了修改,有关航行安全、气象与冰区巡逻进行了更新。谷物、危险品和爆炸物品的运输规则在该公约中已自成一章。

1948 年 2 月,联合国在日内瓦主持召开的国际航运会议通过了《政府间海事协商组织公约》,首次决定成立处理国际海上安全事务的永久性的组织——国际海事组织(IMO,于 1982 年更名)的前身政府间海事协商组织(IMCO),但各国漫长的公约缔结过程使公约直到 1959 年才生效。

1960 年,IMCO 刚一成立便召开了第四次海上人命安全会议,与会代表来自 55 个国家,虽然自上一个 SOLAS 被制定仅过了 12 年,但科技发展非常快,因此 1960 年 SOLAS 对许多技术要求作了修改。1960 年 SOLAS 生效后,海上事故不断,其中影响最大的是"TORREY CANYON(托里·坎荣)"号油轮事故,促使包括 SOLAS 和避碰规则等许多全球或区域性防止海上事故(尤其是油轮事故)的协议或条约的产生和修订。为适应新发展,1966—1973 年 IMCO 先后六次对其进行修订。

为了改变"修订难"的状况,IMCO 于 1974 年在伦敦召开 71 国参加的会议,我国代表团应邀出席。会议通过了 1974 年 SOLAS,其内容包含已通过的 1960 年公约的所有修正案和其他必要的改进意见。该公约最具生命力的改进是包括一个经改进的修正程序(默认程序),即按照新的程序,如果没有指定数目的国家反对,IMCO海上安全委员会所通过的修正案将在预定的日期生效。该程序使1974年SOLAS保持了旺盛的生命力,从此SOLAS不再被新公约取代,而是在其框架下不断完善修订。

1974年SOLAS经过一次次的修改,除了基本框架和个别章节不变外,大部分已经面目全非,规模也逐年庞大。其不仅拥有浩如烟海的修正案,同时又增加了许多对当今航运业有着重大影响的章节。IMO的事故统计表明,80%的船舶事故是人为因素造成的,再完善的设备,如果操作的船员不能较好地管理和操作,一样会导致事故。IMO于1993年通过了《国际船舶安全营运和防止污染管理规则》,该规则包括了船舶管理的各类要素,要求航运公司加强管理以促进安全。2001年9月11日发生在纽约的世贸大厦恐怖撞机事件,给世界带来震撼,也给海运界带来巨大变革,国际船舶和港口设施保安规则(ISPS)于次年推出,旨在加强船上保安和船对船或船对岸的保安能力。该规则由SOLAS新的Ⅺ-2章强制推出,并于2004年7月1日生效。

随着时间的推移,SOLAS从单纯的结构和设备要求,扩展到人员的操作性要求,再扩展到公司和船舶的安全管理要求,又扩展到船舶保安要求,从硬件到软件,从船舶到公司,从水上到岸上,为船舶安全营运提供了有力保障。

(资料来源:中国船检.历史经纬|SOLAS公约的百年变迁[EB/OL].(2022-06-22)[2024-02-22].https://www.sohu.com/a/559926988_120056227.)

《1910年救助公约》

早期的海上救助行为原本属于道德行为的范畴,但由于海上航运和海上救助的特殊性,存在着转变成商业性服务行为的基础(人命救助除外),使得海上救助能够作为商业性服务行为得到广泛认同。

1.海上救助必须存在;

2.海上救助必须有专业的救助人;

3.海上救助须有巨大经济投入;

4.海上救助要冒巨大风险。

为了统一各国关于海难救助的法律制度,1910年比利时布鲁塞尔召开第三届海洋法外交会议,通过了《1910年统一海难援助和救助某些法律规定的国际公约》(简称《1910年救助公约》)。该公约于1910年9月23日发布,自1913年3月1日起生效,1967年5月27日修订。截至2016年底,已有82个国家和地区加入了该公约。该公约是第一个统一各国海难救助制度的国际公约,也是海难救助领域最为重要的国际公约,对统一海难救助的法律制度起到了积极作用。

该公约共 19 条,主要内容包括:(1)明确救助作业的定义。(2)确立了"无效果,无报酬"原则。(3)肯定了"姐妹船救助"享有报酬请求权。(4)确定了救助报酬的分配方式、救助报酬的金额以及救助人之间报酬分配的比例由当事各方协议确定,协议不成的由法院决定,每一救助船舶所有人、船长和其他服务人员之间报酬的分配依据船旗国法律确定。(5)确定了救助报酬所应考虑的因素,法院在确定救助报酬时,首先考虑获得效果的程度、救助人的努力、被救船舶、其旅客船员、货物,以及救助人和救助船所冒的危险、救助人所用时间、所耗费用和所受损失、救助人所承担责任上的风险和其他风险,以及承担上述风险的财产价值,如果为救助目的而特殊调用救助人的船舶,也需加以考虑;其次考虑获救财产的价值。(6)海难救助诉讼时效为自救助作业终止之日起两年。

国际海事组织于 1989 年 4 月 28 日在伦敦召开的外交大会上通过了《1989 年国际救助公约》,于 1996 年 7 月 14 日生效。截至 2016 年底,该公约缔约国共计 69 个。1993 年 12 月 29 日,中华人民共和国第八届全国人民代表大会常务委员会第五次会议决定中国加入该公约。1996 年 7 月 14 日,该公约对中国生效。

(资料来源:谷浩.统一海难援助和救助某些法律规定的公约[EB/OL].(2022-01-20)[2024-03-22].https://www.zgbk.com/ecph/words? SiteID=1&ID=53522&SubID=83866.)

《海员培训、发证和值班标准国际公约》

分析历年来船舶发生海损事故的原因,人的过失约占 80%。为此,政府间海事协商组织(现国际海事组织)为防止和减少海损事故的发生,就提高海员的技术业务水平,严格执行培训和发证规定,明确船上值班要求,于 1978 年 6 月 14 日至 7 月 7 日在伦敦召开海员培训与发证国际会议上,审议通过了《1978 年海员培训、发证和值班标准国际公约》(STCW)以及有关推动海员培训工作的 23 项决议。公约包括一般义务、定义、适用范围、船员证书、监督程序、等效措施、修正程序等法律条款和有关船员的值班职责,以及发证的标准及证书格式等技术规则。公约于 1984 年 4 月 28 日生效。截至2017 年底,共有 162 个缔约国,这些缔约国商船吨位总和占世界商船队吨位的 99.18%。中国于 1981 年 6 月 8 日核准该公约。

国际海事组织对 STCW 进行多次修订,最近的修订在 2017 年,并于 2018 年 7 月 1日生效。这些修正涉及"符合性检验""适用《IGF 规则》的船舶船长、高级船员和普通船员的培训和资格""客船船长、高级船员、普通船员和其他人员培训和资格""极地水域航行船舶船长和甲板部高级船员的培训和资格"等内容,推动了 STCW 日臻完善。

(资料来源:危敬添,郭萍.海员培训、发证和值班标准国际公约[EB/OL].(2022-03-29)[2024-02-22].https://www.zgbk.com/ecph/words? SiteID=1&ID=53512&Type=bkzyb&SubID=83866.)

第二节　邮轮安全与应急管理的基础理论

一、安全系统理论

安全系统论是基于系统思想防范事故的一种方法论,体现出综合策略、系统工程、全面防范的方式,它以预防事故的系统作为研究对象。安全系统是由若干相互联系、相互作用的安全要素所构成的有特定安全功能与目标的有机整体,包括人、技术、能量、环境和信息等基本要素。安全系统理论在认识人—机—环境—管理四要素的基础上,更强调从建设安全系统的角度出发,认识安全系统的要素:人的安全素质、设备与环境的安全性、生产过程中的安全作用、安全信息流的基础作用。

根据安全系统论的观点,邮轮安全系统包括了人(邮轮旅游者、从业者)、技术(船舶设计、船舶安保技术等)、环境(海洋环境、旅游社会环境等)、信息(邮轮航线信息、气象信息等)等基本要素。邮轮安全与应急管理是一个复杂的系统工程,应用安全系统理论进行邮轮安全与应急管理研究,可以使复杂的邮轮安全与应急管理研究与实践工作更加条理化、清晰化。可以利用安全系统理论研究邮轮安全与应急管理系统要素配置:人的安全素质,如人员心理与生理安全、安全文化素质、安全能力之间的相互作用和协调关系;设备和环境的安全可靠性,如邮轮船舶设计安全性、邮轮船舶制造过程的安全性、邮轮航行过程的环境安全性等;信息安全,如邮轮安全信息监测、预警等。

二、安全行为科学理论

安全行为科学是把社会学、心理学、生理学、人类学、文化学、经济学、语言学、法律学等多学科基础理论应用到安全管理和事故预防的活动之中,为保障人类安全、健康和安全生产服务的一门应用性科学。安全行为科学的研究对象是社会、企业或组织中的人和人之间的相互关系以及与此相联系的安全行为现象,主要研究的对象是个体安全行为、群体安全行为和领导安全行为等方面的理论和控制方法。

邮轮安全与应急管理的研究同样包括了个体行为安全、群体安全行为和领导安全行为等多种类型,安全行为科学理论为研究分析邮轮旅游安全与应急管理问题提供了理论和范式参考,可以利用安全行为科学理论的方法,如访谈法、问卷调查法、观察法等研究邮轮旅游者和从业人员安全行为的规律、个体差异,安全行为激励,安全意识、需求、行为之间的关系,邮轮突发事件产生的心理和行为因素等具体问题。

三、安全经济理论

安全经济理论主要研究安全的减损效益(减少人员伤亡、职业病负担、事故经济损失、环境危害等)、增值效益及贡献率,用安全经济理论指导安全系统的优化。安全经济学的研究对象是安全的经济形势和条件,通过理论研究和分析揭示安全利益、安全投资、安全效益的形势和实现条件;它的目标是通过控制和调整人类的安全活动来实现人、技术和环境三者的最佳安全效益。

安全经济理论可以为邮轮安全与应急管理的经济性问题提供借鉴和指导。可以利用安全经济学理论研究邮轮安全与生产、邮轮安全与效益、邮轮安全与效率的关系;研究邮轮突发事件的损失规律、评价方法和其对社会经济的影响规律;研究邮轮安全活动的效果规律和产出效益;研究邮轮安全资源配置等问题,以实现邮轮安全运作的经济性。

四、危机管理理论

危机管理的"4R危机管理理论"由美国危机管理专家罗伯特·希斯在《危机管理》一书中率先提出来,认为管理者需要主动将危机工作任务按4R模式划分为四类:减少危机情境的攻击力和影响力,使企业做好危机处理的准备,尽力应对已发生的危机,以及从中恢复。危机管理4R模式具体分为:危机缩减(crisis reduction)、危机预备(crisis preparation)、危机反应(crisis response)、危机恢复(crisis recovery)四个阶段。

危机管理4R模式可以用于研究邮轮旅游活动中的危机问题,其中,邮轮旅游危机的预防监测、信息沟通、反应管理和恢复管理等是邮轮旅游安全与应急管理研究的重要组成部分。

五、事故致因理论

事故致因理论阐述了安全事故的风险成因、传导过程和引致结果,它为事故预防、风险管控和安全生产提供了基本的理论指导。早期的事故致因理论以事故倾向理论和事故因果连锁理论为代表,其中事故因果连锁理论是由美国学者海因西里在对当时美国工业安全实际经验进行总结和概括的基础上提出的,用以阐明导致伤亡事故的各种因素之间以及这些因素与事故、伤害之间的关系。随着工作场所复杂性的增强、新兴工业技术和重大工程项目的出现,安全事故的成因、传导和结果日益复杂,基于系统观的事故致因理论得到重视。

根据事故致因理论,邮轮安全突发事件是由人的不安全行为、物的不安全状态所导致的,因此,运用事故致因理论可以探究邮轮突发事件的引致因素,从安全防范的角度减少邮轮突发事件的发生。

六、安全评价理论

安全评价也称为危险度评价或风险评价,是安全系统工程的重要内容之一,其目的是实现系统安全。安全评价理论运用系统工程的方法对系统存在的危险性进行综合评价和预测,并根据其形成事故的风险大小,采取相应的安全措施,以达到系统安全的过程。

运用安全评价理论可以对邮轮系统中存在的风险因素进行识别和分析,判断邮轮系统中发生事故的可能性和严重程度。当前,邮轮安全评价中正式安全评估(formal safety assessment,FSA)是最具有代表性的评价方法。这是一种于 2000 年由国际海事组织发布的风险评估工具,旨在加强船舶、邮轮旅游者和船员以及环境的安全。FSA 是一种结构化和系统化的方法,目的是通过风险分析和成本效益评估,加强海上安全,包括保护生命、健康、海洋环境和财产。它被描述为"一个理性的、系统的过程,用评估与航运活动相关的风险和评估国际海事组织的成本和收益的方法来减少这些风险"。主要包含五个步骤:危险识别、风险评估、风险控制选项、成本效益评估和决策建议,现已逐渐运用于邮轮行业当中。

第三节　邮轮安全与应急管理的概念体系

一、邮轮的基础概念

邮轮(cruise ship or cruise liner)原指在海洋上定线、定期航行的客运轮船。"邮"字具有交通的含义,过去航空不发达的年代,跨洋邮件主要通过这类客轮进行运载,因此得名"邮轮"。随着航空业的发展,邮轮的运输功能价值逐渐降低,其休闲度假功能逐渐受到重视。现代邮轮实际上是指在海洋中航行的大型旅游客轮,除了基本的交通运输功能外,更重要的是休闲度假的功能,其拥有完备的海上休闲度假设施,集"吃、住、行、游、购、娱"于一体,被当作旅游目的地。因此,邮轮也被称为"海上移动社区""海上流动的度假村",它具有载客量大、人员密度高、人员国际性高、聚集时间长、内部环境狭窄、航线跨区域性等特点,其安全风险复杂多样,邮轮安全与应急管理相比陆地上更具挑战性。

学术界通常认为广义的邮轮包括海上邮轮、游船、游艇、帆船和内河游船等,狭义的邮轮指海上的邮轮。国际上根据邮轮航行的区域,把邮轮分为环球邮轮(global cruise)、区域邮轮(regional cruise)和海岸线邮轮(coastal cruise)。在国内,一般习惯将在海上航行的客轮称为"邮轮",把在江河中航行的客轮称为"内河邮轮"(river cruise),小型的客轮称为"游船"。本书所指的邮轮包括环球邮轮、区域邮轮、海岸线邮轮等在海上航行的客轮,内河邮轮、游船、游艇不在本书的研究范畴当中。

根据《上海市邮轮旅游经营规范》,邮轮旅游是以海上船舶为旅游目的地和交通工具,为旅游者提供海上游览、住宿、交通、餐饮、娱乐或到岸观光等多种服务的出境旅游方式。本书认为,邮轮旅游(cruise tourism)以邮轮为载体,以水上巡游为主要形式,是一种以船上休闲娱乐和岸上旅游观光为主要内容的旅游活动。其活动的区域可以是跨国境,也可以是非跨国境的,例如招商局和维京邮轮合作的首艘"五星红旗"邮轮,2021年推出深圳—上海/上海—深圳8日7晚中国东南海岸线游等境内邮轮旅游项目。

二、邮轮安全与应急管理的基础概念

(一)邮轮安全

邮轮安全指邮轮在航行、运营和服务过程中各个相关主体的一切安全现象的总和,表现为邮轮旅游者、邮轮从业者、邮轮船舶、邮轮企业等相关主体不受威胁和外界因素干扰而免于承受身心压力、伤害或财产损失的自然状态。

从内容上看,邮轮安全既包括人员的身心安全,也包括财产安全;从对象上看,邮轮安全既关注邮轮旅游者的安全,也关注邮轮从业者、邮轮港口和邮轮企业(包括邮轮公司和经营邮轮业务的旅行社等相关企业)的安全,因此邮轮安全可分为邮轮旅游者安全、邮轮从业者安全、邮轮船舶安全、邮轮企业安全、邮轮港口安全和邮轮产业安全;从空间上看,邮轮被称为"海上移动的度假村",邮轮旅游的活动环节包括海上航行、进出港口、岸上观光等,因此邮轮安全可分为海上航行安全、进出港口安全、岸上观光安全。

(二)邮轮突发事件

1.突发事件的概念

国内学者和相关法律规定对突发事件的概念进行了探讨。计雷(2007)认为突发事件可以从两个层面来解释:从广义来看,突发事件超出了组织或个人原定的计划而突然发生的造成对其利益产生损害或潜在危害的事件;从狭义来看,突发事件是指在某个地区突然发生并且规模和损害影响巨大,对生命及财产安全构成严重威胁的事件。王瑶(2009)认为突发事件是突然发生的形成危机的事件,并具备引发的突然性、瞬间的聚众性、行为的破坏性、状态的失衡性以及危害的次生性的特征。

我国《国家突发公共事件总体应急预案》将突发事件界定为:突然发生,造成或者可能造成重大人员伤亡、财产损失、生态环境破坏和严重社会危害,危及公共安全的紧急事件。《中华人民共和国突发事件应对法》将突发事件定义为:突然发生,造成或者可能造成严重社会危害,需要采取应急处置措施予以应对的自然灾害、事故灾难、公共卫生事件和社会安全事件。

综上可知,突发事件是突然发生,超出组织或个人的预估,给一定区域人群和社会生命及财产安全造成威胁并需要即刻处置的破坏性事件。

(1)突发事件的特征

一是事故突发性,强调事故在瞬时突然发生。二是状态失衡性,事故的发生导致原有的状态失去平衡。三是瞬时聚众性,事故的发生瞬间吸引社会及公众的关注。四是行为破坏性,事故的发生造成一定的破坏性结果。

(2)突发事件的分类与分级

对突发事件进行科学分类有利于明确突发事件的类别,并进行针对性应急救援,降低突发事件带来的影响和损失。视角不同,对突发事件划分的类别也有很大的差异。目前,美国将突发事件分为危害、灾害、重大灾难、紧急事件等类别,但不同的类别当中存在一定程度的交叉,不利于抓住突发事件的本质并提前进行预控。依据突发事件的属性,可将突发事件分为四大类:自然灾害、事故灾难、公共卫生事件、社会安全事件。

对突发事件进行分级的目的在于根据已经掌握的突发事件信息,迅速判断并明确突发事件的类别及级别,并提供给应急救援管理部门作为决策参考依据。此外,根据风险评估将突发事件的级别与预警、应急救援的级别相对应,有利于对突发事件进行科学管理和预控。

具体到某一领域,也可对突发事件进行分类分级,如旅游突发事件、交通突发事件等,在邮轮领域,也可对邮轮突发事件进行分类和分级。

2.邮轮突发事件的概念

邮轮突发事件通常发生在水路交通中。我国《水路交通突发事件应急预案》定义水路交通突发事件为：由水路运输事件、社会安全事件、公共卫生事件和自然灾害等突发事件引发的、造成或可能造成航道或港口出现中断、瘫痪、重大人员伤亡、财产损失、生态环境破坏和严重社会危害，以及由于社会经济异常波动等造成重要物资需要由交通主管部门提供水路应急运输保障的紧急事件。

本书将邮轮突发事件定义为：在邮轮运营各阶段突然发生的、造成或可能造成人员伤害、财产损失或使邮轮不能维持正常的运转活动，并且需要采取紧急处置措施，疏散或者救援人员，提供应急保障的事件。

基于上述概念，并结合邮轮旅游的特点，本书认为邮轮突发事件的涉事主体应包括邮轮旅游者和邮轮从业者；邮轮突发事件的涉事载体应包括邮轮船舶、邮轮企业、邮轮港口等；邮轮旅游突发事件的处置主体应包括政府主管部门、邮轮旅游者、邮轮企业、邮轮港口等利益相关者。

3.邮轮突发事件的特点

一般而言，邮轮突发事件具有潜伏性、突发性、复合性、衍生性、破坏性等特点。

（1）潜伏性

邮轮突发事件不可能毫无征兆凭空发生，一定是由于在某个环节、某个时间发生了变化，而这些变化的过程可能是极其缓慢的，从量变逐步发展到质变，最终经过一定的积累而爆发出来，这种潜伏性很难令人提前有所感知和判断。

（2）突发性

突发事件之所以突发，就在于事件发生之前的预兆不明显，或是很难被人们注意，特别是在邮轮上，邮轮旅游者所面临的是之前从未经历的新环境，会产生心理反差。邮轮突发事件究其产生的根本原因，是某些致灾因子的相互作用。这些致灾因子由潜伏状态的隐患到最后事件的爆发，通常需要一定的触发条件。这些触发条件既有可能是自然因素，也可能是人为因素，这种不确定的触发条件出现具有极大偶然性，因此邮轮突发事件存在突发性和紧迫性特征。

（3）复合性

通过对邮轮突发事件进行分类，不难看出自然因素、技术因素和人为因素等都可以成为邮轮突发事件的原因，因此致灾因素的多样化也是邮轮突发事件的突出特点。邮轮航线的跨国、跨区域性，加上受海啸、台风、雷击、传染病、偷渡、走私等因素的影响，使得邮轮突发事件具有多样性和复杂性。

（4）衍生性

国际邮轮的船东多为外国邮轮公司，邮轮旅游者国际化程度较高，往往会引起外媒关注。处置邮轮突发事件关乎国家利益和国际形象,故对突发事件处置有更高要求。邮轮突发事件在发展过程中,极易造成其他次生事件,由此增加处置难度。邮轮突发事件发生时不是静态的,而是由一系列事件串联起来发生的,因此会持续发生很长时间;此外,突发事件会带来较长时间的影响,虽然突发事件可以在一定时间内被处理解决,但是不可避免地会留下诸如心理影响、名誉伤害等隐性影响。

(5)破坏性

邮轮突发事件造成的破坏性可能是无形的,也可能是有形的。可能由于大风、大雾等天气原因导致航行不能按时抵达,并且信息传达不畅通,导致游客觉得自身利益受损,严重时双方对立引发冲突,如强占邮轮、打乱邮轮的正常上下船秩序、与港口工作人员发生肢体冲突等极端行为事件,严重影响邮轮的正常运转、邮轮船只的正常运行及邮轮游客的利益。

(三)邮轮安全管理

邮轮安全管理是为了保障邮轮安全而进行的一系列计划、组织、协调和控制等管理活动的总和。从狭义的角度,邮轮安全管理要保障邮轮全体人员的人身、心理、财产免受伤害以及保障邮轮船舶不遭受损害;从广义的角度,邮轮安全管理还应该保障邮轮企业、邮轮产业正常运营不受危害。因此,邮轮安全管理需要对影响邮轮旅游者安全、邮轮从业者安全、邮轮船舶安全、邮轮企业安全、邮轮产业安全等的各种风险因素进行监测、预防和控制。邮轮安全管理的目标是在相关安全法规政策的指导下,识别并采取有效措施预防或减少一切可能的安全风险,预防、减少或减缓邮轮安全事故的发生及其产生的负面影响,保障海上生命和财产安全,为邮轮运营提供安全环境。它涵盖邮轮旅游活动的各个环节,既包括邮轮安全观念、意识培育,思想建设与安全理论等意识形态的建设,也包括安全防控、保障与管理等具体管理行为。

(四)邮轮应急管理

1.邮轮应急管理概念

邮轮突发事件是邮轮在海上巡航、进出邮轮港口以及停泊途中观光等邮轮旅游阶段突然发生,造成或可能造成邮轮旅游者、邮轮从业者、邮轮船舶、邮轮企业等各类行为主体遭受损害的各类事件。邮轮产业是脆弱的,不仅容易受到自然灾害、国际环境等外部宏观因素的影响,同时也容易受到船舶设施设备因素、人员因素等内部微观因素的影响。对于邮轮行业而言,任何可能造成邮轮旅游遭受损害的风险因素都需要被科学管控,以减少风险因素累积而形成突发事件,由此降低邮轮产业发展的安全成本。

因此,邮轮应急管理的目标任务是预防和减少各类风险因素、旅游突发事件的发生及产生的负面影响。根据《中华人民共和国突发事件应对法》,邮轮突发事件应急管理应包括预防与准备、监测与预警、处置与救援、恢复与重建等主要应对环节。

2.邮轮应急管理的特点

(1)复杂性

邮轮应急管理的目标任务是保障邮轮中一切人员、财产处于安全状态,尽可能减少或降低可能造成损害的各类风险因素,既包括人为风险因素,也包括设施设备、环境因素等非人为风险因素。从邮轮旅游活动过程来看,邮轮应急管理包括了航行安全应急管理、进出港口安全应急管理、岸上观光安全应急管理等环节;从邮轮应急管理的响应环节来看,包括了预防预备、监测预警、应急处置与救援、恢复重建等关键节点,每个环节都需要政府、行业、企业以及旅游者和从业人员的参与,是一个复杂的系统工程。

(2)政策性

邮轮应急管理是旅游应急管理的分支内容,涉及消防安全应急管理、卫生防疫安全应急管理、刑事治安管理等诸多内容,需要符合我国突发事件应急管理以及旅游应急管理的相关法律法规和政策规定的要求。与一般的旅游突发事件应急管理相比,邮轮应急管理又有其自身特点和专业性,其应急处置需要符合《中华人民共和国海商法》等专业性法律法规、政策规定的要求。由于邮轮航线和人员的国际性,邮轮应急管理人员需要对外交、宗教、民族等方面的相关政策有所了解,才能更好完成邮轮应急管理的工作任务。

(3)国际性

邮轮是国际性产业,产业链长,邮轮运营航线和靠泊港口分处不同国家,邮轮旅游者和船上工作人员拥有不同国籍,这使邮轮安全应急管理成为国际性问题,并逐步形成国际化的安全管理网络。绝大多数豪华邮轮航行于国际航线,受到船旗国、港口国、行业组织的多重管辖和影响,因此邮轮应急管理人员应主动融入国际合作网络,遵守国际法规政策,遵守船旗国、港口国的相关规定。

(4)全员性

从广义上来看,邮轮旅游应急管理不仅需要政府主体的参与,邮轮企业、邮轮港口、邮轮从业人员、邮轮旅游者等诸多利益相关者也需要共同参与到应急管理工作中。从狭义上来看,邮轮是一个复杂的空间,包括了负责旅游者度假娱乐的酒店部门、负责邮轮航行的甲板和轮机部门等多个部门,邮轮应急管理涉及邮轮中的每个部门、每个岗位和每个员工。因此,邮轮应急管理工作具有显著的全员性特点,要做到群防群治,让每个成员都形成安全观念、具备应急能力。

 复习思考

1. 简述邮轮突发事件、邮轮应急管理的概念。

2. 简述邮轮突发事件的特点。

3. 简述邮轮应急管理的特点。

4. 简述邮轮应急管理的工作内容。

案例分析

案例一："彭特·艾温"号豪华邮轮遭遇巨浪袭击

2006 年,法国豪华邮轮"彭特·艾温"号行驶在法国和西班牙之间的比斯开湾时,突然遭遇高达 15 米、6 层楼高的巨大怪浪袭击,吃水线 15 米以上的船舱全部进水,玻璃被悉数击碎,6 名邮轮旅游者被玻璃割伤,被迫紧急返回码头修理。

据报道,"彭特·艾温"号是法国布列塔尼渡轮公司的旗舰,其载货量 41000 吨,是当今世界最大型、最先进的豪华邮轮之一。5 月 21 日晚,这艘"海上巨无霸"满载着包括数百名儿童在内的 1150 名邮轮旅游者,从英国普利茅斯港出发,驶往西班牙。当地时间 22 时 25 分,海上突然刮起 9 级大风,海面掀起阵阵巨浪。令人难以置信的是,这些巨浪居然令吃水线以上 15 米的船舱一片汪洋,人们四下逃散,6 名邮轮旅游者被玻璃割伤,浑身鲜血。

60 岁的邮轮旅游者理查德·洛伊德与妻子菲利帕来自北安普敦郡,是汽车比赛主办商。他回忆说:"那真是一个惊险之夜。当时我们正准备穿越英吉利海峡,当船只拐入比斯开湾时,大家正在吃晚餐。忽然饭桌上的瓶瓶罐罐一个个翻倒,所有东西都滑了下来。迎面的船舱玻璃被击得粉碎。几分钟过后,船上的人们惊恐地四下逃窜。有的人身上仿佛中了霰弹,伤口血流不止,其余的人也都满脸鲜血。"

一位名叫万恩的女士称,在"杀人怪浪"突袭邮轮的前一天就有不祥预兆:"因为那晚魔术师用来表演的桌子居然从舞台上滑落,魔术表演也被迫取消。"

"彭特·艾温"号遭遇怪浪袭击受损之后,不得不调头驶向法国罗斯科夫港接受紧急修理。22 日凌晨 5 时左右,邮轮终于靠上了码头。据悉"彭特·艾温"号船上 1150 名邮轮旅游者不仅可以拿到 400 英镑的全额退票费,还将改搭另一艘邮轮回到英国或前往西班牙。

据报道,这一离奇事件,再次引起人们对传说中"杀人浪"的恐慌。据悉,在变幻莫测的海洋上,平均每周有两艘大型船只突然沉没。现有气象理论认为,即使在最恶劣的暴风雨中,海浪也不会高过 10 米。但这次袭击"彭特·艾温"号邮轮的怪浪表明,10

米以上的"杀人浪"真的存在！

据悉，为了验证"杀人浪"的传言，欧洲宇航局 2000 年启动了"大海浪计划"，用两颗地球扫描卫星 ERS-1 和 ERS-2 对海洋进行扫描测量。数据显示，3 周中，在世界不同海域发现了 10 个超过 25 米的巨浪，其中一些巨浪高度竟接近 30 米。

（资料来源：袁海.海上劲刮 9 级大风，15 米高怪浪如水墙般袭来　"杀人浪"打坏法国豪华邮轮［EB/OL］.（2018-01-24）［2024-03-22］.https://news.sohu.com/20060524/n243384364.shtml.）

思考讨论

1.如何提高邮轮工作人员和邮轮旅游者对恶劣天气的应对能力？

2.如何提高邮轮对恶劣天气的预警能力？

案例二：诺唯真"逍遥"号邮轮遭遇炸弹气旋

炸弹气旋格雷森（Grayson）2017 年初开始席卷美国东北部，极端的天气现象造成海陆空交通近乎瘫痪、数万人被滞留，以及二十多人死亡。但在这样恶劣的状况下，竟然还有一艘邮轮冒着狂风巨浪平安靠岸。

2017 年 12 月 29 日，诺唯真（Norwegian）公司的"逍遥"号（Breakaway）邮轮离开纽约港驶向巴哈马群岛，搭载着 4000 多名邮轮旅游者开始了一次原计划两星期的跨年航行。原本这应该是一趟欢乐之旅的，可由于在途中遭遇了格雷森，"逍遥"号不得不临时改变航线和航行速度，于 2018 年 1 月 4 日开始返回纽约的航程，最终在没有发生重大事故的情况下穿越炸弹气旋，于 1 月 6 日平安靠岸。

返航的这三天对邮轮旅游者们而言惊恐又难忘：怒海和狂风把邮轮吹打得摇晃不停，船上正常行走都十分困难；十几米高的巨浪持续拍打甲板和客舱门窗，不光让户外的设施东倒西歪地堆叠在一起，还导致了邮轮屋顶渗漏和客舱被淹；最严重的是，骤降的气温以及从天而降的大雪除了让甲板被一层厚厚的积雪覆盖以外，有些客舱里面居然冷到结出了冰溜子。在这三天里，有人接连呕吐不停，有人在海水倒灌后的屋内受潮挨冻，有邮轮旅游者在精神上遭受了创伤，甚至有人担心自己会命丧大海。好在最终有惊无险，全船邮轮旅游者并未遭受重大人身和财物损失得以安全返回。"所有邮轮旅游者和船员都平安无事，天气状况比想象的要糟糕，我们为客人们经历的不适诚挚道歉。"诺唯真邮轮公司事后发表声明称。

虽然说邮轮旅游者们大难不死，同时也获得了邮轮公司致歉，可没几个人高兴得起来。不少邮轮旅游者认为船长作出了错误的决定以致驶入炸弹气旋，最终让全船处于危险境地。另外他们认为诺唯真的道歉缺乏诚意，事后处理和赔付做法更是欠妥，这让一些维权意识强的邮轮旅游者集结起来，计划诉诸法律讨回公道。

关于如何应对这次的"声讨",诺唯真公司没有作出任何公开回应,同时也尚未解释当初"逍遥"号决定驶入受炸弹气旋影响的海域的具体原因。但外界猜测这一做法大多和追赶船期有关,毕竟每艘邮轮的航行班期通常早已确定下来,如果在某一处停留过久导致延误,极有可能造成在之后更多港口均延误的后果。

除了可能为赶船期而开航以外,"逍遥"号在返回之前应该是考虑过安全风险的。因为通常来说每当要开行,邮轮都会分析评估航道安全状况,如果发现有飓风、海啸等极端现象会视情况推迟开航或者改变航道从而避开危险区域。相信这次"逍遥"号返回纽约前也是这么做的,但的确没有预料到情况会这么严重,毕竟没有哪个邮轮公司愿意冒全船4000多名邮轮旅游者生命财产安全这么大的风险,只是除了如此糟糕的天气状况以外,诺唯真还没能预料到客人们如此激烈的反应。

(资料来源:丁皓辰.穿越了炸弹气旋的诺唯真邮轮平安靠了岸 可邮轮旅游者们的心绪却并没被抚平[EB/OL].(2018-01-24)[2024-03-22].https://www.jiemian.com/article/1878566.html.)

思考讨论:

1.邮轮公司如何应对因不可抗力产生的行程延误、变更?

2.结合案例分析:邮轮公司如何应对类似的负面舆论?

第三章

邮轮突发事件的类型结构

【学习引导】

邮轮突发事件是邮轮安全与应急管理研究的重要内容,预防邮轮突发事件对于减少邮轮安全与应急管理成本具有重要意义。本章主要介绍邮轮突发事件的一般类型,帮助读者认识和理解邮轮突发事件的结构、表现形式、特点等;同时通过旅行社责任保险案例数据对邮轮突发事件的类型分布进行分析,帮助读者理解国内外邮轮突发事件的分布特点、影响因素等。

【学习目标】

1.掌握邮轮突发事件的一般分类。

2.了解邮轮突发事件的类型分布。

第一节　邮轮突发事件的一般分类

受行业特点影响,邮轮与许多行业部门、地区都有广泛的关联性,同时邮轮上人员相对密集,所面对的突发事件类型种类多样。可根据不同标准对邮轮突发事件进行分类。

一、基于邮轮突发事件的引致因素分类

(一)人为因素引发的邮轮突发事件

人为因素引发的邮轮突发事件是指因邮轮从业者、旅游者、外部人员等各类人群

的行为导致的各类突发事件,具体包括从业人员不安全行为、顾客不安全行为导致的突发事件,设施设备故障或操作失误引发的突发事件,反政府组织、恐怖分子、海盗等极端分子导致的邮轮突发事件。例如,2002 年 10 月 1 日,日本三菱重工业长崎造船厂发生火灾,即将完工的世界最大规模的豪华邮轮"钻石公主"号船体被烧毁 70%,火灾原因是焊工在焊接管子时粗心大意,烤热了天花板上的钢板,导致上一层舱室中的舱具着火。大火发生前已经出现几次小的火情,但是船厂管理部门没有足够重视,没有及时采取相应的防范措施,最终酿成不可挽回的损失。又如 2021 年 7 月 29 日,以色列一艘邮轮在阿曼附近水域遭遇恐怖分子袭击,2 名船员遇害身亡,邮轮损失惨重。再如,美国运输部数据表明,2019 年 7—9 月,由美国出港的邮轮,发生的性侵案件达到 35 件,其中 27 件涉及旅客,5 件涉及工作人员,3 件涉及其他人犯罪。

(二)非人为因素引发的邮轮突发事件

非人为因素引发的邮轮突发事件是指因自然灾害、战争、疾病等不可抗力引发的各种突发事件,具体表现为因地质灾害、气象灾害等自然灾害以及战争、疾病等引发的邮轮滞留、航程取消/变更、游客受伤等突发事件。例如,2022 年俄乌冲突爆发,维京邮轮取消了其 2022 年从基辅、黑海和布加勒斯特出发的所有航线,由客服直接通知客人其受影响的邮轮行程。再如,2020 年突发公共卫生事件暴发,全球多艘邮轮出现大规模游客感染,并出现多个港口拒绝接受邮轮靠岸的情况。

事实上,许多邮轮突发事件是多种因素共同作用的结果。1912 年 4 月 14 日"泰坦尼克"号与一座冰山相撞,最终沉没。关于事故原因的分析,英国历史学家蒂姆马尔丁发现"泰坦尼克"号发生事故当晚,事发海域的大气状况容易形成超折射,光线发生异常的弯曲,从而形成了海市蜃楼,这使得"泰坦尼克"号上的瞭望台没能及时发现冰山;一个海洋法医专家小组发现,固定船壳钢板的铆钉里含有异常多的玻璃状渣粒,因而使铆钉变得非常脆弱、容易断裂。这一分析表明:在冰山的撞击下,可能是铆钉断裂导致船壳解体,最终使"泰坦尼克"号葬身于大西洋海底。事故发生后,船员的应急救援能力不足,对船上的救生设备不熟悉,最终导致了超过 1500 人遇难的惨剧。

二、基于邮轮突发事件的发生空间分类

邮轮旅游也被称为"移动的海上度假区",旅游活动具有移动性,因此,按照空间类型来划分,邮轮突发事件可分为在海上发生的和在陆地上发生的突发事件。

(一)海上邮轮突发事件

海上邮轮突发事件是指邮轮在海上航行过程中发生的突发事件,包括了邮轮触礁、搁浅、碰撞、火灾以及游客在邮轮中的伤害事故等,相比在陆地上发生的突发事件而言,其救援难度更大。例如,歌诗达邮轮"协和"号于2012年1月13日在意大利海岸不幸触礁搁浅并部分沉没,船长不得已下令所有邮轮旅游者和船员穿上救生衣弃船逃生,事故发生后,意大利有关部门紧急出动直升机和船只展开救援,一些过往船只也参与到营救行动中。

(二)陆地邮轮突发事件

陆地邮轮突发事件主要包括在口岸发生的突发事件和在岸上观光发生的突发事件两大类型。例如,2015年8月31日,皇家加勒比"海洋量子"号邮轮受台风"天鹅"的影响,原计划9日8晚的"广岛、横滨、神户"日本游变更为"仁川、釜山"韩国游,邮轮返沪后,200余名游客拒绝下船,经过6个小时的劝导,才最终下船,之后,候船的4970名游客得以上船。又如,有游客参加了某旅行社组织的赴日韩邮轮游,在日本地接导游和免税店的联合"忽悠"下购买了高价保健品,事后遭遇退货不成、投诉无门的情况。

三、基于邮轮突发事件的表现形式分类

虽然邮轮突发事件具有显著的行业特点,但依然从属于突发事件,因此也可以根据《中华人民共和国突发事件应对法》,将邮轮突发事件分为自然灾害、公共卫生事件、社会安全事件和事故灾难四大类型,每个类型的具体表现形式如表3-1所示。

表3-1　邮轮突发事件分类及表现形式

分类	主要表现形式
自然灾害	地质灾害(地震、泥石流、滑坡、地面沉降等)、气象灾害(台风、暴雨、雷击、海啸、洪涝等)
公共卫生事件	暴发传染病、出入境人员意外死亡、截获外来有害生物、核辐射污染、废物致病菌污染等
社会安全事件	恐怖袭击、群体性事件、偷渡、走私等
事故灾难	陆上、水上交通事故,溺水,火灾,拥挤踩踏,触电,机损事故,邮轮设施事故,邮轮周边事故灾难等

(一)邮轮自然灾害突发事件

邮轮自然灾害突发事件是指给邮轮上人员生产生活带来危害的自然现象,如地质灾害(地震、泥石流、滑坡、地面沉降等)、气象灾害(台风、暴雨、雷击、海啸、洪涝等)。

邮轮在进出港口和航行时易受到台风、大雾等极端气象条件的影响,当出现台风、大雾等极端天气时,邮轮往往无法靠泊港口,容易引发群体性事件。例如,2014年2月2日,"大西洋"号邮轮因大雾无法进入吴淞口邮轮港,导致大批游客滞留,直至凌晨3时左右邮轮才成功靠港。又如,2015年8月31日,因台风而导致线路变更,"海洋量子"号邮轮靠泊港口后,出现部分游客拒绝下船,造成大量准备登船游客滞留港口情况。

(二)邮轮公共卫生突发事件

邮轮公共卫生突发事件是指在邮轮港区及邮轮上突然发生,造成或可能造成邮轮游客及相关工作人员生命健康严重损害的重大传染病突发公共卫生事件、群体性不明原因的疾病、大规模食物中毒及其他严重影响邮轮游客及工作人员生命健康的事件。

随着邮轮产业的不断发展,邮轮载客量及停靠频次也在不断增加,因为活动空间相对狭小封闭、人群过于集中,当出现公共卫生污染源时极易造成大规模的人群感染。例如,美国口岸在2001—2004年间,在邮轮上有超过3%邮轮旅游者发生急性肠胃炎公共卫生事件,发生数量逐年递增,并且主要是由诺如病毒传播造成的。英国豪华邮轮"奥罗拉"在2006年10月末到11月初的航行过程中,也发生了诺如病毒感染突发公共卫生事件,在邮轮上有超过500名邮轮旅游者与船员感染急性肠胃炎。

(三)邮轮社会安全突发事件

邮轮社会安全突发事件是指在邮轮上突然发生给邮轮游客及工作人员生命安全、心理状态带来伤害和威胁,并造成广泛影响的社会事件,如恐怖袭击、大规模群体性事件、偷渡、走私等。目前最常发生的是大规模群体性事件。邮轮旅游虽然在欧美国家已经有了较长的发展历史,但引入我国时间较短。部分邮轮游客对航行规定、国际惯例不熟悉,当出现邮轮承运纠纷时,往往通过"霸船"行为来进行维权,导致下一船次登船游客大量聚集在邮轮港大厅,无法按时登船。

例如,2013年4月5日,由于天气状况不佳,原定从上海吴淞口国际邮轮港出发到"济州+仁川/首尔"的歌诗达邮轮"维多利亚"号不得不刚出发就回到码头,并在码头滞留等待了大概 7 小时;此外,在游客不知情的情况下邮轮船方擅自将济州岛行程取消;而且在整个航行过程中天气状况不好,大风大浪使得船上许多邮轮旅游者晕船,一些邮轮旅游者还不得不接受了高达 200 美元一次的船上诊疗费用。许多邮轮旅游者对此次旅程感到不满,导致超过 200 名游客在最后作出"滞船"行动。船方与邮轮旅游者之间僵持时间达到 10 小时左右,使得该邮轮接下来的一批游客不能按时出行。

(四)邮轮事故灾难突发事件

邮轮事故灾难突发事件是指具有灾难性后果的事故,违反人的意志,迫使活动暂时或永久停止,并造成了大量人员伤亡、经济损失或环境污染的意外事件。邮轮事故灾难发生时,往往会造成巨大的人员伤害和财产损失,产生的后果非常严重。

火灾是最常见的邮轮事故灾难类型。美国豪华邮轮"海洋富丽"号在驶向巴哈马的可可岛时发生火灾,船只靠港部位起火,上千名邮轮旅游者被迫弃船登上救生艇,邮轮被迫停靠巴哈马的自由港。邮轮驶入港口也常发生碰撞事故,例如,2019 年 6 月 2 日,13 层楼高的"歌剧"号邮轮失控冲向码头,与一艘观光船相撞,造成至少 4 人受伤;2019 年 12 月 20 日,在墨西哥科苏梅尔岛,"荣耀"号邮轮船尾撞上停泊在其身后的"传奇"号邮轮船头,船体碎片飞溅入海中,其中一艘邮轮上的餐厅被撞坍塌,事故造成 6 名邮轮旅游者受伤。

第二节　邮轮突发事件的类型分布

在 2010—2018 年度旅行社责任保险统保案例全样本数据库中检索"邮轮",得到 406 条案例数据。由于国内对邮轮、游船等词汇的混用,笔者对 406 条数据进行筛选,删除内河邮轮相关案例(如宜昌—重庆、昆明—三峡、上海—南昌、南昌—重庆的邮轮),删除承担交通运输角色的客轮(薄荷岛—宿务的轮船,五缘轮、海峡号、丽娜号等从福州平潭港开往台中的客轮,厦门—金门、厦门—澎湖、烟台—大连、海口—海安、海口—北海的客轮),最终共得到 364 条案例数据。本节将对 2010—2018 年发生的 364 起邮轮突发事件进行案例信息的分解、编码和统计分析。

一、邮轮突发事件的分类与分布

邮轮突发事件的分布具有高度复杂性和多样性。如表 3-2 所示,在 2010—2018 年的 364 个邮轮突发事件案例中,自然灾害 130 起,占比 35.71%;业务安全事件 118 起,占比 32.42%;事故灾难 79 起,占比 21.70%;公共卫生事件 30 起,占比 8.24%;社会安全事件 7 起,占比 1.92%。可见,自然灾害和业务安全事件在邮轮突发事件中占比较高。

表 3-2　邮轮突发事件类型分布

事件大类	事件亚类	事件小类	频次/次	占比/%
自然灾害	气象灾害	台风	50	13.74
		大雾	41	11.26
		暴雨	2	0.55
		海啸	1	0.27
		其他气象灾害	36	9.89
事故灾难	海上交通事故	撞船	1	0.27
	航道拥堵事件	港口堵塞	1	0.27
		航道堵塞	2	0.55
	邮轮故障事件	邮轮故障	10	2.75
	涉水事件	意外落水	1	0.27
		溺水	1	0.27
	意外伤害事件	意外滑倒	3	0.82
		意外划伤	1	0.27
		意外扭伤	6	1.65
		意外受伤	9	2.47
		意外摔倒	40	10.99
		意外烫伤	3	0.82
	其他伤害事件	动物袭击	1	0.27
公共卫生事件	个人疾病	突发疾病	22	6.04
		过敏	1	0.27
		猝死	5	1.37
	食品安全事件	食物中毒	2	0.55

续表

事件大类	事件亚类	事件小类	频次/次	占比/%
社会安全事件	治安犯罪	盗窃	1	0.27
	其他社会安全事件	物品遗失	4	1.10
		人员失踪	2	0.55
业务安全事件	行程变更	出发港口变更	1	0.27
	行程取消	停靠港取消	1	0.27
		邮轮取消	79	21.70
	行程延误	邮轮延误	37	10.16

邮轮旅游受自然灾害影响突出。自然灾害的发生影响邮轮的出发、靠港以及在海上的安全航行,是常见的邮轮突发事件类型。在自然灾害中,主要表现为气象灾害,其中台风的发生频数最高,为50起,占比13.74%;其次是大雾,发生41起,占比11.26%;暴雨发生2起,占比0.55%;海啸发生1起,占比0.27%,大风、雾霾等其他气象灾害事件发生36起,占比9.89%。

在事故灾难中,意外伤害事件、海上交通事故、航道拥堵事件、邮轮故障事件、涉水事件是主要的事故类型,其中意外伤害事件和邮轮故障事件发生频率较高。意外伤害事件发生62起,占比为17.03%;邮轮故障事件发生10起,占比为2.75%;航道拥堵事件发生3起,占比为0.82%。

公共卫生事件主要分为个人疾病和食品安全事件,其中个人疾病最多,共发生28起,占比7.69%;食品安全事件发生2起,占比0.55%。

社会安全事件主要有治安犯罪和其他社会安全事件,其中治安犯罪发生1起,占比0.27%;其他社会安全事件发生6起,占比1.65%。

业务安全事件主要有行程变更、行程取消和行程延误三大类型,其中行程取消发生80起,占比21.98%;行程延误发生37起,占比10.16%;行程变更发生1起,占比0.27%。

二、邮轮突发事件的伤害类型

(一)致伤型邮轮突发事件的类型分布

致伤型邮轮突发事件指那些造成邮轮旅游者或从业人员受伤的突发事件。在364起邮轮突发事件中,共有82起致伤型邮轮突发事件,如表3-3所示。在致伤型邮轮突发事件中,事故灾难发生 61 起,占比 74.39%;公共卫生事件发生 19 起,占比 23.17%;社会安全事件发生 2 起,占比 2.44%。在事件亚类中,意外伤害事件发生频次最高,达 59 起,占比 71.95%。

表 3-3　致伤型邮轮突发事件类型分布

事件大类	事件亚类	事件小类	频次/次	占比/%
事故灾难	涉水事故	意外落水	1	1.22
	意外伤害事件	意外滑倒	2	2.44
		意外划伤	1	1.22
		意外扭伤	6	7.32
		意外受伤	9	10.97
		意外摔倒	38	46.34
		意外烫伤	3	3.66
	其他伤害事件	动物袭击	1	1.22
公共卫生事件	个人疾病	突发疾病	16	19.51
		过敏	1	1.22
	食品安全事件	食物中毒	2	2.44
社会安全事件	其他社会安全事件	人员失踪	2	2.44

(二)致死型邮轮突发事件的类型分布

致死型邮轮突发事件指那些造成邮轮旅游者或从业人员死亡的突发事件。在 364 起邮轮突发事件中,共有 14 起致死型邮轮突发事件,如表 3-4 所示。公共卫生事件发生 11 起,占比 78.57%,其中突发疾病发生 6 起,猝死发生 5 起,分别占比 42.86% 和 35.71%;事故灾难发生 3 起,占比 21.43%。

表 3-4　致死型邮轮突发事件类型分布

事件大类	事件亚类	事件小类	频次/次	占比/%
事故灾难	涉水事故	溺水	1	7.14
	意外伤害事件	意外摔倒	2	14.29
公共卫生事件	个人疾病	突发疾病	6	42.86
		猝死	5	35.71

复习思考

1.按照邮轮突发事件的引致因素、发生空间、表现形式对邮轮突发事件进行分类。

2.简述邮轮突发事件的类型分布特点。

3.简述致伤型和致死型邮轮突发事件的分布特点。

案例分析

案例一：一个螺栓引发的火灾

2015 年 9 月 7 日一早,Carnival Liberty 停靠在圣托马斯岛,当时部分邮轮旅游者已经上岸游玩。当地时间 11 时 33 分,位于机舱后部的 4 号发电机燃油低压警报和火灾警报相继响起,听到警报后,二管轮一分钟内启动高压细水雾灭火系统,大管轮迅速启动位于机舱前部的 2 号发电机,并将 4 号发电机负荷转移到 2 号发电机。此时,轮机长下令关闭 4～6 号发电机的燃油速闭阀。11 时 37 分,机舱人员将机舱后部区域通风全部关闭。

因火势太大,高压细水雾系统无法将大火扑灭。船长迅速下令按应变部署表疏散邮轮旅游者。并令轮机长立即召集机舱人员集合,确认所有机舱人员撤离机舱后,释放二氧化碳,并最终把大火扑灭。美国运输安全委员会对该事故的调查显示,火灾是由于 4 号发电机高压油泵燃油进口管漏油所致。

为什么会出现漏油情况呢? 在随后的检查中发现,4 号发电机高压油泵进油管的固定螺栓一只已经松动,还有一只已经松脱掉落,掉落的螺栓在高压油泵与机体之间找到。NTSB 表示,在此次火灾事件中,机舱人员应变非常迅速,但是他们忽略了高压细水雾灭火系统的局限性,在同一时间内,此系统只能向一个区域提供高压细水雾。然而火灾初期,三管轮却将其同时用于两个区域,结果造成了水压不足,未能及时遏制火情。同时他们还指出了船上相关设备的一些故障,如二氧化碳管系上的液控截止阀已无法靠液压驱动,只能人为手动打开。还有综合应急显示屏的故障,致使船员无法迅速作出正确判断。

此外,NTSB 还指出了船员在疏导管理邮轮旅游者方面的弊端。文章的开始提到,船舶靠好码头后,部分邮轮旅游者已经上岸,因缺乏有效的管理,火灾期间上岸的邮轮旅游者与之前上岸的邮轮旅游者混合在一起,无法进行有效统计,此举为 NTSB 所诟病。也正因此,船员无法判断到底有多少邮轮旅游者还在船上,只能用地毯式搜查,以尽可能确保所有邮轮旅游者都已安全上岸。

最后,NTSB 呼吁船上要建立一个更加翔实的邮轮旅游者疏导程序,并建议船上轮机员们强化训练,加深水基灭火系统的熟悉程度。

(资料来源:信德海事.豪华邮轮机舱突发大火!仅仅是因为一个螺栓[EB/OL].(2017-07-07)[2024-03-22].https://www.sohu.com/na/155305410_175033.)

案例二:"海洋富丽"号豪华邮轮起火

豪华邮轮凌晨起火,上千名邮轮旅游者被迫弃船登上救生艇,船员分发着氧气面罩和救生衣。人群陷入恐惧,有人呕吐、哭泣、昏厥……美国豪华邮轮"海洋富丽"号27日凌晨的一场大火恰似电影《泰坦尼克号》的真实再现。幸运的是,尽管这艘豪华邮轮的后部被全部烧毁,但3000多名邮轮旅游者和工作人员无人受伤,连困在邮轮装配站长达四小时的游客也成功脱险。

据皇家加勒比国际邮轮公司称,"海洋富丽"号的火灾于当地时间凌晨2时50分发生,在两小时内扑灭,船上2224名游客以及796名工作人员全部及时逃生。公司声明表示,"海洋富丽"号24日从美国巴尔的摩启航,展开7夜的航程。这艘长280米的邮轮27日航向巴哈马的可可岛时,船只靠港部位起火,事后被迫停靠巴哈马的自由港。

"海洋富丽"号邮轮是国际邮轮行业中最早获得国际权威机构 Det Norske Veritas "安全、环保证书 SEP"的邮轮。该邮轮由芬兰造船厂建造,总造价逾10亿美元。1996年该船进行了首航,最大载客量为2446人,总吨位约74000吨,船长916英尺[①],宽度为106英尺,吃水深度25英尺,平均航速达到22节,共有11层楼层。

事发时,邮轮上有2224名邮轮旅游者、796名工作人员。大火烧起来的时候,大部分邮轮旅游者都在睡觉,工作人员叫醒邮轮旅游者,并要求他们穿上救生衣,戴上氧气面罩,到指定的甲板集合,搭乘逃生小艇安全撤离。只有两名邮轮旅游者因惊吓晕倒,一人有血压升高的迹象,另外一人则是在疏散过程中腿部抽筋,并无大碍。

邮轮旅游者科尔曼称:"这是我遇到的最恐怖的事情。当救生艇被下降到水中,甲板上一片慌乱。"邮轮旅游者沃伦说:"邮轮的甲板被烧得一片焦黑,看起来相当吓人。我一开始以为船要沉了。船员一直狂吼,叫我们赶快穿上救生衣。有人吐了,有人在哭,好多人瞪大了眼睛四处张望,惊恐全写在脸上。"邮轮旅游者艾伦则表示,当时的情景简直就是电影《泰坦尼克号》的真实再现。

公司说,火势在两小时内扑灭,邮轮也被导向停靠自由港。事故没有造成人员伤亡,起火原因目前仍然不清楚。美国国家交通安全委员会在 Twitter 上称,将与海岸警卫队一起调查火灾起因。任职消防员的邮轮旅游者戈斯称,有些客舱淹水了,走廊几乎整个早上都有烟味。但他赞赏所有工作人员的努力,称他们整夜未眠,一直处于紧

---

① 1英尺=0.3048米。

急模式,面带微笑地为邮轮旅游者提供食物和饮料。

由于邮轮受损,接下来的行程已经取消。公司为所有邮轮旅游者安排 28 日的飞机航班,以返回出发地点巴尔的摩。旅客都可以获得船票的全额退费,并且领到一张未来的船票。

(资料来源:美国豪华邮轮着火 3000 游客海上大逃亡[EB/OL].(2013-05-29)[2024-04-22].https://www.guancha.cn/indexnews/2013_05_29_147902.shtml.)

思考讨论:

1.发生邮轮火灾时,邮轮旅游者应如何开展自救?

2.发生火灾后,邮轮公司应采取哪些措施恢复旅游市场形象?

第四章

邮轮海上安全风险与管理

【学习引导】

　　邮轮同时具备交通属性和旅游属性，在承运游客的同时，也发挥为游客提供休闲娱乐、观光旅游的功能。豪华邮轮往往内部空间庞大，结构复杂，承载邮轮旅游者数量众多。一旦在航行过程中出现安全事故，更容易造成大量人员伤亡。本章主要介绍邮轮在海上航行中可能遭遇的事故类型，以及相应的应急措施。主要内容包括邮轮的应急疏散安全管理、服务安全管理、餐饮安全管理、航运安全管理和防疫安全管理等环节，旨在让读者更全面地认识邮轮海上安全风险和管理的工作重点、程序和步骤，提高读者对邮轮海上安全风险与管理的理解。

【学习目标】

1.了解邮轮应急疏散系统、应急疏散软件。

2.掌握邮轮逃生疏散方案的影响因素。

3.掌握邮轮服务安全的主要内容和管理体系。

4.掌握邮轮航运事故特点、成因和作用机制。

5.掌握邮轮防疫安全管理的工作内容。

6.掌握邮轮餐饮安全的主要内容和管理体系。

第一节　应急疏散安全管理

一、应急疏散安全管理概述

邮轮相对独立以及较为特殊的运行环境,导致事故发生时很难及时得到外界救援,其结果是难以估计也难以承担的,这对豪华邮轮的应急疏散系统设计提出了更高要求。以我国首艘国产大型邮轮"爱达·魔都"号为例,该邮轮总吨位 13.55 万吨,长度 323.6 米,宽度 37 米,载客量 5246 人,舱房数 2125 间,甲板层数 15 层,拥有近 2000 平方米的海上超大购物空间。该邮轮一共配备了 20 艘救生艇,每个救生艇为双层结构,救生艇长 13.35 米,宽 5 米,高 4 米,每艘能够容纳 314 人,所有的救生艇能够满足邮轮上所有邮轮旅游者和工作人员的安全疏散。此外,"爱达·魔都"号还配备了救助艇、安全救生筏和应急逃生装置。

邮轮应急疏散对于邮轮安全的重要意义,是在邮轮发生突发事件的紧急状态下有效减少事故造成的伤害。2012 年 1 月 13 日,意大利大型豪华邮轮"协和"号在驶入吉利奥岛附近海域时,不幸触礁搁浅。事故调查显示,船长的失误是该事故的根源,事故发生后没有及时弃船,邮轮船长及工作人员组织应急疏散不力是造成事故伤亡严重的重要因素。2013 年 5 月 27 日凌晨 2 时 50 分,载有 2224 名邮轮旅游者、796 名船员的"海洋富丽"号在航行中发生火灾。火灾发生后,邮轮立即发出警报,通过广播要求邮轮旅游者立即穿上救生衣到疏散集合点集合,面对火灾紧急情况,船长和工作人员积极组织邮轮旅游者转移,并通过发放食物、水,提供信息等方式尽可能安抚邮轮旅游者,进一步缓解游客的恐慌情绪。虽然火灾发生在夜里,疏散难度较大,但因为船长和工作人员的有序组织,完成全部邮轮旅游者的疏散工作用时不超过 2 小时,且未造成人员伤亡。

为保障邮轮应急疏散工作的有序开展,政府部门、邮轮公司等应急主体对邮轮应急疏散作出强制性规定,要求邮轮从业者和旅游者参加应急疏散演练。通过演练让游客充分熟悉紧急情况下邮轮应急疏散的流程,以减少游客伤亡。

二、邮轮应急疏散软件与模型

1.邮轮应急疏散软件

AENEAS 疏散软件在建筑物疏散软件 PedGo 的基础上设计而成,该模型以元胞自动机为基础模型开发,行人由多智能体表示,并将房间环境划分为规则元胞。它可以针对邮轮船舶面临的多种海上灾害种类,分别进行快速的模拟,实现大规模人群的疏散仿真。研究人员利用 AENEAS 开展船舶倾斜事故的疏散仿真,对比 RO-PAX 渡船的疏散实验结果,验证了该软件的有效性。

EXODUS 是由英国格林尼治大学火灾安全工程小组开发的,内含针对海上人员疏散的独立软件包——maritime EXODUS。该软件使用基于规则的软件技术对仿真过程进行控制,其中包含移动、邮轮旅游者、行为、毒性、危险和几何形状等六个子模型,基于这些子模型的相互作用,考虑了疏散过程的不同影响因素。maritime EXODUS 的设计不仅符合国际海事组织《新造客船及现有客船疏散分析修订指南》要求,还通过与加拿大舰队科技公司合作(由加拿大 Fleet Technology 制造的独特评估平台,称为 SHEBA,用于收集经验行为数据,以输入其最新的 maritimeEXODUS 软件包中),将真实实验数据作为人员运动参数应用至船舶倾斜状态下的人员疏散场景中。

船上生活的虚拟环境(virtual environment for life on ships,VELOS)是一个多用户虚拟现实系统,该系统提供的客户端—服务器架构增强了 VELOS 疏散专用功能,即远程多个用户通过虚拟身份参与和实时交互。例如,疏散模拟中用户可以充当船舶工作人员或邮轮旅游者。与其他疏散工具相比,该系统的优点在于拥有承载多个用户沉浸式参与疏散过程的能力、实时交互性和对环境事件、人群行为参数进行即时更改的能力,以及允许代理人和虚拟角色在甲板上连续移动,从离散空间的需求中分离出来。该系统通过消除一些重要的模型遗漏(例如船舶运动、火灾)和限制性假设(例如简单的人群行为、逃生安排的完全可用性)来增强疏散仿真的效果。同时,该系统可以通过多个接口实现高效通信,实现输入数据的动态规范和处理。这些数据包括邮轮旅游者/船员的人口统计和分配、行为参数、环境条件(火灾、洪水)以及船舶运动。该系统还能够对基本输出(座席轨迹)进行再处理,用于提取疏散特定信息,例如旅行时间分布、累计到达时间、指定区域的邮轮旅游者密度。

2.邮轮应急疏散模型

智能解救模拟模型(intelligent model for extrication simulation,IMEX)是韩国船舶与海洋工程研究所开发的一种海上疏散模型,该模型与损害生存能力评估模块紧密结合,并考虑了人为因素对疏散过程的影响。IMEX 是一种新的船舶疏散模型(City-Flow),它结合了人类行为模型和动力学模型。它的设计是为了模拟包括客船在内的大规模人群逃生以及动态船舶运动场景的人员疏散,以评估疏散时间和过程。该模型的特点在于它充分考虑了疏散人员的心理因素,适用于包括客船在内的大型船舶结构。

船舶疏散模型是基于由香港城市大学制作的行人交通模拟模型——城市流而开发的。CityFlow 是一个基于代理的微观行人模拟模型,是海上疏散版本。该模型分为两个层面:宏观层面的战略、战术行为和微观层面的操作行为。宏观层面主要处理长期的路线选择和地图导航任务,以确定路线,获得区域感知目标。微观层面的水平决定了代理在每个时间步长上的局部运动,这包括以下两个模块:路线选择和地图导航模块识别所需的临时区域运动目标;基于代理的个体运动模块使用该目标来控制实际运动,然后根据详细的环境信息和一组规则计算下一步的真实运动方向和距离。

此外,船舶人员疏散软件还包括 EVi、ODIGO 等,由于它们研发的侧重点较少考虑船舶倾斜或运动环境,在此不再赘述。这些软件的开发仍基于传统的社会力、元胞自动机、格子气等基础模型,对人员行为表现也大多参考陆地人员疏散,虽然针对特定的疏散要素已做了一定的优化,但模型的可靠性需进一步验证。同时,这些传统的二维疏散模型很难刻画船舶倾斜状态时的倾斜环境,为满足倾斜空间中的人员疏散,还需深入拓展模型的多维运动空间,完善仿真实验平台。

三、应急疏散系统及其管理优化

(一)邮轮应急疏散系统

邮轮应急疏散是一项复杂而艰巨的任务,从应急疏散警报响起直至疏散完成,需要经历疏散信息发布、疏散运动、人员转移、放艇/登艇、海上等待救援等阶段。相比陆地上的应急疏散工作,因海上航行环境变化莫测,邮轮疏散的方式、流程、所需设施设备等存在一定的特殊性,这也增加了海上应急疏散的难度。

一般而言,邮轮在海上航行中发生紧急情况,邮轮上的人员需要逃离母船时,可以通过自救和他救两种方式逃生,自救即通过邮轮配备的救生艇、救生筏和应急疏散撤离系统进行逃生,他救即借助直升机或其他船舶等外界力量进行逃生。邮轮突发事件具有极强的突发性和紧迫性,借助外界救援力量往往需要一定时间,因此依靠邮轮自身的救援设备和应急疏散系统进行自救显得尤为重要。

海上疏散系统(marine evacuation system,MES)也称海上撤离系统,是指船舶遭遇突发事件需要邮轮旅游者离船逃生时,将邮轮旅游者从甲板迅速转移到救生艇的救生设备。海上疏散系统一般对称设置在船体两舷侧面,数量与定额邮轮旅游者数量成一定比例。目前,海上疏散系统多分为充气滑梯式和垂直式应急撤离系统。充气滑梯式应急撤离系统生产简单、操作方便和占用空间小,但不适合型深①较高的邮轮,随着邮轮高度增加撤离人员沿充气滑梯下滑的速度加快而难以控制,滑梯高度越高其抗风性能越差,可能造成撤离的风险性增加。相比之下,垂直型应急撤离的撤离速度可控、稳定性强,适用于各个年龄段的邮轮旅游者,对操作人员的专业水平要求较低,该类型应急撤离系统能够满足国际规范中在较高的撤离高度的情况下单位时间内撤离人数的要求。

(二)邮轮应急疏散方案与优化

邮轮是一种复杂的旅游载体,大型邮轮的安全正成为一个日益重要的问题。在一系列涉及大量游客死亡的邮轮突发事件的影响下,国际海事组织对其十分关注。自1987年"自由企业先驱"号客滚船翻覆事故和1994年"爱沙尼亚"号客轮沉没事故发生之后,国际海事组织一直致力于提高船舶的应急疏散能力。1999年,国际海事组织正式发布第一版《客滚船简化疏散分析暂行指南》,此后数年,国际船舶包括邮轮以该指南为标准对船舶的疏散能力进行分析评估。直到2016年,为适应新时期船舶的发展,经过多次修订和增补,国际海事组织发布《新造客船及现有客船疏散分析修订指南》(以下简称《指南》),同时通过了SOLAS Ⅱ-2/13.3.2.7条目修正案(所属 Ⅱ-2/13.3.2节"客船逃生通道",于2020年生效)。《指南》对船舶最大允许疏散时间进行了规定,并推荐可以使用疏散仿真方法对船舶结构、疏散路线和人员运动规则等参数进行仿真,计算出最优疏散路线所需要的疏散时间。对于新造船舶而言,如果计算出的所有疏散时间超过《指南》中规定的最长时间,则需要对方案进行调整以达到规定标准;对于已投入使用的船舶,则需要在原有疏散方案的基础上尽可能减少拥堵。

为有效提升邮轮应急疏散方案的有效性,在制订邮轮最优疏散方案时,应从船舶、人员、环境、组织等因素进行管理优化。

1.船舶因素

船舶的抗灾能力和救生设备的可用性是影响邮轮应急疏散效率的重要因素。邮轮船舶的抗灾能力主要是指船舶在恶劣天气条件下和火灾隐患下安全作业的能力。

---

① "型深"为船舶领域专业术语,通常指从船舶基线(通常为龙骨板上表面)到主甲板边线的垂直距离,是表征船舶主尺度的重要参数。

救生设备在疏散逃生救援中起着至关重要的作用,尤其是在弃船和救援阶段。至于救生设备的可用性,SOLAS 规定,应对救生设备进行充分的维护、测试和检查,以确保此类设备的可靠性。然而,救生设备的失效经常发生在客船的疏散过程中。2016 年,"海洋和谐"号停靠马赛港进行安全演习期间,邮轮救生艇突然同邮轮"分离"从 10 米高处坠落,造成救生艇内的 5 名船员 1 名死亡 4 名受伤。

2.人员因素

人员因素包括船长因素、船员因素和邮轮旅游者因素。船舶遇到碰撞、搁浅、水浸或火灾等海上灾害时,船长应当组织船员调查灾害情况,并作出危险性评估。如果危险失控,船长需要下令疏散,以防止人员伤亡。在此过程中,船长需要通过公共广播系统发出疏散警报,向海事当局和航运公司发出求救信号,并指挥船员组织邮轮旅游者有序疏散到集结站。如果灾难进一步扩大,船长需要作出弃船决定,指挥船员有序组织救生设备上的邮轮旅游者,弃船并远离船舶。同时,船长还应与航运公司和海事部门保持经常沟通,以协调救援工作。

SOLAS 规定,船上应有足够的训练有素的工作人员来收集和协助未经培训的邮轮旅游者。现有研究表明,邮轮旅游者对集结站位置的熟悉程度以及他们是否听从邮轮工作人员的指示是影响邮轮旅游者选择疏散路线的主要因素。由于邮轮旅游者对客船布局和疏散程序的熟悉程度较低,船员在疏散时需要占据船舶的关键位置,有序地组织和引导邮轮旅游者前往集结站。在这个过程中,船长、船员和邮轮旅游者之间的有效沟通就显得尤为重要。邮轮人员疏散受邮轮旅游者的数量、邮轮旅游者的人口统计学分布特征等因素的影响,身体状况、认知学习能力、恐慌情绪、对疏散流程和线路的熟悉程度等都可能对疏散的效率产生影响。如果不提前了解邮轮旅游者的习性特征,在紧急情况下很难有效地疏散人群。同时,疏散过程中,被疏散人群的行为也是影响疏散效果的重要因素,部分游客因船体晃动产生的抓扶行为、团体行为、帮扶行为、竞争行为、跟随行为都可能影响疏散进程。因此,一些研究人员认为,如果不考虑游客的团体行为、心理恐慌等行为选择因素,疏散分析就会脱离实际。

3.环境因素

环境因素主要包括恶劣天气、灾害蔓延(主要指火灾)、障碍物的影响等。恶劣天气不仅会影响船舶的航行能力,还会对疏散过程产生很大影响。邮轮在海上航行过程中,遭遇海浪可能会导致灾难性后果,邮轮遭遇的波浪强度以及船舶倾斜的相对方向会对个体疏散时间产生影响。因此邮轮疏散模型的设计和测试需要同时考虑海浪动力学、船舶运动、人体动力学等多个相互关联的因素。2019 年,挪威豪华邮轮"维京天空"号在暴风雨中遇险。当时,邮轮正从挪威北部城市特罗姆瑟驶往南部城市斯塔万格,4 台发动机全部失灵,在狂风巨浪中面临失去控制的风险。风力达到每秒 24 米,最大浪高 15 米,船上家具和器物翻倒,海水透过破碎的舷窗灌入船舱。最终,船长向救援部门请求直升机救援。

4.组织因素

组织因素主要包括船舶应急预案、决策支持和搜救力量等。SOLAS 要求航运公司和船舶定期组织船员和邮轮旅游者开展应急培训和演练。尽管有许多国际和国家法规详细说明了紧急情况下应遵循的标准疏散程序,但许多邮轮安全事故仍造成一定的伤亡结果。究其原因,是应急预案不够合理,或者公司无法提供有效的决策支持。应急预案的合理性、定期开展应急演练和安全培训等组织问题,是增加疏散成功概率不可忽视的因素,包括逃生路线的安排、障碍物的位置、部分不可用区域和邮轮旅游者的初始分布条件,如楼梯和出口的设置情况。邮轮中楼梯的设计和布局对疏散速度起着关键作用,优化楼梯宽度、疏散出口设计能够提高邮轮疏散效率,为了提高人员疏散效率需要兼顾楼梯宽度、楼梯数量和楼梯空间布局,当然也需要考虑人员移动速度与路径选择规划。疏散路线设计、疏散路线图、指示标志的设置等也同样重要。应尽可能在邮轮中各个区域放置疏散路线图,如客舱、休闲娱乐场所、走廊、楼梯等随处可见的疏散路线图和指示标志能够为所有人员提供清晰的疏散路线指导。

第二节　邮轮服务安全管理

邮轮服务是邮轮旅游企业品牌形象的重要构成要素,高质量的邮轮服务有利于邮轮企业培养忠实顾客。从狭义的角度看,邮轮服务安全管理是指邮轮企业采取各类措施保障游客和船员在邮轮上的生命财产安全不受损害。从广义的角度看,邮轮服务安全管理不仅需要保障人员的生命财产安全,同时也需要保障邮轮服务场所的环境安全、设施设备安全。因此,邮轮服务安全管理不仅要保障"人"的安全,也需要保障"物"的安全。邮轮服务类型和空间的多样化,导致邮轮服务安全管理工作内容复杂,服务安全管理工作难度大。为清晰理解邮轮服务安全管理的工作内容,本节将从邮轮服务活动中的饮食、住宿、购物、娱乐等方面展开讨论。

一、邮轮服务安全管理内容

邮轮服务的主要内容包括:第一,登船和离船服务。邮轮相关部门人员组织人员进行登船或者离船,列队欢迎或欢送,接送行李,演奏音乐以示欢迎或欢送等。第二,船长欢迎晚宴和欢送晚宴。船长率领邮轮高级管理人员迎宾,并热情致辞,举行盛大晚宴。第三,邮轮说明会和参观邮轮设施。第四,安全救生演习。第五,购物服务、医疗服务、管家服务、导游与岸上观光服务、摄影服务、餐饮服务、客房服务以及康乐服务等方面。邮轮服务安全管理主要包括饮食、住宿、购物、娱乐等不同层面的内容。

(一)饮食服务安全管理

1.邮轮活动中的饮食场所分类与饮食安全

根据餐饮服务经营者的业态和规模进行分类,邮轮餐饮场所分类如下。

(1)主餐厅:是指以餐饮(包括中餐、日餐、西餐等)为主要经营项目的单位。

(2)自助餐厅:是指以集中加工配送、当场分餐食用并快速提供就餐服务为主要加工供应形式的单位。

(3)吧台:是指以供应酒类、咖啡、茶水或者其他饮料为主的单位。

(4)甜品站:是指餐饮服务提供者在主要经营场所内或者附近开设,直接销售或者简单加工后销售的以甜品、饮料为主的附属门店。

2.饮食服务突发事件的引致因素

(1)邮轮相关餐饮部门操作不当,不遵守职业道德,造成饮食安全问题。

(2)邮轮旅游者因各种原因,没有注意个人卫生安全。

(3)海上乘船导致的身体状况不佳。

(4)其他意外原因,如在餐厅摔倒、烫伤等。

3.饮食服务突发事件的主要类型

邮轮上的饮食服务突发事件主要表现为食物中毒、过敏等突发疾病、营养不良引发的疲劳症、火灾及其他意外事故等五种类型。

4.饮食服务安全管理

(1)食品安全方面。大型邮轮动辄三四千名游客的供餐量非同小可,食品安全管控不到位可能引发重大突发事件。原上海国检局出台《过境供邮轮食品供应链检验检疫管理规定(试行)》,推出全国首个邮轮检疫监管综合性检查方案,试行邮轮卫生指数(CQI)检查机制。

(2)环境安全方面。餐饮环境安全风险常表现为厨具等设施设备老化、用电负担大、燃料堆积存放、人为操作失误等。这些风险一旦超过可控范围就可能触发突发事件,造成巨大的人身伤害和财产损失。因此,为了给游客提供安全舒适的就餐环境及就餐服务,邮轮企业应该进行全面的安全监管,全员参与保障游客及自身工作人员的生命和财产安全。

（3）人员管理方面。服务人员事关餐饮的服务质量和服务效率。优化安全管理结构需要落实岗位职责，分工明确，定期培训，同时加大监管力度，避免出现日常监管盲区。

(二)住宿服务安全管理

邮轮客房是游客活动的主要场所，也是旅游活动不可或缺的部分。客房服务人员须保证客房的干净整洁，舒适惬意，通过高质量的客房服务，给游客带来尊贵与舒适的体验，为邮轮赢得更多回头客。除提供优质服务外，客房的安全问题同样值得被重点关注。

1.邮轮客房

邮轮客房的房型众多，当前国际邮轮设置的舱房类型主要有内舱房、外舱房、海景房、阳台房、豪华套房等，每种客房的价格不同。部分客房备有管家服务，游客入舱前需进行客房核对，按照房型及楼层、序号入住。

2.邮轮住宿服务突发事件的引致因素

（1）邮轮客房私密性较强，管理难度较大。

（2）游客入住客房后进入休息状态，容易放松警惕。

（3）客房涉及要素众多且不易察觉，如设施设备风险，隐私安全风险，盗窃风险，凶杀、斗殴等刑事犯罪风险。

3.住宿服务突发事件的表现形态

第一，刑事犯罪。邮轮住宿服务空间常发生的突发事件类型主要表现为盗窃、打架斗殴、自杀、凶杀、性侵、隐私侵犯等类型。如2009年意大利歌诗达邮轮"经典"号上发生了连环失窃案，多名中国游客相继遭遇财物失窃。虽然《联合国海洋法公约》作出了公海上船舶由船旗国管辖的一般规定，但在实践中，像歌诗达邮轮"经典"号失窃案这类发生在公海上的犯罪行为（受害者为本国公民、船舶为外国国籍），目前SOLAS的规定仍不足以解决案件管辖的难题。

第二，火灾。大型邮轮功能复杂，布局紧凑，内部有大量聚集的可燃物，具有很大的火灾风险，很可能在较短时间内造成巨大损失。据不完全统计，邮轮发生火灾的位置最多在客舱，其次在机舱和货舱。2021年3月12日，希腊当地时间15时30分，停靠在希腊旅游胜地科孚岛的一艘邮轮"MSC Lirica"号突发大火，当地消防机构和海岸警卫队迅速出动13辆消防车、3艘拖船、1艘敞篷船和1艘消防船前往现场灭火。

第三，设施设备故障引发的突发事件。

第四，隐私安全事件。隐私安全事件主要表现类型包括顾客信息泄露、针孔摄像头偷拍事件等。大数据时代在一定程度上改变了社会生态,加剧了隐私保护的困境。在全方位的监视之下,为了换取网络服务的个性化和方便性,用户很容易忽视对个人隐私的保护。酒店客房藏针孔摄像头事件时有发生,邮轮客房中同样存在此类风险。

第五,心理安全事件。心理安全是指邮轮旅游者对入住的住所的环境、设施和服务等的信任感。这些信任感主要来自对邮轮内设备安全保障的信任、对邮轮上工作人员保障自身人身和财产安全的信任,以及邮轮旅游者对自身隐私安全保障的信任。

4.住宿安全管理

(1)完善设施设备

邮轮舱房设施设备不仅要符合邮轮的档次,其安全性能也要有保证。应做好舱房设施设备的日常维护和保养工作,发现问题及时解决,有效杜绝由于设施设备的原因而导致的安全隐患。为防止意外事件发生,应建立完善的安全设施应急系统,包括装备必需的消防系统、闭路电视监控系统、各种报警器材及客房安全装置等,保证各种安全设施始终处于正常工作状态。

(2)制定安全管理制度

建立健全涉及客房安全的各种规章制度,做好应对紧急状况的预案。规范员工操作程序,必须强化员工的制度观念,并深入研究各种控制手段以保证制度得以实施。建立安全巡查制度,通过巡查及时发现异常情况,消除安全隐患,杜绝安全事故的发生。加强巡视管理,认真检查安全规章制度的落实情况,排除安全隐患。

(3)加强安全培训

加强对基层员工应对安全事故技能的培训,包括突发事件的处理技巧及消防知识和消防事故处理技能的培训。对各种安全事故进行分析、汇总和总结,并形成书面材料,供员工学习。

(4)积极引导旅游者

一方面积极宣传安全知识,向游客宣导安全法规制度,有效引导游客遵守安全规章制度;另一方面,需要对游客进行管理,防止不法分子借助旅游者身份实施犯罪。

(三)购物安全管理

购物安全事故指的是在购物活动中发生的欺诈、盗窃、抢劫、勒索等伤害性行为或事件。

1.购物场所

邮轮上的购物区域主要集中在高层,包括珠宝店、化妆品店、手表店、饰品店、纪念品店等;在邮轮停靠港口时,游客也可以到附近的商圈进行购物。

2.购物安全事故表现形态

（1）欺诈

欺诈是旅游购物中最容易出现的问题，往往表现为以次充好、销赃、赝品、宰客等。当前邮轮经营模式下，主要存在"三角合同"的民事法律关系，即邮轮公司与旅客之间的海上旅游合同关系，旅行社与邮轮公司之间的委托代理合同关系，以及旅行社与旅客之间的旅游合同关系。由于"三角合同"关系，游客难以掌握自身旅程的全部合同条款，旅游经营者如故意隐瞒合同细节，会在事实上造成单方面的不透明状况。邮轮公司如利用格式条款，擅自单方面变更主要旅游产品或服务产品，会导致游客被迫履行变更后的霸王合同。例如，因岸上观光行程约定模糊，码头提供的免费接驳车，被船方额外收取车费；船方未征求游客同意擅自更换酒店，擅自变更航线，未如约提供娱乐设施等。

（2）盗窃、抢劫、勒索

在购物活动中，犯罪分子往往在邮轮旅游者集中注意力挑选商品时实施盗窃行为。抢劫、勒索则是旅游购物中的极端表现形态，犯罪分子为了达到获取钱财的目的，采用犯罪行为危害游客。为确保邮轮旅游者安全，邮轮在规划航线过程中会选择避开海盗区，如果有必要从海盗区经过，则会参加海军编队，聘请专业武装保安等保护自身和邮轮旅游者安全，因此，邮轮遭遇海盗袭击的风险较低。

3.购物安全管理

（1）购物行业安全管理

邮轮旅游过程中的购物安全管理相对较为薄弱。我国现有的关于购物的法律法规主要有《中华人民共和国消费者权益保护法》。相关部门应重视邮轮旅游购物安全，健全法治建设，规范行业制度，加大行业监督力度。

（2）游客购物安全教育

第一，不盲目消费。在邮轮上购物，游客需要注意不要盲目消费，以免买到不必要的商品。游客可以提前了解自己需要购买的商品，然后在购物时有针对性地选择商品。

第二，注意商品品质。在购物时，游客需要注意商品品质，以免买到次品或者假货。可以通过查阅商品的质量保证书或者咨询商家来了解商品品质。

第三，关注购物环境。在邮轮上购物，游客需要注意购物环境，以免被一些不良商家欺骗。游客可以在购物前了解商家信誉，选择在有信誉的商家购物。

第四，保护自身财物。在购物时，游客需要注意自己的财物，谨防被盗窃，可以将贵重物品放在安全的地方保存，或者随身携带。

(四)娱乐安全管理

1.影响娱乐安全的表现形态

影响娱乐安全的主要事故有打架斗殴、黄赌毒、娱乐设施设备故障等。

(1)打架斗殴

打架斗殴多发生在邮轮上的歌舞厅、酒吧等娱乐场所。娱乐场所内发生打架斗殴事件不仅对邮轮旅游者自己造成伤害,甚至可能伤及其他游客,造成人身和财产损失。1985 年,我国松花江发生的一起严重的客船沉船事故的直接原因是船上的一起打架斗殴事件。在超载 90 人的情况下,打架斗殴事件引起大量人员聚集在船的一侧,最终客船失去重心,造成倾斜,导致 171 人遇难。

(2)黄赌毒

黄赌毒,指卖淫嫖娼、贩卖或者传播黄色信息、赌博、买卖或吸食毒品的违法犯罪行为。在中国,黄赌毒是法律严令禁止的,是政府主要打击的对象。黄赌毒的刑罚从拘留至死刑不等。黄赌毒不仅严重危害邮轮旅游者的利益,而且妨碍旅游业的健康发展。卖淫嫖娼和吸毒主要发生在营业性歌舞娱乐场所。有些营业性歌舞娱乐场所的业主为了吸引旅游者,以色情或变相色情的方式引诱客人消费;或者提供冰毒等毒品来吸引消费者,刺激客人消费。娱乐场所通常是以带有赌博性质的娱乐方式来引诱旅游者上当,并利用赌徒心理使旅游者无法自拔而达到赚钱目的。

(3)娱乐设施设备故障事故

娱乐设施设备故障事故是指由娱乐场所的娱乐设施设备发生故障引起的安全事故。尤其邮轮上的相关人员不仅应该告知使用者娱乐设施的相关使用规定,更应该告知这些设施的参数要求和原因。如唯诺真"领途"号设有全球首个 10 层高垂直滑梯 The Drop,在为邮轮旅游者带来娱乐刺激的同时也明确规定,使用者的身高须达到 4.8 英尺及以上、体重在 120～300 磅[①],且不能携带或佩戴任何金属和塑料材质的配饰,以免对自身或他人造成伤害。

2.娱乐安全管理与控制

(1)安全管理条例

为维护游客在旅游途中的人身和财产安全,我国对海上邮轮的打架斗殴、黄赌毒行为作出了明文规定。相关法律条文包括《中华人民共和国治安管理处罚法》《中华人民共和国刑法》《中华人民共和国海上交通安全法》等。

---

① 1 磅＝0.4536 千克。

（2）娱乐设施的安全控制与管理

娱乐设施的安全控制与管理的内容主要包括：①购买、使用娱乐设施设备应取得相应的技术检验部门的合格证书和相应的资格证书；②各种娱乐服务设施应该状态正常、性能良好，并设置醒目的安全标志；③相关人员应定期进行培训，并对娱乐设施进行检修维护，做好安全检查记录；④在娱乐设施运营中，工作人员应严格按照安全服务操作规程作业，并配备必要的安保人员，提醒游客注意安全事项，以防发生意外。

二、邮轮服务安全管理体系

随着邮轮旅游日益发展，服务安全越来越受到关注。安全是邮轮旅游发展的基本保障。游客通常对其居所和工作场所的安全状况心知肚明，有足够的预见力和自我安全保障能力。然而在旅游途中，游客安全保障大多由提供旅游服务的部门来负责。邮轮服务安全体系主要包括信息安全服务、安全行为服务、应急救援服务和基础保障服务等四个核心方向。

（一）邮轮信息安全服务

邮轮信息安全服务是指根据安全策略，为邮轮旅游者和船员提供安全测评、预防、监测、响应、回复、咨询和培训的一系列服务。邮轮信息安全服务的主要任务结构包括：

（1）邮轮相关部门担负起对旅游安全信息监测、收集、分析和发布的职能，并及时对邮轮旅游者和船员披露安全信息。

（2）对存在安全隐患的产品和场所进行安全级别评价，并依据安全评价进行安全等级划分，同时适度披露安全评级信息。

（3）对可能给邮轮旅游者和船员带来安全隐患的情况发布安全预警信息，并强化安全警示信息引导作用。

（二）安全行为服务

邮轮旅游者安全行为因其安全知识和安全素质不同而存在差异，但大部分游客对于邮轮服务流程的熟悉程度较低，尤其是第一次乘坐邮轮的游客，需要尽快熟悉邮轮上的服务空间布局以及应急疏散流程。因此，邮轮企业需要对游客进行安全引导和教育。游客行为安全服务的主要任务结构包括：

（1）对游客进行必要的安全知识培训，制定旅途过程中的安全注意须知，培训基本的安全处置技能。

（2）完善应急预案，为游客提供安全应急手册。

（3）提供安全游览、救生路线和安全旅游须知，对特定项目加强引导，防范安全事故的发生。

(三)应急救援服务

《国际海上人命安全公约》对邮轮应急演练作出强制性规定，要求所有从事非短途国际航线的船舶必须在所有邮轮旅游者登船后的 24 小时之内，召集他们参加应急疏散演练，在演练过程中应该向邮轮旅游者讲解救生衣的使用方法以及紧急疏散的流程。但仍然有部分游客在真正面对紧急突发事件时，缺乏应变能力、应急知识。因此，邮轮应急救援服务需要专业人员、专业设施、专业机构和各种利益相关主体的综合参与。应急救援行动的原则主要包括优先确保大船安全；尽力延长大船待救时间；人员撤离坚持"快速、安全"的原则；险情处置按照判断、决策、救助、评估、行动、终止的顺序进行等方面。

(四)基础保障服务

邮轮服务安全既依赖于邮轮旅游者自身的成熟和安全素养的提高，更依赖于邮轮的产品安全和环境安全，这需要基础性的安全保障服务：

（1）健全邮轮服务安全政策法规体系，规范和控制从业人员的行业行为，强化从业人员的服务安全意识。同时，唤起游客安全意识，约束旅游行为。

（2）完善相关法律法规，切实保障旅游者的合法权益，同时完善旅游者的投诉处理机制，为旅游者安全提供基础性保障。

第三节　航运安全管理

海上航行安全状况具有复杂性和不确定性特点，而邮轮包含运输和旅游两种功能，其船舶结构复杂、人员集中，风险系数高于一般的海上运输，因此邮轮航运安全问题越来越引起业内关注。

一、航运安全管理的概念与类型

(一)依据船舶海事状态的类型划分

依据船舶海事状态,可将邮轮航运安全事件划分为海上航行事故、靠离泊事故等。邮轮带领寻求乐趣的旅游者远洋航行,航行本身以及不同的目的地(停靠港)和各种船舶设施是旅游的核心要素。因此,不仅需要关注邮轮在海上的巡航安全,对于邮轮进出港口的靠离泊安全也需要关注。

在高密度、复杂狭窄水域的靠离泊作业是航海船舶操纵的技术难点,为增强邮轮靠泊的安全性,国际海事组织于 2006 年 8 月将安全返港和有序撤离写入 SOLAS。我国对外国籍船舶进出中国港口实施强制引航,建立引航部门为船舶进出港口提供安全、高效、优质的服务。引航员是在一定的水域内(港口或内河),在不解除船长职责的情况下,专职从事指挥船舶进出港口、靠离泊作业及港内移泊的人员。大型邮轮的引航是一项安全技术要求较高的工作,大型邮轮进出港口的安全航行问题长期受到关注。鲁鼎和马网扣(2021)以豪华邮轮集成系统为评估对象,研究面向有限空间事故的安全返港评估方法。陈正华(2010)根据船舶引航操作的特点和经验,以大型豪华邮轮的实际操作过程与经验为例,介绍了这种船舶在黄浦江掉头的特点与难度,并着重就其掉头时应考虑的因素、具体操作方法及注意事项进行了论述。以上海引航站为例,其是目前国内规模最大、技术力量最为雄厚和设施较为齐全的引航站,制定了《上海港国际邮轮引航安全规范》,形成了邮轮引航的操作标准,全力保障了邮轮进出上海港的通航及靠离泊安全。

(二)依据致损原因的类型划分

按致损原因,可将邮轮航运安全事件划分为碰撞事故、搁浅事故、触礁事故、火灾事故、爆炸事故、风灾事故、沉船事故等。与其他类型的事故和人为原因相比,这些事故中船舶损坏成本相对更高。学者 Vidmar 和 Perkovic(2015)采用风险标度的方法,在全球范围内对不同类型的意外事件,如碰撞、搁浅、火灾、港口事故的风险进行统计分析。火灾可能是邮轮面临的最大危险,但碰撞和搁浅也可能产生严重后果。2023 年 9 月,"海洋探索者"号邮轮在格陵兰岛国家公园的阿尔佩峡湾搁浅,206 人被困船上。2023 年 11 月,"探索精神"号邮轮在大西洋比斯开湾遭遇风暴,邮轮推进安全系统被启动,导致船身左倾并急停,造成所载大约 1000 名邮轮旅游者中约百人受伤。

(三)依据止损对象的类型划分

按止损对象,可将邮轮航运安全事件划分为船舶损害事故、人员伤亡事故等。邮轮发生触碰、触礁、撞击等可能对船舶和人员造成伤害。2019 年 12 月嘉年华"荣耀"号和嘉年华"传奇"号在科苏梅尔岛港口相撞,撞击导致船体碎片飞溅,其中一艘邮轮上的餐厅被撞坍塌,事故造成 6 名邮轮旅游者受伤。2022 年 5 月,"海洋和谐"号在牙买加撞上一个码头,邮轮在碰撞中外观受损,需要进行适当维修。邮轮公共卫生事件以及社会安全事件导致的人员伤亡可能性更高。据专家统计,2000—2017 年,共有近300 人从邮轮和渡轮上落入海中,约有 49 人在邮轮上失踪,其中多数被推测为坠海。邮轮上发生的谋杀事件可能与性侵相关,部分社会安全事件可能与酒精有关。2019 年7 月,P&O 邮轮公司旗下的"不列颠尼亚"号发生游客斗殴事件,多人用餐盘和家具当武器,6 人遭"重点攻击",多人受伤。2023 年 4 月,一男子在"海洋量子"号邮轮坠海失踪。

(四)依据发生过程与结果的类型划分

按发生过程与结果,可将邮轮航运安全事件划分为单一性海事和连带性海事。连带性海事如碰撞—爆炸,触礁—沉船—污染,人身意外伤害—赔偿纠纷,自然灾害—旅程延误—赔偿纠纷等。一女子在前往邮轮自助餐厅用餐时,途经泳池边湿滑地面,不慎滑倒导致腰椎压缩性骨折,经鉴定构成十级伤残。该女子将邮轮经营者、邮轮船务公司、旅行社等五方诉至法院要求赔偿损失。美国一名老人乘坐皇家加勒比邮轮公司的邮轮庆祝 70 岁生日,其间突发疾病,在救治过程中,船上医务人员错误操作,导致老人心脏病发作死亡,当地陪审团认定皇家加勒比邮轮公司需要承担 70% 的责任。2014年 7 月,歌诗达邮轮"维多利亚"号于 7 月 31 日由上海出发的"上海—济州—仁川—上海的 5 日 4 晚游"航次受到台风"娜基莉"的影响,在未经邮轮旅游者同意的情况下擅自取消济州岛行程,游客与邮轮公司工作人员发生肢体冲突。

二、邮轮航运事故的发生与成因

(一)内部成因

《国际海上人命安全公约》(国际海事组织,2014 年)的主要目标是规定船舶的建造、设备和操作的最低标准,使其符合安全标准。船旗国有责任确保船舶遵守该公约。

根据最低建造标准,客船必须细分为水密舱室、稳定和安全的电气系统和机械,还需要消防、探测和灭火设备,以及救生设备和无线电通信。此外,船上必须保持一定的航行安全程序和标准,包括危险货物的装载和系固程序。《国际海上人命安全公约》所解决的安全问题分为船舶设计、船员安全程序和船舶设备的维护三个方面。

1.船舶设计

2015年9月7日,一艘名为Carnival Liberty的豪华邮轮停靠在圣托马斯岛时机舱突发大火,因火势太大,高压细水雾系统无法将大火扑灭。调查表明,火灾起因是4号发电机高压油泵燃油进口管漏油。2019年6月2日,"歌剧"号邮轮失控冲向码头,与一艘观光船舶相撞,造成至少4人受伤。据悉,"歌剧"号当时出现引擎故障,但仍继续加速,两艘拖船曾经试图令"歌剧"号减速,但其中一条钢链受不住压力断裂。

2.船员安全程序

船员航海知识的缺乏、技术素质的低劣以及海上经验不足等均是邮轮航运事故发生的重要因素。这些事件包括一般船员卷入火灾或其他船上事故。与商船相比,邮轮的船舶设计非常复杂,且邮轮通常为数千名邮轮旅游者提供服务,而商船只需要满足15～30名船员基本的住宿、餐饮等日常生活所需。此外,邮轮的船舶设计使船舶维护比商船更复杂,但港口的周转时间比商船快。如此短的时间可能会导致疏忽维修和船员疲惫不堪,由此增加邮轮工作人员人为错误。港口周转时间短,缺乏船员培训可能会导致人为错误。此外,邮轮工作人员和邮轮旅游者组合的全球性造成了语言和文化障碍,这可能会导致沟通不畅,从而导致错误。2022年5月30日,"海洋和谐"号在牙买加撞上码头,导致港口基础设施受损,调查结果显示,该事故由港口领航员的失误导致,船长被领航员误导了方向。

3.船舶设备的维护

缺乏维护问题包括涉及发动机故障、推进故障、机械问题、舷梯维修、桥梁设备故障以及电气和管道故障的事故。2019年"维京天空"号在挪威近海发生引擎故障搁浅,在狂风巨浪中面临失去控制的风险,事故导致人员受伤。

(二)外部成因

1.不可抗拒的自然灾害

热带飓风、台风、气旋和寒潮等带来的巨浪,影响航运安全。

2.水中障碍物影响

海上礁石、浅滩以及水中障碍物的影响,容易导致搁浅事故、触礁事故。2012年1

月 13 日,意大利歌诗达邮轮公司的大型豪华邮轮"协和"号在吉利奥岛附近海域触礁搁浅。该事故主要原因是船长违反规定选择了错误的航线,致使邮轮从礁石遍布的海岸线经过,船体触礁搁浅。

3.航道自然条件和交通密度影响

在狭窄航道和交通密集水域,航道密度、宽度、深度、危险物的分布,航道标志的设置,船舶活动的密度和频度也都是造成邮轮航运事故的外部原因。2019 年,一艘隶属歌诗达公司的大型邮轮在准备泊港靠岸过程中,受伯努利效应影响偏离航道,误入威尼斯圣马可广场附近的运河,造成威尼斯水上公交系统瘫痪。

三、邮轮航运安全风险管理与应对

(一)风险评估

邮轮航运事故的外部风险主要来源于气象因素、航道交通因素、海洋环境等。因此,实时观察邮轮所处环境对于保障邮轮航运安全具有重要意义。为提高对邮轮航运事故的风险评估效果,学术界和产业界积极探索包括自然环境因素以及邮轮船舶自身要素在内的风险评估系统或模型,如在拥挤水域有必要设置船速、风速和风向等参数,建立一套模型对邮轮船舶的碰撞风险进行评估。在极地海域的环境下设置冰山分布、冰山流速、船舶分布、船舶速度、碰撞角度、撞击位置与吃水深度参数定量评估撞击冰山的概率及其后果。为了能够降低邮轮火灾的风险,学术界从邮轮建造设计、消防预警、防火技术等各个角度探索邮轮消防安全的应对措施。如张燕(2021)从管理薄弱、消防设备不足、装修装饰风险总结了邮轮消防风险,并从消防安全管理、消防安全设施、灭火救援力量与培训演练等方面提出邮轮消防安全风险应对措施。

(二)维护程序

船舶设计、船员安全程序和船舶设备维护是引起邮轮航运事故的内部因素。除了训练有素的船员和在事故/灾难期间为船员提供的灵活资源外,船舶设计中可能还需要新技术来加强维护计划,例如将船舶部件分隔开来,以便在港口拆卸和更换。必须考虑对当前最佳维护做法的有效性的评估,例如船舶的周转时间、维护人员的数量以及邮轮公司选择的港口维护技术支持。另外,需要形成完善的邮轮安全保障系统,通过制度化建设提高邮轮航运事故的处置救援能力。邮轮应构建以旅游安全为核心的保障体系,包含法律保障系统、教育宣传系统、事故风险预警系统、事故救援系统、旅游安全管理系统、旅游保险系统等;还应建立包含指挥决策和现场处置在内的高效的应急指挥机构,明确各参与方及其职责,加强区域联动和应急资源的统一指挥调度。

第四节　邮轮公共卫生安全管理

一、邮轮公共卫生事件的概念与类型

在邮轮上暴发疾病尤其是传染疾病会威胁邮轮旅游者安全。从 1996 年到 2019 年,邮轮疾病研究的热门主题几乎都涉及流行病学,包括甲型流感、诺如病毒、麻疹和退伍军人病等,其中诺如病毒的研究成果最为丰富。2019 年底的突发公共卫生事件肆虐全球,近年学术界对邮轮疾病的研究多关注此话题。

二、邮轮公共卫生事件的成因与影响

(一)邮轮公共卫生事件的发生成因

1.邮轮航行的外部环境

通常情况下,邮轮航行的路程远、续航时间长,旅客长时间漂泊于海上,为疾病传播创造了条件。2006 年 11 月,美国"自由"号邮轮从意大利罗马起航,在跨越大西洋的 17 天航行中,被检测出诺瓦克病毒。随后,陆续有 556 名邮轮旅游者和 154 名船员出现感染症状。2007 年 7 月,英国"黑色守护"号邮轮从英国多佛港出发,在前往美国的漫长航程中,被曝检测出军团菌。随后,6 名邮轮旅游者陆续出现高烧,并伴有呼吸困难等症状。

2.邮轮内部空间特性

邮轮犹如"移动海岛",拥有较大的船体空间。现代邮轮已不仅仅是满足出行之需,更带有休闲旅游的意味。因此,邮轮上往往配备有各式豪华、奢侈的设施,其内部空间构造也极为复杂。一般而言,邮轮的内部环境主要分为空间环境和气候环境。从空间环境上看,其内部空间一般分为客房空间、非公用(船员)空间和公共空间等,主要是给旅客和船员提供居住区,这类空间极为小巧,居住面积通常不足同等级饭店客房的一半。就公共空间而言,邮轮需配备酒吧、游泳池、剧院、赌场、商场、夜总会等各类休闲娱乐设施,使得邮轮的公共空间相对局促。从气候环境上看,邮轮的空气流通主要依赖中央空调系统。船内形成的微小气候相对浑浊,客观上给疾病的传播创造了条件。豪华的"钻石公主"号邮轮有 5 个主餐厅,4 个大小不等的游泳池以及可容纳 700 余人的公主剧院,此外还配有各式酒吧、夜总会、赌场等设施。船上有 5 种舱位,分别是内舱、海景舱、阳台舱、迷你套房舱和套房舱。其中,没有窗户、空间狭小的内舱占到总客舱数量的 1/3,另一些客房的观景窗嵌入舱体,无法打开。相对密闭的空间以及持续使用的中央空调系统,使病毒长期附着于船舱内。

3.邮轮载客量大、人员高度聚集

国际豪华邮轮体型巨大,船体的长度和高度颇具规模,可以容纳大量邮轮旅游者和船员。巨大的邮轮旅客量与船身相对狭窄的空间,使船上人员密度相对较高。同时,选择邮轮旅行的人员往往来自不同的国家,有着迥异的年龄和文化背景,人员构成相对复杂。邮轮在航行过程中会停靠不同的港口,泊岸地的环境也各不相同,邮轮人员的上下船流动也极为频繁,客观上为疾病的传播提供了机会。载有 3711 人的"钻石公主"号邮轮于 2023 年 1 月 20 日从日本横滨出发,途经鹿儿岛、中国香港、越南岘港和芽庄、中国台湾、日本那霸,计划最终于 2 月 4 日返回横滨。此次出航,"钻石公主"号共载有来自 50 多个国家的 2666 名邮轮旅游者,船员数多达 1045 名,其中日本籍旅客1300 名,中国籍旅客 286 名,年龄在 60 岁以上的游客超过 80%。"钻石公主"号邮轮旅客量大,停泊地点较多,使得突发公共卫生事件的传播特性较为复杂。

4.邮轮日常管理不善

日常管理不善往往是造成邮轮上疾病传播的主要原因。由于邮轮长时间航行于外海,船舶上的饮食卫生、环境状况等极易引发食物污染,造成传染病的肆虐和蔓延。加之船员、旅客的自身安全意识不强以及卫生防疫知识不足,使得疾病发生后在人群间快速传播。2008 年,英国豪华邮轮"极光"号上的 33 名邮轮旅游者就感染了戊肝,11名邮轮旅游者陆续出现病症。后经卫生部门调查,引起戊肝的原因是邮轮旅游者食用了被戊肝病毒污染了的海产品。2015 年 12 月,澳大利亚"太平洋伊甸园"号邮轮在悉尼至凯恩斯的航程中,发生邮轮旅游者食物中毒事件,大约 60 人感染了诺如病毒。在下船后,邮轮旅游者们向媒体爆料,该邮轮上存在浴室发霉、积水、漏水等卫生状况欠佳的管理问题。

(二)邮轮公共卫生事件的综合影响

从1996年到2019年,邮轮疾病的研究重点偏向受感染人群的特征,而不是疾病暴发期间的邮轮旅游者行为。2019年底突发公共卫生事件之后,学术界更加关注重大公共事件之后大众和游客的心理和行为研究。例如,"钻石公主"号邮轮上突发公共卫生事件大规模暴发之后,网络言论表明民众普遍存在负面情绪,而针对邮轮行业的批评大多基于大流行前对该行业的认知和刻板印象。与此同时也有一部分游客较为乐观,当他们处于在邮轮上隔离的极端环境下,依然能够表现出较强的韧性以及对旅游业者的支持态度。

安全、安保和减少风险正成为邮轮游客决策过程的主要组成部分,风险感知和安全水平对于游客再次乘坐邮轮产生显著作用,也影响游客情绪以及与其他客人的互动和氛围。传染性疾病大流行之后的一段时间内,大众对邮轮存在污名化和偏见,认为邮轮是有风险的、不值得信任的。人们对风险的认知程度越高,就越有可能寻找有关信息以保证自身安全。由此可见,当前环境下对于邮轮行业来说,风险沟通显得尤为重要,透明、正确的信息传递能够减少风险感知,并增强消费者信心。为了更好地恢复邮轮旅游业正常发展,邮轮公司应该积极向邮轮旅游者宣传相关疾病知识和邮轮旅游者保护自身安全的不同方式,以此确保游客感知到安全。

2019年底突发公共卫生事件大流行之后,信任感在感知危机和邮轮旅游行为意向之间起到重要的中介作用,邮轮旅游危机感知通过信任感正向影响游客行为意愿。消费者对邮轮运营商的信任和对邮轮服务的积极态度有助于形成对邮轮服务的消费意向。当消费者感知到比风险更高的利益时,信任就会产生。因此,邮轮公司可以通过减少对消费者的安全威胁,提高结果预期和自我效能,以及提供积极的行动提示来增强消费者信任。通过感知价值的提升也能赢得大众对邮轮公司流行疾病管理能力的信任,并直接或间接地影响顾客使用邮轮服务的意愿。然而,信任感也可能产生更多的焦虑,对于信任政府的群体来说,获取越多关于旅行限制的信息,越会增加他们对邮轮旅游的焦虑;对于"谁都不信任"的群体来说,政府的旅游建议、邮轮公司的保证和外部健康信息也可能会加剧他们对邮轮旅游的不信任感和焦虑。采取先进的公共卫生安全协议和科学的防控措施能够增强消费者的信心,尽管突发公共卫生事件大流行时期游客情绪反应很大,但不少邮轮游客也能慢慢适应"新常态"。

三、邮轮公共卫生事件的传播与路径

邮轮旅游可能导致传染病的暴发和传播,从而引发公共卫生事件。邮轮公共卫生事件的传播路径主要包括：第一，邮轮旅游者和邮轮工作人员之间密切且频繁接触，他们之间存在着许多共享空间，这为通过吸入气溶胶或飞沫以及尘螨中的病毒进行人与人之间的传播提供了基本条件；第二，邮轮上封闭和拥挤的环境为传染疾病的传播提供了条件；第三，邮轮和当地（港口）社区人员之间的双向接触；第四，邮轮中的个体往往具有不同的文化背景、健康行为、免疫背景和健康状况，这些因素也可能促进传染病的传播；第五，邮轮还可以通过受污染的食物、水或受感染的邮轮旅游者产生新的传染病，并在旅途中通过下船的人传播，这些传染病不仅在船上传播，下船的人还会将这些疾病带到世界上的任何地方。船舶上的感染风险随着邮轮旅游者人数的增加而成比例增加，在一周内更换数量不详的邮轮旅游者的邮轮，可能比几周内没有更换邮轮旅游者的邮轮感染率更高。在同一艘船上发生的多次突发公共卫生事件表明，缺乏控制突发公共卫生事件的措施往往导致传染病蔓延到相邻邮轮上。因此，需要在最终目的地实施即时感染控制措施，入境后的岸上隔离和广泛检测有助于遏制传染病向社区传播。

四、邮轮公共卫生安全管理与应对

(一)邮轮公司层面

1.创新邮轮内部规划设计

邮轮公司应吸取教训，制定风险和应急管理机制，完善相关安全与防御设施。"泰坦尼克"号事件催生了 SOLAS，对全球船只尤其是客轮的设计建造提高了要求；2019年突发公共卫生事件也应促使邮轮设计建造诞生新的防疫规范。在设计研发阶段，应加强对人员密集离岸设施的空气调节系统优化设计和船用空气环境干预、病毒消杀、防疫隔离等相关系统设备研究工作。有效的船舶通风系统设计将降低气载污染物和传染病传播的危险。

邮轮公司应考虑采取更强有力的预防措施以降低风险，包括通过船舶的规划、设计、卫生和监督干预来提高对未来疾病暴发的准备。通过对"钻石公主"号邮轮隔离效果的分析可知，邮轮舱室的通风系统、空间布局以及邮轮旅游者和服务人员之间无法避免的接触是导致其隔离效果不好的主要原因。因此，有效应对呼吸道传染疾病的传播需要特别注意科学的通风措施以及合理的气流组织设计，可采取合理利用空调、加大空调系统的新风量、采用全新风系统和高效空气过滤器措施；在通风系统中使用高效微粒空气过滤器和紫外线杀菌消毒器等设备可以有效降低疾病传播风险。重新优化邮轮的空间布局和结构设计,可从技术形态、总体设计、系统集成、防控策略4个方面探索大型豪华邮轮突发公共卫生事件防控措施;或从船舶设计、构造、系统配备以及安全管理等方面入手探索防疫措施。

2.严防突发公共卫生事件,寻求支持

当"船"内发生突发公共卫生事件,船方应第一时间将突发公共卫生事件信息上报邮轮公司或相关部门,以争取及时的技术支持。船内突发公共卫生事件分两种情形:其一,因离岸设施公共卫生把关不严,暴发突发公共卫生事件,疫源产生于"船内";其二,受"船外"突发公共卫生事件影响,在源头外输入关口控制不力而导致"船内"产生突发公共卫生事件。针对不同情形,启动相应的应急预案:前者严防突发公共卫生事件内、外扩散,后者重点控制突发公共卫生事件由外输入及船内突发公共卫生事件扩散。两种情形都应启用船用隔离设备,对人员进行分区隔离,与口岸检疫部门保持密切联系,获得必要的防护物资及必要的技术支持。一方面对邮轮上公共卫生事件风险进行监测,另一方面改进邮轮公共卫生事件的处置措施。可采取全面的流行病预防和控制计划,包括及时的抗病毒治疗;通过实时检测、隔离和关闭船上的公共聚集空间,减少邮轮旅游者和船员之间的接触,限制疾病在船上传播。

3.提供充足物资,稳定人心

邮轮公司不仅要为邮轮旅游者提供充足的生活必需品和防疫物资,进行高效快速的检疫,而且要在精神上给予他们支持和鼓励,让他们及时了解进程与情况;此外,突发公共卫生事件知识的普及和自我防御技巧的告知也很必要,这会强化邮轮旅游者的安全感。通过船舶观光、标牌、时事文章和房间内电视等方式开展宣传活动,吸引邮轮旅游者和船员注意,以解释为防止感染传播应采取的正确行为;通过帮助邮轮旅游者了解传染病知识、构建健康信息沟通、促进健康行为等措施提高邮轮的安全性。

4.积极激活旅游市场,重塑旅游形象

邮轮公司应积极推动形成政府、企业、专家学者和新闻媒体组成的联动系统,将重塑的良好形象更有效地传达到旅游者心目中去,进而引致旅游需求。同时,邮轮公司应研究新型旅游产品,创新旅游项目和旅游线路,尽最大努力满足旅游者新的消费需求。此外,可选择部分群体,如对抗击2019年底突发公共卫生事件的一线医护人员给予优惠,重塑旅游形象。

(二)政府层面

1.完善应急响应机制

各港口国家应加强对旅游卫生服务体系的建设和完善,加强口岸核心能力建设,建立完善的突发公共卫生事件应急响应机制。通过设计风险预防措施、疾病监测和监管、多层次的风险管理体系（包括贸易团体、行业领袖、感染控制专家和政府机构），可以共同制订更广泛的应急计划。针对信息渠道不畅通、执法效率不高等问题，应围绕邮轮主体建立对应的应急响应机制。应建立专门的"海上移动社区防控体系"，如由政府、非政府组织、行业团体和行业专家组成的合作机制。与此同时，疾病追踪、调查和健康数据等大数据技术也是风险管理系统的重要组成部分。

2.完善应急法律法规制度建设

在应对邮轮突发事件法律法规制度建设方面，李韵依（2022）从"人类卫生健康共同体"角度，提出应加强风险评估、应急处置、港口卫生核心能力建设，并完善我国邮轮突发公共卫生事件防控的法律保障。陈晖（2020）认为应该尽快完善大型邮轮船舶制造、市场准入、日常运营等政策法规和标准，完善大型邮轮突发公共卫生事件防控制度体系，加快制定相关技术法规，严格依法分类处置大型邮轮突发公共卫生事件。董晓静等（2020）对歌诗达邮轮"赛琳娜"号和"钻石公主"号两艘邮轮突发公共卫生事件处置的分析认为，海上公共卫生突发事件应急处置应该从重视邮轮传染病暴发应急处置机制建设、基于传染病流行环节强化综合防治、加强现场专业队伍建设和实验室检测能力建设、建立常态和应急物资兼备的储备机制等方面进行提升。

3.提高应急物资保障能力

强化应急预案制定和应对紧急事件的物资供给，建立专业物资运输队和紧急救助团体组织，完善相关机制，健全邮轮卫生防疫监管机制。在突发公共卫生事件发生的第一时间启动源头管控机制，地方政府、口岸联检单位、卫生健康部门和港口部门、邮轮客船等单位要建立联动协作和信息共享机制，形成从口岸排查、邮轮防控到岸上处置一套完整的防控体系和规范的处置方案。

4.建立邮轮与港口的联动防控机制

加强与口岸检疫部门联防联控机制建设是邮轮突发公共卫生事件管理的重要组成部分。离岸设施暴发突发公共卫生事件必然会威胁到陆上公共卫生安全。然而，由于离岸设施条件受限，"在船"人员对于未知传染病或恶性传染病的处置经验不足，专业性不强，缺乏应对"船内"公共卫生突发事件的能力，因此需要与口岸检疫部门之间建立联动协作和信息共享机制，形成从口岸排查、"在船防疫"到岸上处置一套完整的防控体系和规范的处置方案，明确联防联控职责、措施、程序，实现"船内突发公共卫生事件"零输出、零输入以及零感染的目标。

(三)国际合作方面

邮轮经停不同港口、搭载不同国家旅游者，邮轮安全管理涉及港口国、船旗国、沿海国、邮轮公司所属国等诸多利益方,应急联动和国际合作显得尤为重要。当前国际社会针对邮轮旅游中的突发公共卫生事件,缺乏明确定义的共同管理战略,不同行动者的角色、责任和合作机制不明确,应进一步修订与旅行有关的国际条例,包括《国际卫生条例》《联合国海洋法公约》等,以处理旅行健康问题。需要在全球和国家层面制定规章和立法,以防止关于旅行健康的大规模人道主义危机。国际社会应完善突发公共卫生事件防控海事法律制度,签订框架性公共卫生安全国际合作协议,努力构建邮轮公共卫生安全合作机制。

 **知识关联**

《国际航行邮轮群体性疾病突发事件应急处置技术方案》

根据我国《国际航行邮轮群体性疾病突发事件应急处置技术方案》(国质检卫〔2009〕72号)的相关规定,邮轮突发公共卫生事件或公共卫生事件的应急处置主要包括以下几个方面。

第一部分　先期处置

(一)基本情况了解

1.船上基本信息

2.突发公共卫生事件信息

(二)初步评估和报告

1.初步评估。对事件的基本情况、严重程度、发展趋势及危害程度等进行评估。

2.初步报告。相关口岸局应及时向直属局上报情况,直属局及时向总局报告初步情况。

(三)登轮前处置

1.告知船方或者船舶代理,昼间在船舶显著位置悬挂"QQ"字旗,夜间在明显处所垂直悬挂红、红、白、红灯四个灯号,示意本船有染疫或者染疫嫌疑,请即刻实施检疫,同时在检疫工作未完成前禁止任何人员上下船。

2.在锚地检疫的船舶周围200米内不能有其他船舶进入;靠泊检疫的船舶其本身为小隔离区,其周围50米至200米为大隔离区,通知边检派遣足够警力赶赴现场,协助做好对船舶周围的警戒工作,维持现场秩序。未经检验检疫机构许可,任何人不得出入隔离区。

3.根据了解的基本情况向船方提出相应处置意见。

(四)应急预案启动

1.成立应急处置队伍。现场应急指挥组、排查流调组、采样检测组、卫生处理组、后勤保障组。

2.启动地方合作机制。

（五）工作人员登轮前准备

（六）保障措施

<h2 style="text-align:center">第二部分　现场处置</h2>

（一）现场会议

1.核实情况

2.制定方案

3.决策部署

（二）现场控制

1.通过船方或直接向旅客告知事件的大致情况及相关处置工作,做好旅客情绪的安抚工作。

2.协调边防、海事、港务各相关单位采取警戒措施,防止无关人员和船舶靠近。

3.对可能受染物品、场所实施封控,未经检验检疫机构许可,不得使用。

（三）船上人员处置

1.紧急救治

2.现场排查

3.流行病学调查

4.样品采集与送检

5.检疫措施。根据排查结果,对船上人员分别采取隔离或移送指定医疗机构等措施。

（四）死亡病例的处置

（五）食品、水的处置

（六）废弃物处置

（七）病媒生物处置

（八）邮轮环境处置

（九）事件进展报告

现场指挥小组应按照有关规定及时将事件进展情况上报领导小组。领导小组可根据实际情况及有关规定将有关信息通报边检、港务、卫生等部门并逐级上报。

<h2 style="text-align:center">第三部分　后续处置</h2>

（一）船上人员的后续追踪

后续追踪的具体要求可参照《口岸传染病排查处置基本技术方案》(国质检卫〔2008〕270号)第一部分中有关追踪调查的内容。

（二）邮轮的后续处置

邮轮处置结束并经专家组评估认为突发公共卫生事件得到有效控制后，方可签发船舶入境检疫证，准许船舶和旅客入境。若邮轮继续前往国内下一港，入境口岸需将有关情况通知下一港检验检疫机关。

（三）应急终止

采取有效控制措施并经专家组评估认为隐患或相关危险因素得到控制后，领导小组可宣布应急反应终止。

（四）总结和上报

在事件处置全部完成后，应对整个事件的发生和处置进行总结，并将总结情况上报总局。

第五节　邮轮餐饮安全管理

一、邮轮餐饮安全管理的相关概念

邮轮餐饮服务是邮轮餐饮员工为游客提供的有关餐饮消费的设施、餐具、菜肴、酒水以及帮助游客用餐的一系列行为的总和。邮轮餐饮服务分为直接对客的前台服务和间接对客的后台服务两大部分。前台服务是在主餐厅、自助餐厅、酒吧等场所面对面地为游客提供服务；后台服务是厨房、管理部门所进行的工作。前台服务与后台服务相辅相成，构成了为就餐游客提供菜肴饮品的全过程。

二、邮轮餐饮安全事件的主要类型

（一）食源性疾病

食源性疾病是通过摄食方式进入人体的各种致病因子引起的通常具有感染或中毒性质的一类疾病。食源性疾病可能是常见的沙门氏菌引起的细菌性食物中毒、诺如病毒引起的病毒性食物中毒、食用河豚引起的动物性中毒、吃毒蘑菇引起的植物性食物中毒等。2017年12月，"海洋独立"号邮轮发生游客大规模食物中毒事故，超过300

名邮轮旅游者怀疑感染诺如病毒,出现呕吐及腹泻症状。此前不到两周,同属于皇家加勒比的"海洋赞礼"号在巡航期间有逾 200 名邮轮旅游者生病。除此之外,也存在个别游客误食而产生的食源性疾病,如《英国医学杂志·病例报告》期刊上曾经报告一例病例,一名年届七旬的男子乘坐邮轮游玩两周,几乎顿顿吃海鱼,结果因汞中毒入院治疗。

邮轮食源性疾病具有群发性、季节性的特点。群发性特点主要表现为患者一般具有相似或者相同的临床表现,通常会出现恶心、呕吐、腹痛、腹泻等消化系统症状。邮轮游客群体数量众多,食源性疾病影响群体一般数量较为庞大。如 2023 年 2 月 26 日至 3 月 5 日,"红宝石公主"号邮轮上有 284 名邮轮旅游者和 34 名船员出现呕吐和腹泻症状,邮轮公司表示,疾病很可能由具有高度传染性的诺如病毒引起。季节性特点主要表现为,食源性疾病发生与季节相关,细菌性食物中毒主要发生在夏秋季,化学性食物中毒则无季节性。

(二)突发疾病

一是食物过敏等突发疾病,如部分人群缺乏乳糖酶,喝了牛奶后就会有不良反应,甚至恶心呕吐;二是因游客的不安全行为引发的疾病,如部分游客在邮轮上暴饮暴食,导致身体不适甚至出现胃肠炎症状;三是因食品卫生状况不良引起的传染病、心血管疾病等许多慢性病。

(三)餐厅火灾

邮轮上餐厅众多,餐厅厨房是使用明火进行作业的场所,所用的燃料一般有液化石油气、天然气等,若操作不当或储存不当,很容易引起泄漏、燃烧、爆炸。此外,厨房区域用电设备集中,极易出现超负荷现象。餐厅内空调、灯具、餐饮器具等设备线路众多,餐厅用火用电设备如存在过载运行、线路老化、插座松动、线路未穿管保护、线路裸露在外等情况,极易引发火灾。如 2021 年位于埃及首都开罗地段尼罗河上的一艘豪华邮轮餐厅发生大火,数十辆消防车和救护车投入灭火作业和营救工作,大火持续了 3 个多小时,所幸未造成人员伤亡。该事件虽然发生在内河邮轮,对于国际邮轮同样具有警示作用。

(四)餐饮设施设备事故

邮轮餐厅设施设备事故主要指邮轮餐厅建筑物和设备设施在特殊情况下出现异常从而给旅游者休闲娱乐活动造成不利影响的各种事件。

（五）其他意外事故

其他意外事故包括在餐厅就餐过程中滑倒、摔倒、意外烫伤等。

三、邮轮餐饮安全事件的引致因素

（一）餐饮供应链管理不当

邮轮通常在不同港口停靠，在不同地点采购食材，这可能给供应链管理带来挑战，如确保食材的新鲜度和品质，以及遵循各国不同的食品法规。从食品生产到端上餐桌的整个供应链环节都可能影响餐饮安全。食品的流通、储存和运输环节是否符合卫生标准，以及供应商的可靠性和质量管理能力等都是邮轮餐饮安全的影响因素。

（二）餐饮材料的加工储存不当

食品来源、加工和储存过程中存在的卫生问题是餐饮安全的重要因素。邮轮上的细菌、病毒等微生物可以通过不洁食材、不科学的食品加工和储存等途径进入食品，可能引发食物中毒和疾病传染。

（三）游客特殊饮食需求

邮轮旅游者来自不同的国家，拥有不同的文化背景，对食物的口味需求和饮食习惯有所不同。邮轮餐饮部门需要提供多样化菜单，满足不同邮轮旅游者的需求，同时确保食品的安全和品质。部分游客可能有特殊的饮食需求或对特殊食物过敏，如需要素食、无乳制品或无麸质食物。邮轮餐饮部门需要妥善处理这些需求，以确保邮轮旅游者的健康和满意度。

（四）工作人员安全意识淡薄

厨房负责餐饮的员工是邮轮食品安全的重要执行者，其制作过程是否符合标准，是否安全卫生直接影响到食品的最终质量。然而这种意识在很多时候不被员工重视，员工更在意的是食物的味道及卖相，安全意识较差。

（五）邮轮环境卫生因素

餐厅的环境卫生状况也会影响餐饮安全，如餐厅的空气质量、灭蟑螂等害虫控制措施、餐具及其清洁等。

四、邮轮餐饮安全管理与应对

(一)餐饮安全法律法规和标准

邮轮餐饮安全法律法规和标准主要包括以下几个方面。

(1)国际公约和规范。国际海事组织制定了一系列关于邮轮餐饮安全的国际公约和规范,如国际卫生条例和关于邮轮船舶安全的国际法规等。

(2)国家法律法规。各国根据国际公约和规范,制定了针对邮轮餐饮安全的法律法规。例如,美国邮轮行业受到美国食品药品监督管理局和美国公共卫生局的监管,美国疾病控制与预防中心在 1975 年与邮轮行业合作建立了船舶卫生计划,以尽量减少相关疾病暴发的可能性,并确保邮轮旅游者和船员的健康环境。另外,欧洲立法直接将适用于陆地基础设施的安全规则和标准应用于船舶。

(3)邮轮行业协会标准。邮轮行业协会,如国际邮轮协会(CLIA),制定了一系列邮轮餐饮安全的标准和指南,以确保邮轮餐饮符合相关要求。这些标准包括食品供应链管理、食品卫生和安全培训、食品储存和加工设施的规范等。

(4)邮轮公司自身规定。邮轮公司通常会制定自身的规定和标准,以确保餐饮安全。这些规定包括食品供应商的筛选和审核、食品卫生检测和监控、员工培训和健康状况管理等。

(5)邮轮餐饮安全认证。一些国际认证机构和组织也提供邮轮餐饮安全认证服务,如 ISO 22000 食品安全管理体系认证等。这些认证可以帮助邮轮公司确保餐饮安全符合国际标准和要求。

总之,邮轮餐饮安全的法规和标准主要包括国际公约和规范、国家法律法规、邮轮行业协会标准、邮轮公司自身规定以及邮轮餐饮安全认证等。这些法规和标准的制定和执行,有助于确保邮轮餐饮安全符合相关要求,保障邮轮旅游者的健康和安全。

(二)人员培训与认证

邮轮人员培训与认证是指为了确保邮轮上的工作人员具备相关技能和知识,能够胜任各种岗位工作,在紧急情况下保障邮轮旅游者和船员安全而进行的培训和认证程序。邮轮人员培训主要包括以下几个方面。

(1)消防训练:培训人员了解火灾的预防和扑灭方法,熟悉火灾应急预案和使用消防设备的技能。

(2)人身安全培训:教授人员如何使用救生设备,包括救生艇、救生衣、救生圈等,并进行紧急情况下的逃生和疏散训练。

(3)急救培训:培训人员掌握基本的急救知识和技能,能够在紧急情况下进行简单的急救和生命支持。

(4)客户服务培训:教授人员如何提供优质的客户服务,包括礼仪、沟通技巧、问题解决能力等。

(5)船舶操作培训:针对船舶不同岗位的人员进行专业技能培训,包括航海、机械、电气等方面的知识和技能。

邮轮人员的认证一般由国际海事组织或各国海事局进行,主要包括以下认证。

(1)STCW认证:国际海事组织颁发的《1978年国际海上人员培训、认可及守则公约》(STCW)认证,涵盖了邮轮上人员的基本培训和认证要求。

(2)C1D签证:美国颁发的专门针对邮轮船员的签证,要求船员通过相关培训和认证。

(3)其他国家相关认证:不同国家可能有自己的邮轮人员培训和认证要求,船员可能需要获得相应国家的认证才能在该国家的邮轮上工作。

邮轮人员培训与认证的目的是确保船员具备必要的技能和知识,提高邮轮的安全性和服务质量。这些培训和认证通常由邮轮公司或邮轮培训机构提供,并定期进行更新和复核。

(三)食品供应链管理

邮轮食品供应链管理是指在邮轮上对食品供应链进行有效管理的过程。邮轮作为移动的酒店和餐饮服务提供商,需要确保在航行期间能够提供高质量、安全、新鲜的食品给邮轮旅游者。邮轮食品供应链管理主要包括以下几个方面。

(1)供应商选择与合作:邮轮需要选择可靠的食品供应商,并与其建立长期合作关系。供应商须具备良好的食品安全和质量控制体系,能够按时、按量供应食品。

(2)采购与库存管理:邮轮需要对食品进行合理的采购和库存管理。根据邮轮旅游者数量和航行时间,确定所需的食品种类和数量,并及时采购和储存。同时,对食品进行合理的分配和使用,避免浪费和过期。

(3)食品安全与质量控制:邮轮需要建立完善的食品安全与质量控制体系,确保所供应的食品符合卫生标准和法规要求。这包括对供应商的评估和监督,对食品的检验和抽样测试,以及对工作人员的培训和监督。

(4)物流与配送管理:邮轮需要确保食品能够及时、安全地送达船上。这包括物流的组织和协调,配送的安排和监控,以及对货物的接收和验收。

(5)废物处理与环境保护:邮轮需要对食品产生的废物进行有效处理和管理,确保符合环境保护的要求。这包括废物的分类和储存、处理和处置,以及废物的回收和再利用。

邮轮食品供应链管理的目标是确保邮轮旅游者在航行期间能够享受到安全、健康、美味的餐饮。同时,也需要考虑成本控制和效率提升,以实现可持续发展的目标。

(四)邮轮餐饮卫生及标准

邮轮上的旅游者人数众多且密集,卫生标准尤为重要。常见的邮轮餐饮卫生标准如下。

(1)厨房设施和操作:邮轮上的厨房必须符合卫生标准,包括设备的清洁和维护、食品储存和处理的合理安排、食品加工区域与非食品区域的分离等。

(2)食品安全:邮轮上的食品必须符合食品安全标准,包括食材的购买和储存、食品加工和烹饪的卫生要求、食品的温度控制等。

(3)卫生培训和认证:邮轮上的员工必须接受相关的卫生培训,了解食品安全知识和操作规程。部分邮轮公司还要求员工获得相关的卫生认证。

(4)餐饮区域的卫生管理:餐厅和自助餐区域必须保持整洁,包括桌椅的清洁、餐具的消毒、食物残渣的及时清理等。

(5)餐饮区域的卫生设施:邮轮上的餐饮区域必须配备足够的洗手设施,以供邮轮旅游者和员工使用。洗手间和厕所的卫生也必须得到有效管理和清洁。

(6)突发公共卫生事件预防和控制:邮轮公司必须制订突发公共卫生事件预防和控制计划,以防止疾病的传播。这可能包括加强船舱和公共区域的清洁、加强员工的健康监测和筛查、提供适当的医疗设施等。

(7)健康检查和报告:邮轮旅游者在登船前可能需要接受健康检查,并填写健康调查表。邮轮公司必须报告任何突发公共卫生事件,并采取相应措施进行隔离和治疗。

邮轮餐饮卫生标准的执行由船舶管理公司、卫生部门和相关监管机构负责监督。邮轮旅游者可以通过投诉和反馈机制来提出任何卫生问题或建议,以确保邮轮餐饮服务的质量和卫生安全。

(五)突发事件应急处置

邮轮餐饮突发事件应急处置是指在邮轮上发生紧急情况时,餐饮部门所采取的预防和应对措施。常见的邮轮餐饮突发事件应急准备措施包括:

（1）紧急食品储备：邮轮餐饮部门必须储备足够的非易腐食品和饮用水，以备不时之需。这些食品应具有较长的保质期，并定期进行检查和更新。

（2）紧急食品分配计划：餐饮部门应制订紧急食品分配计划，以确保在紧急情况下能够合理分配食物给邮轮旅游者和船员。这可能包括制定食物配给标准和分配程序。

（3）紧急食品加工和分发设备：餐饮部门应配备紧急食品加工和分发设备，以便在紧急情况下能够快速处理和分发食物。这可能包括紧急烹饪设备、快速食品包装和分发工具等。

（4）紧急食品安全和卫生措施：餐饮部门必须加强对紧急食品的安全和卫生管理。这包括食品储存和处理的合理安排、食品加工区域与非食品区域的分离、食品温度控制等。

（5）紧急食品过敏和特殊需求管理：餐饮部门应了解邮轮旅游者和船员的食物过敏情况和特殊饮食需求，并在紧急情况下提供相应的食品选择和处理。

（6）紧急通信和协调：餐饮部门必须与其他部门保持紧密的通信和协调，以便在紧急情况下能够及时提供食品支持和协助。

（7）紧急餐饮设施和服务：餐饮部门应有紧急餐饮设施和服务的准备，以便在紧急情况下能够提供简化的餐饮服务。这可能包括设立紧急餐厅或提供紧急餐饮包等。

邮轮餐饮突发事件应急处置需要餐饮部门与船舶管理公司、其他部门和当地救援机构的密切合作和协调。餐饮部门必须定期进行演习和培训，以确保员工熟悉紧急情况处理程序，并能够在紧急情况下提供有效的食品支持和服务。

复习思考

1.邮轮应急疏散的概念。

2.邮轮应急疏散方案的影响因素。

3.邮轮服务安全管理的主要内容。

4.邮轮服务安全管理体系。

5.邮轮航运安全事故的特点与成因。

6.邮轮突发公共卫生事件的传播途径及诱因。

7.邮轮突发公共卫生事件的管理方式。

8.邮轮餐饮安全事件的主要类型及引致因素。

9.邮轮餐饮安全管理的工作内容。

 案例分析

案例:歌诗达"赛琳娜"号的 24 小时

2020 年 1 月 24 日 22 时,天津国际邮轮母港所在的滨海新区卫生健康委医政医管室副主任窦克滨突然接到会议通知——一艘明早停靠的邮轮可能存在突发公共卫生事件,区委副书记、区长、区防控指挥部总指挥杨茂荣紧急召开会议讨论处置方案。

25 日凌晨 1 时,天津市发出指令:按照有关管理规定,歌诗达"赛琳娜"号邮轮停驻锚地暂不进港;立即组织专家、医务工作者登船采样、开展流调,第一时间掌握现场情况,为进一步决策提供依据;同时紧急协调直升机支援。

凌晨 2 时,由天津海关和医疗专家组成的负责登船的应急处置小组讨论决定,综合考虑往返时间、安全风险、携带物资量等多种因素,确定了乘坐拖轮登船取样,再由直升机护送样本上岸的方案。滨海新区有关部门同步执行"双预案":一方面,安排邮轮母港做好旅客下船接待准备;另一方面,一旦确认突发公共卫生事件,做好全船人员隔离留观的准备,调派供应船及时补给生活用品等。

25 日凌晨 5 时,天津国际邮轮母港,海关人员、专家、医务人员等 20 余人集合完毕,乘坐拖船,一个半小时后,他们登上邮轮。船上旅客早已议论纷纷,"听说有穿防护服的人上船检查""要是查出被感染者,所有人都无法上岸",恐慌慢慢在人群中蔓延开来。

时间已接近 10 时,海关人员对 15 名申报有发热症状者调查完毕,其中 1 人确诊为水痘未采样,其余 14 人采集了咽拭子样本。本以为采样工作可告一段落,但 6446 号宿舱内又有了新情况。该宿舱内来自武汉的一家三口体温异常,孩子体温 37.4℃,妈妈有流涕症状。处置人员决定全部采集样本,咽拭子样本采集数量调至 17 人。

10 时 45 分许,李世栋接到指令升空,抵达邮轮船尾左舷绞车点处,机上绞车手将吊钩放下。应急小组成员将放置了 17 份检测样本的黄色标本箱小心挂上吊钩,看着标本箱缓缓升空、进入机舱。飞机返航途中,绞车手双手一直紧紧扶着样本箱。

11 时许,天津市疾控中心标本车在直升机机场拿到标本箱,由警车开道,向着天津市疾控中心一路飞驰而去。12 时许,样本成功送达。15 时 30 分,经天津市疾控中心实验室检测,17 例样本检测结果全部为阴性。

18 时许,天津市同意邮轮进港。20 时许,邮轮停靠天津国际邮轮母港,对接工作完毕,旅客开始下船,天津东疆海关对旅客逐一进行体温检测。23 时许,3706 名旅客全部离开邮轮母港。

26 日 0 时 15 分,天津市卫健委发布消息,截至 1 月 26 日 0 时 15 分,歌诗达"赛琳娜"号邮轮应急处置工作全部结束,圆满完成出境旅客退订改签、入境旅客集中转运、

邮轮母港现场应急疏散等工作,整体进程平稳有序。

此时,距离发出第一条指令过去不到 24 小时。

(资料来源:张宇琪、李鲲.惊心动魄的 24 小时:歌诗达"赛琳娜"号邮轮应急处置纪实[EB/OL]. (2020-03-01)[2024-06-22]. http://www. xinhuanet. com/politics/2020-03/01/c_1125648149.htm.)

思考讨论:

1.总结歌诗达"赛琳娜"号邮轮突发公共卫生事件处置成功经验。

2.结合本案例,尝试系统梳理邮轮突发公共卫生事件处置的流程。

第五章

邮轮陆地安全风险及管理

【学习引导】

　　邮轮陆地安全是邮轮旅游安全管理的重要组成部分,主要包括邮轮进出港安全和岸上观光安全两大类型。本章主要介绍邮轮进出港安全服务、港口突发性事件、境外非法滞留事件的应急处置以及邮轮承运纠纷的责任,旨在帮助读者更好地认识邮轮陆地相关的风险和邮轮港口承担的安全职责,并掌握邮轮陆地安全管理方法。

【学习目标】

　　1.了解邮轮口岸服务与相关法律。

　　2.了解岸上观光服务类型与特点。

　　3.掌握邮轮港口突发性事件的处置方法。

　　4.掌握非法滞留事件的预防与应急处理。

第一节　口岸安全管理

一、进出港口安全

　　邮轮口岸是国家批准设立,由国家法定机关实施监管,允许中国籍和外国籍人员、货物、物品和境外的邮轮直接出入境,具有必要隔离设施和查验场所的特定水运海港、河港区域。其主要功能是为到港邮轮及邮轮上的旅游者提供服务,按照服务对象差异,邮轮口岸服务分为两大类:(1)针对邮轮的服务,包含:①邮轮到港服务,主要有邮轮进出港拖船和引航、泊位停靠、必需品等物资的采购、邮轮垃圾处理服务等;②邮轮本身服务,主要包含邮轮的维修、装潢及邮轮相关设备的供给服务。(2)针对邮轮旅游者的服务,主要包含邮轮旅游者的通关服务、餐饮住宿服务、航空服务、旅行社代理服务、商品购置和娱乐服务等。根据不同服务项目情况,寻找服务过程中潜在的风险因素,制定安全保障措施和预防机制,减少口岸服务过程中发生安全事件的概率,对于邮轮口岸安全管理具有重要意义。

(一)邮轮靠泊服务

邮轮靠泊服务包含邮轮进出港引航服务、海关检疫服务、靠泊邮轮的维修保养、物资补给清洁、废弃物处理等相关配套服务。邮轮靠泊服务机构有港口引航机构、海关、检验检疫机构、邮轮码头相关部门等。

1.邮轮航行与靠泊安全

邮轮航线的形成主要依赖旅游者、旅游目的地和港口条件三大要素。邮轮公司设计线路要考虑燃油消耗和岸上游览的时间限制,综合平衡考虑来决定销售线路。邮轮靠泊后,邮轮旅客通过港口客运中心登船桥进行上、下船,下船的旅客通过登船桥进入客运中心,等待通关、行李托运等服务。邮轮进出港时需要专业的引航员进行引航工序,必要时还要进行拖船操作,这些都由母港专门的引航、拖船机构负责。当邮轮靠泊后,邮轮旅客通过登船桥上、下船。邮轮靠离泊操作存在的主要风险和管控措施如下。

(1)靠离泊前应掌握风力、风向、流向、流速,看清泊位前后情况。注意泊位环境特点及来往船舶,以适当的速度安全靠离泊。吨级较大的邮轮靠泊时,在航道允许的情况下,必须抛锚靠泊,起锚离泊。

(2)靠泊前备好缆绳、清理撇缆绳和撞垫等物品,并正确使用,及时带缆。

(3)驾机合一的船舶,当班船长、驾驶员应严格按规程操作,冷车时应低负荷运转,严禁使用临界转速,并尽可能减少频繁的急顺、倒车。

(4)操作时应穿戴好工作服、工作鞋和防护手套,不准穿拖鞋、赤脚和赤膊操作。工作服不得敞开,防止卷入绞缆或滚筒。

(5)操作人员应集中精神,加强自身劳动保护。系缆时,人和绞缆机滚筒要保持一定的安全距离,不要站在导缆口和缆绳之间,严禁站在缆圈中。抛锚、起锚时,不可站立在锚链前方或跨在锚链上,抛锚和松链之前,应确认锚链舱内无人。

(6)靠离泊时要切实执行船长命令,动作要准确迅速。绞缆时人和滚筒要保持一定的安全距离,人要站在安全位置上工作,不许站在缆圈中,彼此要相互关照及时提醒以防发生事故。

（7）靠泊时，在首尾做到配合带缆工人放缆适度的同时，要顾及驾驶台可能用车的需要。

（8）解拖缆时，要关照操作人员慢慢送拖缆以免砸伤拖轮船员。在投掷引缆时，要先招呼后抛出，防止引缆头伤人，当船艏甲板与码头高度差或横距超过一米时，严禁操作人员从船上跳跨到码头带缆，以防发生事故。

（9）带缆操作，首尾必须密切配合，协调一致，及时松绞调整系缆受力。离靠完毕，首尾工作人员须得到船长同意，方可离开。

（10）系妥泊位后，外挡锚如不绞起，应松掉锚链，不使吃力。码头系缆要装防鼠挡，在首尾外挡备妥应急拖缆，如涌浪较大应采取措施防止缆绳在导缆孔的接触处磨损。

（11）热带风暴（台风）季节或受大风和大潮汛侵袭时，船舶应及时加带保护缆。

（12）在冬季，首尾系、解缆现场如有冰冻，可在甲板和滚筒撒黄沙以及其他防滑物，以利安全操作。

（13）上下岸用的航梯或桥板应有人看护。

2.邮轮物资供应安全

港口是陆地和海洋的连接点，是为邮轮和建筑物提供消防、排水、电力等服务的重要场所。邮轮靠泊后的维护保养、物资补给、清洁、废弃物处理等相关配套服务等都由邮轮码头的相关部门负责。

邮轮物资配送的安全与保障需要便捷的内外交通、专业化的码头设施以及功能齐备的物资配送中心作为硬件保障，还需要信息化服务和安全保障作为软件支撑，同时还需要在政府税收、港口通关等方面具有一定的政策优势。针对当前国内邮轮母港邮轮物资配送的发展现状，应充分认识到发展邮轮物资配送的紧迫性和供应安全的重要性，加快在国内邮轮母港建立专业化的邮轮物资配送中心，配备专业化的码头设施，进行集中采购、集中监管、集中配送和集中结算，提升邮轮物资通关效率。重点对食品、生活饮用水及各种物料实施卫生监督及监装监卸，通过农药残留、饮用水余氯快速检测，核查从业人员的健康证及食品运输车辆的冷链运行情况等，确保供船饮食安全。

（二）邮轮旅客服务

邮轮旅客服务包含旅客上、下船服务，旅客通关服务，旅客集散服务，旅客消费服务（旅客餐饮服务、旅客航空服务、旅行社代理服务、旅客商品购置和娱乐服务等）。邮轮旅客服务机构有邮轮口岸的旅游服务公司、邮轮口岸联检部门、交通运输服务部门、邮轮公司及其代理机构等。

1.邮轮旅客上、下船服务

邮轮码头的核心功能是为邮轮旅客提供便捷的上、下船方式,目前采用的邮轮码头上、下船工艺方式主要有舷梯工艺,固定式登船桥工艺,顺岸式上、下船工艺,组合式登船工艺4种。邮轮客运中心登船桥数量主要根据邮轮规模确定,一般旅客数量为2500人的邮轮应配备2个登船桥,超过2500人的应配备3个登船桥。采用舷梯工艺这种方式的邮轮码头主要是一些非专业邮轮码头(客货混用码头)或一些专业邮轮码头的营运初期、专业接船设备尚未配置到位的码头。码头在接待邮轮游客时采用邮轮自备的伸缩舷梯连接邮轮舱口和码头,这种邮轮旅客上、下船工艺方式因设施简易,服务不足,会给游客带来一定的不便。

登船桥作为连接邮轮与邮轮旅客候船楼的纽带,遵循无缝连接的原则,为上、下邮轮的旅客提供了一个全天候、舒适和安全的行走空间。登船桥全透明玻璃侧壁的通道使旅客在上、下船时可以尽情欣赏港口风光,并且登船桥内安装了空调以使旅客上、下船不受天气变化的影响。因此,现代邮轮大多采用这种上、下船方式,保障旅客的安全,减少安全事故的发生。

2.邮轮旅客通关与检验

邮轮口岸旅客通关是指在海关旅检通道内,海关工作人员为旅客提供的服务。旅客通关与检验是保障邮轮旅客与船员安全最重要的一道防线。口岸必须设立专供海关办理进出境旅客通关手续的通道,设置专供海关办理进出境旅客通关手续的区域。海关旅检通道应为封闭、独立的区域,不得与其他部门混用。海关旅检通道一般划分为三个区域:一是申报区,指出入境旅客根据需要填写各种表格的区域;二是检验区,指海关工作人员查验旅客携带行李、物品的区域;三是处理区,指海关工作人员处理违规、违法旅客及其携带行李、物品的区域。具体流程如下。

(1)游客在申报区对行李进行出入境申报,例如填完各类报表缴费等。

(2)在查验区由海关人员将游客随身带的物品行李进行开箱检验,检查有无违禁或未申报物品。如果检查发现有,则在处理区依法处理违禁的物品行李。如果检查没有问题,则顺利进入边检区。其中,携带需要申报的行李物品的游客,进出海关的红色通道,即申报通道。而无行李需要申报,或免于查验的游客出入海关的绿色通道,即无申报通道。此外,持有外交护照或者礼遇签证的某些特殊人员往往出入海关的礼遇人员通道免检。海关旅检通道与口岸边检通道之间要有一定的纵深缓冲区。在缓冲区内,海关悬挂统一设计的海关标识,设置法规公告栏或电子公告屏,使游客在进入海关通道前能清楚地看到海关标识及了解海关有关规定。海关在缓冲区内鉴别查控对象,实施重点监控。出境口岸免税店销售场所应设立在游客办理出境手续后的口岸隔离区,入境免税店销售场所应设立在游客办理入境手续前的口岸隔离区内。边防检查工作人员在边检区检查出入境游客的出入境签证是否合法有效。

邮轮客运中心现场执勤用房包括边防检查站现场值班室、临时审查室、更衣室、临时扣留室、备勤室、外事会晤室、计算机房、查控工作室、卡片档案室、存储室。检查场地设施包括引导牌、告示牌、标志牌、填卡台、入境出境边防检查查询台、投诉箱等。以设计接待能力为依据,计算各部分流程所需通道数量,为使游客在候检过程中保持舒适状态,出入境候检厅在通常状态下采用人均 2.7 m² 的高舒适度指标,极端状态下采用人均 1.2 m² 的舒适度指标。邮轮国际客运中心提供邮政、寄存、电话、外币兑换、座椅、电视、直饮水、咖啡座等服务设施。

(三)邮轮行李托运服务

邮轮旅客行李托运服务包含旅客行李提取、旅客行李送往联检大楼、旅客行李通关检查(包括安全检查、海关检查、检验检疫等)、旅客行李托运等。邮轮旅客行李托运服务机构有旅游代理公司、邮轮口岸托运部门等。

由于邮轮旅游一般是长途旅游,游客可能会在途中购买大量甚至是大型的物品,为方便通关,行李一般由旅游公司负责集中通关。行李通关检查设置了安检前托运和安检后托运两种模式,口岸专门设立大件行李检查通道,经行李检查厅运送到船上,其中行李通关包括安全检查、海关检查、检验检疫等流程。根据相关部门需要,邮轮国际客运中心在海关旅检通道设置海关征税间,客、货报关间,人身检查室,防暴室,毒品检测室,印刷品、音像制品审查室,扣留物品保管仓库,案件审理室,技术室,现场关员办公室,闭路电视监控室,关员休息室,更衣室,贵宾室等。另外,在免税店旁设置海关办公室,用于海关免税品监管关员办理免税物品海关监管手续,其中相关房间应配备网络接口、电话、电源。

《水路旅客运输规则》对使用船舶托运行李、包裹作出严格规定,部分物品不能办理托运,主要包括:违禁品或易燃、易爆、有毒、有腐蚀性、有放射性以及有可能危及船上人身和财产安全的其他危险品;污秽品、易于损坏和污染其他行李和船舶设备的物品;货币、金银、珠宝、有价证券或其他贵重物品;活动物、植物;灵柩、尸体、尸骨等。

(四)邮轮国际客运中心检验检疫

根据港口口岸功能,港口口岸检验检疫设施包括检验检疫用房(含行政办公业务、专业技术用房)、出入境游客及其携带物检验检疫现场设施(包括旅游者候检区、查验通道、旅游者携带物查验区、检验检疫现场业务用房及其相关配套设施)。

邮轮国际客运中心入境查验区域需要设置体温检测仪、填卡台、申报台、咨询台、

LED宣传栏、查验台、隔离带等。出入境卫生检疫查验旅游者行李和携带物的区域设置放射性物质检测仪、化学有害物质检测仪、体温检测仪、工作台、查验台、宣传栏等。

邮轮国际客运中心入境处办公设施包括红外热成像体温检测仪、应急准备室、医学排查室、快速筛查室、隔离室(设卫生间、上下水)、观察室、办公室、截留物品处理室。出境办公设施包括物品储备室、监控室、预防接种室、洗消室、办公室。

(五)邮轮口岸服务安全保障的要求

(1)邮轮口岸的主要作用在于为邮轮的安全进出以及停靠提供最优服务,邮轮口岸应该具备为多艘大型邮轮提供停靠及其进出服务所需的综合设施设备的条件,邮轮可以在此享受补给、废物处理、维护与维修等服务。

(2)邮轮口岸应方便旅游者安全上、下船,为邮轮提供完善的配套设施服务。邮轮口岸服务的核心功能是为旅游者提供便捷的上、下船方式,以确保旅游者能够安全上、下船。

(3)邮轮口岸是查验旅游者的主要场所,邮轮旅游者上岸旅游观光前要在邮轮口岸进行通关查验比如安检、通关等,以确保每一位旅游者进行合法、合理、安全的陆地旅游。

(4)邮轮口岸为旅游者提供港口服务,是旅行社代理服务的主要场所。当旅游者通关上岸时,邮轮口岸就要满足衣食住行的规划,要为旅游者提供住宿、旅游线路询问与规划、相关旅行代理服务,还要尽可能满足旅游者的休闲消费心理需求,为旅游者提供最满意的服务,做好旅游者的配套保障等工作。

二、邮轮港口突发性事件的应急处置

邮轮港口的突发事件主要包括邮轮事故、气象灾害以及突发公共事件。应建立健全安保制度,以应对邮轮港口恶劣气候、公共卫生、防台防汛、应急疏散、安全生产等突发事件。英国著名危机管理专家迈克尔·里杰斯特说,预防是解决突发公共事件的最好方法。这就要求把预警放在首位。因此,港口经营者应建立健全邮轮港口突发事件监测预警体系,监测和收集邮轮港口的突发事件相关信息,进行必要的风险分析,预测事件发生的概率和严重性,并借助国内外经验作出判断,发布预警信息,采取预防措施。

(一)应急处置相关主体

1.应急管理责任单位

应急管理责任单位是具有应急管理职责或受突发事件影响的组织,是应急处置工作的发起人和最终责任人。一般而言,应急处置责任单位包括不同层级的政府及其职能部门和非政府组织等。以吴淞口邮轮港为例,在邮轮港区域内主要有上海市文化和旅游局、上海市口岸办、上海市交通运输和港口管理局、上海市政府外办、上海市政府新闻办、上海市公安局(水上公安局、宝山区公安分局)、上海海关(吴淞海关)、上海出入境检验检疫局(吴淞出入境检验检疫局)、上海出入境边防检查总站(吴淞出入境边防检查站、浦江出入境边防检查站)、长航公安局、上海海事局(宝山海事局)、宝山区政府、宝山区旅游局、宝山区滨江委、邮轮港公司等责任单位。

2.应急处置实体

应急处置实体是指具有特定技能,并在现场工作中完成特定应急工作的团队和人员,包括消防分队、执法分队、宣传分队以及医疗救护分队等。应急处置实体是事件现场应急处置工作的具体执行者,他们的职责是接受应急指挥人员下达的指令,并解决执行过程中出现的相关问题。

3.事件发生当事人

事件发生当事人是在突发事件发生时就在现场或者与事件具有直接关系的人员,是突发事件的直接作用对象和最早获知事件信息的人员。突发事件发生以后,事件发生当事人应该向相关应急管理责任单位报告事件相关信息,开展突发事件的先期处置工作,并积极参与现场应急处置工作。当事邮轮公司职员、旅行社导游和邮轮港公司员工需要担负起当事人的责任。

(二)突发性事件因素及邮轮港应急小组职能

1.不可抗力

不可抗力是指合同签订后,不是由于合同当事人的过失或疏忽,而是由于发生了合同当事人无法预见、无法预防、无法避免和无法控制的情况,以致不能履行或不能如期履行合同,发生意外事件的一方可以免除履行合同的责任或者推迟履行合同。《中华人民共和国民法典》对不可抗力的解释是指不能预见、不能避免且不能克服的客观情况。

合同签订以后,发生了当事人既不能预见,又无法事先采取预防措施的意外事件,以致不能履行或不能如期履行合同,且非订约者任何一方当事人的过失或疏忽导致,遭受意外事件的一方可以免除履行合同的责任或延期履行合同。

不可抗力的特点主要包括：①不可抗力是当事人不能预见的事件；②不可抗力是当事人不能控制的事件；③不可抗力是独立于当事人意志和行为以外的事件；④不可抗力是阻碍合同履行的客观事件等方面。

在邮轮行业中，不可抗力多体现在天气原因（如大风、大雾、潮汐等）导致邮轮无法靠港，由此导致邮轮行程变更或取消部分停靠港口等，甚至取消邮轮班次。不可抗力情况下应急小组职能如表 5-1 所示。

表 5-1　不可抗力情况下应急小组职能

等级	Ⅳ级（蓝色）：一般群体性事件（涉及人数 5 人及以上，30 人以下）	Ⅲ级（黄色）：较大群体性事件（30 人及以上，300 人以下）	Ⅱ级（橙色）：重大群体性事件（300 人及以上，1000 人以下）	Ⅰ级（红色）：特别重大群体性事件（1000 人及以上）
职能	①报告邮轮港公司应急小组。②措施：加强与气象台、船方联系，掌握气象消息和船舶动态。③发布蓝色预警	①报告邮轮港公司应急小组。②措施：加强与气象台、船方联系，掌握气象消息和船舶动态，同时加强与交通广播电台等媒体的联系，及时发布船期变更消息。③发布黄色预警	①报告邮轮港公司应急小组。②措施：加强与气象台、船方联系，掌握气象消息和船舶动态，同时加强与交通广播电台等媒体的联系，及时发布船期变更消息，指挥船舶安全靠港，并启用备用泊位。③发布橙色预警	①报告邮轮港公司应急小组。②措施：加强与气象台、船方联系，掌握气象消息和船舶动态，同时加强与交通广播电台等媒体的联系，及时发布船期变更消息，指挥船舶安全靠离港，并启用备用泊位。③发布红色预警

Ⅳ级（蓝色）：一般群体性事件（涉及人数 5 人及以上，30 人以下）。邮轮港现场应急小组职能：①报告邮轮港公司应急小组。②措施：加强与气象台、船方联系，掌握气象消息和船舶动态。

Ⅲ级（黄色）：较大群体性事件（30 人及以上，300 人以下）。邮轮港现场应急小组职能：①报告邮轮港公司应急小组。②措施：加强与气象台、船方联系，掌握气象消息和船舶动态，同时加强与交通广播电台等媒体的联系，及时发布船期变更消息。

Ⅱ级（橙色）：重大群体性事件（300 人及以上，1000 人以下）。邮轮港现场应急小组职能：①报告邮轮港公司应急小组。②措施：加强与气象台、船方联系，掌握气象消息和船舶动态，同时加强与交通广播电台等媒体的联系，及时发布船期变更消息，指挥船舶安全靠离港，并启用备用泊位。

Ⅰ级（红色）：特别重大群体性事件（1000 人及以上）。邮轮港现场应急小组职能：①报告邮轮港公司应急小组。②措施：加强与气象台、船方联系，掌握气象消息和船舶动态，同时加强与交通广播电台等媒体的联系，及时发布船期变更消息，指挥船舶安全靠离港,并启用备用泊位。

2.非不可抗力

非不可抗力指除不可抗力外,包含游客个人原因、船方处置原因和码头异常等情况,这种情况相对不可抗力来说更好控制,更易根据提前制定的预案执行应急方案,防止造成更大的损失。非不可抗力包含以下几种。

(1)游客个人原因。游客个人原因是指在其他责任人及责任单位无责状态下,由于信息不畅而引起的突发事件。通常体现为游客突发急性病、游客无法按时到达或离开港口等。

(2)船方处置原因是指由邮轮公司引起的船期误点、邮轮事故等原因造成游客无法享受到或全面享受合同上列出的本应该享受的权利,由此造成的群体性突发事件。通常体现为邮轮擦碰(碰到其他船只或港口)、邮轮误点(非不可抗力原因)以及因不可抗力原因的误点却未能够及时通知游客。

(3)码头异常。码头异常是指由于码头原因导致邮轮无法按时通航或游客滞留的情况。具体表现在码头设施瘫痪,码头突发事件(水灾、停电、发生恐怖事件或突发公共卫生事件等)。非不可抗力情况下应急小组职能如表5-2所示。

表 5-2　非不可抗力情况下应急小组职能

等级	Ⅳ级(蓝色):一般群体性事件(涉及人数 5 人及以上,30 人以下)	Ⅲ级(黄色):较大群体性事件(30 人及以上,300 人以下)	Ⅱ级(橙色):重大群体性事件(300 人及以上,1000 人以下)	Ⅰ级(红色):特别重大群体性事件(1000 人及以上)
游客个人原因的应急小组职能	①报告邮轮港公司应急小组。 ②对已经出现症状的人员,分别引领到不同的临时隔离室控制点。 ③维持现场秩序,疏散人群,确保人群远离传染病源。 ④发布蓝色预警	①报告邮轮港公司应急小组。 ②维持现场秩序,疏散人群,安抚人群情绪,确保人群远离传染病源。 ③组织有关人员对污染环境进行安全检测,并评价消毒效果,及时通知相关医疗机构和人员抢救伤员。 ④发布黄色预警	①报告邮轮港公司应急小组。 ②维持现场秩序,疏散人群,安抚人群情绪,确保人群远离传染病源,暂时停止通关,启用备用通关通道。 ③及时通知相关医疗机构和人员抢救伤员,启用"邮轮港口客运楼疏散预案"。 ④发布橙色预警	①报告邮轮港公司应急小组。 ②维持现场秩序,疏散人群,安抚人群情绪,确保人群远离传染病源,暂时停止通关,启用备用通关通道。 ③保障后续医疗卫生部门专业人员、车辆、设备、物资等进出处置现场的通畅,根据实际情况划定封锁和隔离区域,禁止无关人员和车辆进入污染区。 ④发布红色预警

续表

等级	Ⅳ级(蓝色):一般群体性事件(涉及人数5人及以上,30人以下)	Ⅲ级(黄色):较大群体性事件(30人及以上,300人以下)	Ⅱ级(橙色):重大群体性事件(300人及以上,1000人以下)	Ⅰ级(红色):特别重大群体性事件(1000人及以上)
船方处置原因的应急小组职能	①报告邮轮港公司应急小组。②迅速启动"应急处置机制",加强服务,维持秩序,疏散旅客,并及时救助船上游客,协助其安全下船。③发布蓝色预警	①报告邮轮港公司应急小组。②迅速启动"应急处置机制",加强服务,维持秩序,疏散旅客,并及时救助船上游客,协助其安全下船。③等待公司小组作出进一步指示。④发布黄色预警	①报告邮轮港公司应急小组。②迅速启动"应急处置机制",加强服务,维持秩序,疏散旅客,并及时救助船上游客,协助其安全下船。③积极组织人员对邮轮相关设施进行初步应急修复,最大限度保障邮轮及游客的安全。④加强广场、码头和备用候船室的客运服务。⑤发布橙色预警	①报告邮轮港公司应急小组。②迅速启动"应急处置机制",加强服务,维持秩序,疏散旅客,并及时救助船上游客,协助其安全下船。③积极组织人员对邮轮相关设施进行初步应急修复,最大限度保障邮轮及游客的安全。④负责广场、码头和备用候船室的客运服务。⑤发布红色预警
码头火灾的应急小组职能	①报告邮轮港公司应急小组。②在场工作人员利用附近的灭火器械扑救,尽量控制火势发展;可能情况下,关闭门窗以减缓蔓延速度;在扑救无效的情况下,拨打火警电话。③将监控镜头定在起火位置,密切监视火势发展态势。④发布蓝色预警	①报告邮轮港公司应急小组。②报警,向当地派出所报警,报告内容包括火情具体地点、燃烧物性质、火势蔓延方向等。③监视火情,启用消防紧急广播加强广播宣传,稳定游客情绪。④启用消防设备将游客有序疏散到安全地带。⑤做好泊位、船期调整的准备工作;启用"邮轮港口客运楼疏散预案"。⑥发布黄色预警	①报告邮轮港公司应急小组。②报警,向当地派出所报警,报告内容包括火情具体地点、燃烧物性质、火势蔓延方向等。③监视火情,启用消防紧急广播加强广播宣传,稳定游客情绪。④启用消防设备将游客有序疏散到安全地带。⑤参加自救和秩序维护工作。⑥发布橙色预警	①报告邮轮港公司应急小组。②报警,向当地派出所报警,报告内容包括火情具体地点、燃烧物性质、火势蔓延方向等。③监视火情,启用消防设备将游客有序疏散到安全地带。④清除路障,指挥无关车辆离开现场,维持港区外围秩序;禁止无关人员进入港区,指挥疏散人员离开港区;等待并引导消防员到火灾现场。⑤发布红色预警

续表

等级	Ⅳ级(蓝色):一般群体性事件(涉及人数5人及以上,30人以下)	Ⅲ级(黄色):较大群体性事件(30人及以上,300人以下)	Ⅱ级(橙色):重大群体性事件(300人及以上,1000人以下)	Ⅰ级(红色):特别重大群体性事件(1000人及以上)
码头停电的应急小组职能	①报告邮轮港公司应急小组。②迅速启动"应急处置机制"。③组织客运员维持秩序,做好内疏外堵工作,并及时启用应急备用队伍。④启用手提喇叭,做好宣传工作稳定游客情绪。⑤发布蓝色预警	①报告邮轮港公司应急小组。②迅速启动"应急处置机制"。③立即组织检查,排除故障,恢复供电,如外线停电,马上与当地供电所值班室联系。④待供电系统修复后,继续安排游客登船和开展其他各项活动。⑤发布黄色预警	①报告邮轮港公司应急小组。②迅速启动"应急处置机制"。③及时请求移动和电信部门提供应急供电车,对移动通信设备予以保障。④待供电系统修复后,继续安排游客登船和开展其他各项活动。⑤发布橙色预警	①报告邮轮港公司应急小组。②立即组织检查,排除故障,恢复供电,如外线停电,马上与当地供电所值班室联系。③待供电系统修复后,继续安排游客登船和开展其他各项业务;启用"邮轮港口客运楼疏散预案"。④发布红色预警
港区恐怖事件的应急小组职能	①码头保安及工作人员应及时将现场情况报告给分管领导,组织游客迅速疏散到安全地带,视情况对恐怖分子进行有效监控。②及时报警并上报相关部门进行处理。③发布蓝色预警	①码头保安及工作人员应及时将现场情况报告给分管领导,组织游客迅速疏散到安全地带,视情况对恐怖分子进行有效监控。②组织客运员维持秩序,做好内疏外堵工作,启用"邮轮港口客运楼疏散预案"。③启用手提喇叭,做好宣传工作,稳定游客情绪。④及时报警并上报相关部门进行处理。⑤发布黄色预警	①码头保安及工作人员应及时将现场情况报告给分管领导,组织游客迅速疏散到安全地带,对现场局势进行有效控制,视情况对恐怖分子进行有效监控。②及时报警,参加自救和秩序维护工作。③清除路障,指挥无关车辆离开现场,维持港区外围秩序;禁止无关人员进入港区,等待并引导外援力量到达现场。④发布橙色预警	①码头保安及工作人员应及时将现场情况报告给分管领导,组织游客迅速疏散到安全地带,视情况对恐怖分子进行有效监控。②报警后组织客运员维持秩序,做好内疏外堵工作,启用"邮轮港口客运楼疏散预案"。③启用手提喇叭,做好宣传工作,稳定游客情绪。④参加自救和秩序维护工作。⑤清除路障,指挥无关车辆离开现场,维持港区外围秩序;禁止无关人员进入港区,等待并引导外援力量到达现场。⑥发布红色预警

三、我国邮轮口岸管理相关法律法规

(一)邮轮口岸管理相关法律

1.《中华人民共和国港口法》

《中华人民共和国港口法》由中华人民共和国第十届全国人民代表大会常务委员会第三次会议于 2003 年 6 月 28 日通过,2004 年 1 月 1 日起施行,2015 年 4 月 24 日第一次修正,2017 年 11 月 4 日第二次修正,2018 年 12 月 29 日第三次修正。《中华人民共和国港口法》分总则、港口规划与建设、港口经营、港口安全与监督管理、法律责任、附则六章六十一条。为了加强港口管理,保障港口安全与维护经营秩序,保护当事人的合法权益,促进港口的建设与发展,制定本法。从事港口规划、建设、维护、经营、管理及其相关活动,适用本法。本法所称港口,是指具有船舶进出、停泊、靠泊,旅客上下,货物装卸、驳运、储存等功能,具有相应的码头设施,由一定范围的水域和陆域组成的区域。

港口可以由一个或者多个港区组成。国务院和有关县级以上地方人民政府应当在国民经济和社会发展计划中体现港口的发展和规划要求,并依法保护和合理利用港口资源。国家鼓励国内外经济组织和个人依法投资建设、经营港口,保护投资者的合法权益。国务院交通主管部门主管全国的港口工作。地方人民政府对本行政区域内港口的管理,按照国务院关于港口管理体制的规定确定。由省、自治区、直辖市人民政府管理的港口,由省、自治区、直辖市人民政府确定一个部门具体实施对港口的行政管理;由港口所在地的市、县人民政府管理的港口,由市、县人民政府确定一个部门具体实施对港口的行政管理。

2.《中华人民共和国海上交通安全法》

《中华人民共和国海上交通安全法》于 1983 年 9 月 2 日第六届全国人民代表大会常务委员会第二次会议通过,由中华人民共和国主席令第七号公布,自 1984 年 1 月 1 日起开始实施,2016 年 11 月 7 日修正,2021 年 4 月 29 日修订。为加强海上交通管理,保障船舶、设施和人命财产的安全,维护国家权益,特制定本法。本法适用于在中华人民共和国沿海水域航行、停泊和作业的一切船舶、设施和人员以及船舶、设施的所有人、经营人。中华人民共和国港务监督机构是对沿海水域的交通安全实施统一监督管理的主管机关。

3.《中华人民共和国水污染防治法》

《中华人民共和国水污染防治法》1984 年 5 月 11 日第六届全国人民代表大会常务委员会第五次会议通过,1996 年 5 月 15 日第一次修正、2008 年 2 月 28 日修订,2017年 6 月 27 日第二次修正。制定本法的目的是防治水污染,保护和改善环境,保障饮用水安全,促进经济社会全面协调可持续发展。本法适用于中华人民共和国领域内的江河、湖泊、运河、渠道、水库等地表水体以及地下水体的污染防治。海洋污染防治适用《中华人民共和国海洋环境保护法》。

4.《中华人民共和国海洋环境保护法》

《中华人民共和国海洋环境保护法》于 1982 年 8 月 23 日第五届全国人民代表大会常务委员会第二十四次会议通过,2023 年 10 月 24 日第十四届全国人民代表大会常务委员会第六次会议第三次修订,2024 年 1 月 1 日起施行。制定本法的目的是保护和改善海洋环境,保护海洋资源,防治污染损害,维护生态平衡,保障人体健康,促进经济和社会的可持续发展。本法适用于中华人民共和国内水、领海、毗连区、专属经济区、大陆架以及中华人民共和国管辖的其他海域。在中华人民共和国管辖海域内从事航行、勘探、开发、生产、旅游、科学研究及其他活动,或者在沿海陆域内从事影响海洋环境活动的任何单位和个人,都必须遵守本法。

5.《中华人民共和国海关法》

《中华人民共和国海关法》于 1987 年 1 月 22 日第六届全国人民代表大会常务委员会第十九次会议通过,根据 2000 年 7 月 8 日第九届全国人民代表大会常务委员会第十六次会议《关于修改〈中华人民共和国海关法〉的决定》第一次修正,根据 2013 年 6月 29 日第十二届全国人民代表大会常务委员会第三次会议《关于修改〈中华人民共和国文物保护法〉等十二部法律的决定》第二次修正,根据 2013 年 12 月 28 日第十二届全国人民代表大会常务委员会第六次会议《关于修改〈中华人民共和国海洋环境保护法〉等七部法律的决定》第三次修正。2016 年 11 月 7 日第十二届全国人民代表大会常务委员会第二十四次会议第四次修正,2017 年 11 月 4 日第十二届全国人民代表大会常务委员会第三十次会议第五次修正,2021 年 4 月 29 日第十三届全国人民代表大会常务委员会第二十八次会议第六次修正。为了维护国家的主权和利益,加强海关监督管理,促进对外经济贸易和科技文化交往,保障社会主义现代化建设,特制定本法。中华人民共和国海关是国家的进出关境监督管理机关。海关依照本法和其他有关法律法规,对进出境的运输工具、货物、行李物品、邮递物品和其他物品进行监管并征收关税和其他税、费,缉查走私,并编制《海关统计》和办理其他海关业务。

6.《中华人民共和国国境卫生检疫法》

1986 年 12 月 2 日第六届全国人民代表大会常务委员会第十八次会议通过《中华

人民共和国国境卫生检疫法》。经过 2007 年 12 月 29 日第十届全国人民代表大会常务委员会第三十一次会议第一次修正,2009 年 8 月 27 日第十一届全国人民代表大会常务委员会第十次会议第二次修正,2018 年 4 月 27 日第十三届全国人民代表大会常务委员会第二次会议第三次修正,2024 年 6 月 28 日第十四届全国人民代表大会常务委员会第十次会议修订,2025 年 1 月 1 日起施行。为了防止传染病由国外传入或者由国内传出,实施国境卫生检疫,保护人体健康,特制定本法。在中华人民共和国国际通航的港口、机场以及陆地边境和国界江河的口岸,设立国境卫生检疫机关,依照本法规定实施传染病检疫、监测和卫生监督。国务院卫生行政部门主管全国国境卫生检疫工作。本法规定的传染病是指检疫传染病和监测传染病。检疫传染病,是指鼠疫、霍乱、黄热病以及国务院确定和公布的其他传染病。监测传染病由国务院卫生部门确定和公布。入境、出境的人员、交通工具、运输设备以及可能传播检疫传染病的行李、货物、邮包等物品,都应当接受检疫,经国境卫生检疫机关许可,方准入境或者出境,具体办法由本法实施细则规定。

7.《中华人民共和国进出口商品检验法》

《中华人民共和国进出口商品检验法》于 1989 年 2 月 21 日第七届全国人民代表大会常务委员会第六次会议通过,根据 2002 年 4 月 28 日第九届全国人民代表大会常务委员会第二十七次会议《关于修改〈中华人民共和国进出口商品检验法〉的决定》第一次修正;根据 2013 年 6 月 29 日第十二届全国人民代表大会常务委员会第三次会议《关于修改〈中华人民共和国文物保护法〉等十二部法律的决定》第二次修正;根据 2018 年 4 月 27 日第十三届全国人民代表大会常务委员会第二次会议《关于修改〈中华人民共和国国境卫生检疫法〉等六部法律的决定》第三次修正;根据 2018 年 12 月 29 日第十三届全国人民代表大会常务委员会第七次会议《关于修改〈中华人民共和国产品质量法〉等五部法律的决定》第四次修正;根据 2021 年 4 月 29 日第十三届全国人民代表大会常务委员会第二十八次会议《关于修改〈中华人民共和国道路交通安全法〉等八部法律的决定》第五次修正。为了加强进出口商品检验工作,规范进出口商品检验行为,维护社会公共利益和进出口贸易有关各方的合法权益,促进对外经济贸易关系的顺利发展,特制定本法。国务院设立进出口商品检验部门,主管全国进出口商品检验工作。国家商检部门设在各地的进出口商品检验机构管理所辖地区的进出口商品检验工作。商检机构和经国家商检部门许可的检验机构,依法对进出口商品实施检验。进出口商品检验目录应当根据保护人类健康和安全、保护动物或者植物的生命和健康、保护环境、防止欺诈行为、维护国家安全的原则,由国家商检部门制定,调整必须实施检验的进出口商品目录并公布实施。

(二)邮轮口岸管理相关法规

为加强邮轮口岸管理,国家出台了多项行政法规,对防治船舶污染海洋环境、海洋倾废、船舶、船员等进行规范化、标准化和专业化管理,相关法规如表 5-3 所示。

表 5-3　邮轮口岸管理相关法规

名称及发布、实施时间	发布机构	主要内容和宗旨
《防治船舶污染海洋环境管理条例》2009 年 9 月 9 日公布,2013 年 7 月 18 日第一次修订、2013 年 12 月 7 日第二次修订、2014 年 7 月 29 日第三次修订、2016 年 2 月 6 日第四次修订、2017 年 3 月 1 日第五次修订	国务院	为了防治船舶及其有关作业活动对海洋环境的污染,根据《中华人民共和国海洋环境保护法》制定本条例
《中华人民共和国海洋倾废管理条例》1990 年 9 月 25 日公布,2016 年 1 月 5 日第一次修正、2017 年 12 月 27 日第二次修正	国务院	为实施《中华人民共和国海洋环境保护法》严格控制向海洋倾倒废弃物,防止对海洋环境的污染损害,保持生态平衡,保护海洋资源,促进海洋事业的发展
《中华人民共和国船舶和海上设施检验条例》1993 年 2 月 14 日发布,2019 年 3 月 2 日修订,2019 年 3 月 18 日发布	国务院	为了保证船舶、海上设施和船运货物集装箱具备安全航行、安全作业的技术条件,保障人民生命财产的安全和防止水域环境污染
《中华人民共和国船舶登记条例》(1994 年 6 月 2 日颁布,1995 年 1 月 1 日实施,2014 年 7 月 29 日修订)	国务院	船舶所有权登记、船舶国籍、船舶抵押权登记、光船租赁登记、法律责任等
《中华人民共和国船员条例》2007 年 4 月 14 日公布,2013 年 7 月 18 日第一次修订、2013 年 12 月 7 日第二次修订、2014 年 7 月 29 日第三次修订、2017 年 3 月 1 日第四次修订;2019 年 3 月 2 日第五次修订,2019 年 3 月 18 日发布;2020 年 3 月 27 日第六次修订;2023 年 7 月 20 日第七次修订	国务院	为了加强船员管理,提高船员素质,维护船员的合法权益,保障水上交通安全,保护水域环境
《中华人民共和国国际海运条例》2013 年 7 月 18 日第一次修订、2016 年 2 月 6 日第二次修订、2019 年 3 月 2 日第三次修订、2023 年 7 月 20 日第四次修订	国务院	为了规范国际海上运输活动,保护公平竞争,维护国际海上运输市场秩序,保障国际海上运输各方当事人的合法权益而制定的条例
《国际航行船舶进出中华人民共和国口岸检查办法》1995 年 3 月 21 日公布;2019 年 3 月 2 日修订,2019 年 3 月 18 日发布	国务院	为了加强对国际航行船舶进出中华人民共和国口岸的管理,便利船舶进出口岸,提高口岸效能而制定的办法
《中华人民共和国对外国籍船舶管理规则》(1979 年 9 月 18 日公布)	交通部	为维护中华人民共和国的主权,维持港口和沿海水域的秩序,保证航行安全,防止水域污染

续表

名称及发布、实施时间	发布机构	主要内容和宗旨
《中华人民共和国国境卫生检疫法实施细则》(1989 年 3 月 6 日发布,2007 年 12 月 29 日第一次修正、2009 年 8 月 27 日第二次修正、2018 年 4 月 27 日第三次修正,2024 年 6 月 28 日修订,2025 年 1 月 1 日起施行)	卫健委	分一般规定、突发公共卫生事件通报、卫生检疫机关、海港检疫、航空检疫、陆地边境检疫、卫生处理、检疫传染病管理监测、卫生监督、罚则、附则 11 章 114 条
《中华人民共和国出境入境边防检查条例》(1995 年 9 月 1 日施行)	国务院	维护中华人民共和国的主权、安全和社会秩序,便利出境、入境的人员和交通运输工具的通行

四、邮轮承运纠纷的责任处置

(一)邮轮公司

邮轮公司是提供服务的,其责任是为旅客提供安全可靠的按照合同拟定的航程;根据合同提供完善的合同内的服务,包括住宿、休闲、饮食、娱乐;如遇到突发事件要按照合同条款保障游客的利益。

邮轮公司的责任主要包括:①签订合同明确各方责任;②保障游客合同期内的安全航行;③航行前影响因素预测发布;④履行邮轮旅游合同;⑤合理延误下的其他责任(告知义务、协助义务等)。

(二)旅行社

在邮轮旅行中,旅行社起着非常重要的作用,从船票销售到整个邮轮旅行过程,绝大部分都是由旅行社辅助完成的。在旅行社业务合同中,代办合同和包办合同是最常见的两种。在中国,旅行社接受邮轮旅游业务时,主要是旅行社包办邮轮旅游业务或者包船业务。包办邮轮旅游业务或包船合同因其内在规定性,即提供综合性的旅游服务,所涉及的法律关系非常复杂,包括与邮轮公司、游客的合同关系等,为了在出现纠纷时方便问题的解决,必须明确旅行社在邮轮旅游的整个承运期内的责任。一是明确与游客的责任关系;二是明确与邮轮公司的合同关系;三是合理承担合同责任。

(三)游客

作为消费者的游客,在整个邮轮旅游过程中享有享受合同所拟定的服务的权利。

但是在旅行社、邮轮公司以及港口履行相关承运责任后，游客也应该履行相关义务，其最基本的是，游客应该履行海商合同和旅游合同两方面的义务。

（1）支付包括船票价款在内的旅游费用。

（2）附随义务。依照诚信原则以及旅游合同的特征，旅客还负有以下附随义务：第一，协助义务。登船前和在船期间，应该仔细阅读相关合同规定和注意事项，服从船长的指挥和管理，配合旅行社的工作安排；在岸上游览观光时，应该尊重当地的语言文化和风俗习惯。第二，提交旅游所需证件的义务。第三，守时、守法的义务。旅客应当准时集合，按照规定或约定的限量携带行李，不得擅自携带或在行李中夹带违禁品或者危险品。

游客在维护自己的合法权益时，应该理性维权，应该根据合同条款以及相关法律规定，通过正当的法律渠道维护自己的合法权益，不应该以类似"滞船"这样的手段来维权，这样不仅不利于问题的解决，而且还影响了公共秩序。

（四）邮轮港

邮轮港不同于车站、机场和货运码头，除了执行码头功能，即提供邮轮停泊及上下访客及行李、货物之外，虽然与游客没有直接的合同关系，但是和邮轮公司有合同关系，因而在一定程度上构成辅助承运关系。

（1）邮轮港口应该辅助邮轮公司发布邮轮到达实时信息，及时跟踪发布邮轮航次安排、气候变化等信息，让游客充分了解邮轮相关运营信息。

（2）邮轮港口的功能之一是游客上下船的集散枢纽，港口有责任维护现场运营秩序，保证客运大厅内设施、设备运营正常，努力为游客提供一个安全、整洁的候船环境。

（3）港口需要提供处置问题时旅客休息的场所，及时协调港口各保障部门、旅行社和邮轮公司，做好处置问题时的服务保障工作，如果旅客因"滞船"提出超出协议范围的要求，港口需积极主动联系旅行社和邮轮公司协调解决。

（4）辅助邮轮公司解决港口突发事件，维护港口及社会秩序。在实际运行中，邮轮港口常出现因邮轮延误纠纷而发展为危害社会公共安全的突发事件，此时相关政府部门处理这些突发事件的有效性，是旅客出行与邮轮的安全、和谐发展的重要保障。特别是当邮轮旅客因各种承运纠纷或者突发事件而"强行滞留"时，港口有责任维持现场秩序，辅助邮轮公司及相关部门解决问题，疏散游客，保证港口及邮轮的正常运行。

第二节　岸上安全管理

一、岸上观光服务

(一)岸上观光服务内容及要求

(1)当需要时,通知相关旅行社及旅客,确保有任何特殊性的情况都要告知负责人。在到达港口之前,通知旅行社进行最后的人数盘点,同时注意某些地区旅游项目的开始时间。

(2)以专业和有效的方式向客人通知任何取消或修改的岸上观光项目。

(3)确保合作的旅行社、岸边管理和船上酒店运营的有效沟通。

(4)精准报告所有航次结束信息,包括运营条件、巡航次数等。

(5)如果离岸旅行计划有任何改变,应通知所有相关部门,这些变化可能对游客享有的服务产生直接影响,应采取有效的方式进行,尽量安抚游客情绪。

(6)当所有岸上游览的游客都回到船上时,确保船舶的指挥、酒店总监和客人服务经理都已知晓,避免信息延误影响船舶的离港。

(7)确保岸上游览用品的供应是充足的,打印旅游项目宣传单或者以电子版形式宣传以满足游客的要求。

(8)了解和完善所有与海滨游览项目相关的娱乐活动和客服人员的培训要求。

(9)让所有岸上观光产品保持一个高质量的标准,给予邮轮旅客最好的体验感。

(10)协助岸上相关的旅游公司营造一个专业的工作环境。

(11)根据岸上观光部门经理的指导进行工作,处理客人投诉和解决问题。

(12)按邮轮计划时间和邮轮公司的要求提供旅游项目的宣传,在岸上游览台或在码头进行旅游项目的销售,并协助售票、出票。

(13)协助各个部门工作和机动派遣,若有岸上远足或者其他存有安全隐患的项目,应由岸上巡逻队经常性地进行巡查,以确保游客安全。

(二)岸上观光项目分类

"船上体验"和"岸上观光"是邮轮旅游最重要的两部分。世界各邮轮港的岸上观光活动不仅仅是免税店购物,还包括了各种各样的旅游活动,根据目前大型邮轮公司代表性在售邮轮路线,将岸上观光活动大致划分出以下几类:户外探险路线、城市观光路线、文化历史路线、自然风景路线、亲子主题路线、民俗特色路线、美食购物路线等。

以意大利的那不勒斯港口为例,三星邮轮的代表是地中海邮轮(MSC),地中海邮轮的邮轮旅游者群体范围非常广泛,西地中海航线旗舰船的载客量都在 3000 以上,所以提供的选择就非常多。地中海邮轮官网包含户外活动与探险、城市观光、文化与历史、风景路线、亲子主题、自然奇观、民俗特色、大海与太阳等主题可供游客选择,岸上观光预订页面中的那不勒斯港有 15 个观光行程,时长 4～6.5 个小时不等。除开那不勒斯城市游,还有周边的卡普里、苏莲托及庞贝古城的观光项目。考虑到亲子也是地中海邮轮旅游者主力群体,所以观光行程中还有很多户外活动,如世界野生动物自然保护区探索之旅及租赁自行车探索那不勒斯市区等。

四星邮轮的代表是公主邮轮。岸上观光支持不同语言选择,并且时间长短从 2.5～9.5 小时不等。不同主题的岸上观光也都涵盖在内,最受欢迎的文化旅游项目是它和 Discovery 探索频道共同打造的庞贝古城游线路。庞贝古城布局规划清晰可见,城区内公共建筑和私人住宅鳞次栉比,是了解古罗马时期社会生活和文化艺术的重要考古遗址,也是那不勒斯附近的重点景观。民俗之旅的代表是苏莲托小镇。这里的细木镶嵌,还有花雕等手工艺品盛名在外。小镇建在悬崖上宁静祥和,还有整片的柑橘、柠檬和橄榄园,是游客闲逛放松的不二之选。美食之旅甄选了五家小店,比如去 Scaturchio Opera Cafe 品尝意式浓缩咖啡,去 Sfogliatella Mary 品尝最有特色的那不勒斯传统甜品。此外,去 Pizzeria' Ntretella 品尝正宗的意大利薄皮比萨,以及品尝各种奶酪也是不容错过的体验。另外,公主邮轮还提供酒庄品酒主题之旅。自然风光之旅的代表有维苏威火山登顶徒步之旅或是去探访卡普里海水侵蚀形成的蓝洞,这曾是罗马大帝奥古斯都一世的私人浴场。除开同样行程不同语言的观光选择,公主邮轮还提供配备导游的定制租车自驾之旅。

五星邮轮的代表是世邦邮轮,比起停靠深水港那不勒斯,小型邮轮都选择人少私密性高的小港口,比如世邦就选择了阿玛菲海岸。波西塔诺和阿玛菲路线、庞贝遗址路线都是世邦和联合国教科文组织(UNESCO)合作选择出的路线。邮轮公司会邀请 UNESCO 的工作人员上船对文化历史景点进行深入浅出的讲解,安排参观一些常规旅客无法参观的景点,船上也会有相关的书籍和资料供游客阅览。最重要的一点是世邦观光团通常都是 10 人以下的小团。而前往卡普里参观蓝洞,世邦也提供私家游艇租赁服务。行程路线总共 9 条,选择少于大型邮轮公司。相比三星、四星级别的邮轮,五星品牌的观光对景点讲解更为深入,选择的景点更为小众,比如:为了让顾客更好地欣赏阿玛菲海岸壮丽的美景,世邦邮轮选择在五星级悬崖酒店安排午餐,由米其林三星主厨及其团队操刀。综上,不同的品牌针对不同邮轮旅游者群体推出不同的观光特色,品质越高的邮轮越注重观光体验,四五星邮轮明显停港时间更长,一些重要港口甚至过夜停泊,停泊港口也越小众。

二、岸上观光安全

(一)涉水安全与岸上紧急救援

邮轮航线中包含了大部分的岸上观光活动,旅游者按照个人意愿可以选择留在邮轮上或者下船观光,当岸上观光包含与海滨游览项目相关的娱乐活动时,可能发生游客溺水事件,因此,拥有岸上紧急救援的设备与救援团队至关重要。

淹溺发生后患者是否丧失意识是其预后的分水岭,如果发生意识丧失,患者的预后及治疗难度将大大增加。因此,如果发现有人突然落水或在水中失态(如惊恐、挣扎、呼唤等)而后淹没在水里,应立即展开救援。预防与应急救援重点如下。

1.发生溺水事件及时呼叫专业救援人员

专业救援人员的技能和装备是一般人所不具备的,因此发生淹溺时应该尽快呼叫专业急救人员(医务人员、涉水专业救生员等),让他们尽快到达现场参与急救以及上岸后的医疗救助。遇到下述情况时必须及时呼叫专业人员:①在水情复杂或有危险的水域,如湍急的河流、水下有危险生物、严重低温水域、夜晚发生的溺水以及存在任何原因使一般人的救援不容易成功时,都应呼叫带有特殊装备(如救生艇、潜水设备等)的专业救援人员;②落水者未及时被救出,入水时间超过5分钟者需要呼叫专业医疗急救人员;③淹溺者为疾病患者、高龄者或儿童,这些人被救后往往需要医疗支援。从理论上讲,溺水有很多后续并发症,因此只要发生了真正意义上的淹溺,患者都需要去医院接受进一步检查,故需呼叫救护车。

2.岸上观光部门应充分准备和利用救援物品

海滨游览项目负责部门应提前备好救援物品,包括救援所用的绳索、救生圈、救生衣及其他漂浮物(如汽车内胎、木板、泡沫塑料等)、照明设备、救援船只、医疗装备等,良好的救援装备能使救援工作事半功倍地完成,救援人员应学会就地取材,寻找并使用这些物品,这样既提高了救援效率,又保障了救援者安全。

3.船只救援

船只救援是指运用救生船只或快艇赶到落水者身边的救援,该法适用于宽阔水域的淹溺并且有船,由受过专业训练的海上救援者参与营救,游客在深海区溺水适用。

此时,要注意营救船只必须具有一定的规模,如是小舢板或小型橡皮艇等极小型船只,救援者必须受过专业训练,否则在拖拉落水者时容易导致翻船,酿成更大的事故。如果营救船只过小且水温不低时,可嘱落水者不必上船,抓住船帮,然后救援者划船回岸即可。在邮轮靠港后,岸上观光部门应提前确认是否有游客进行娱乐项目,提前配备海上船只与救生员便于及时进行援助。开展热门滨海游玩项目的港口应常年配备专业的救生团队。事故发生后,岸上观光工作人员应向相关负责人进行报告,并维持现场秩序,安抚其他游客的情绪。

(二)免税店购物安全

邮轮母港客运中心及城市应设有免税商店。邮轮旅客可凭本人护照及经海关签证的入境旅客行李申报单或进口免税物品登记证等有效单证,购买相关免税商品。免税店内主要销售的产品价格应比普通商店的售价低30%左右,可为旅客提供寄存服务等。以天津国际邮轮母港客运中心为例,一层和二层分别设有免税商店,邮轮旅客可凭本人护照及经海关签证入境旅客行李申报单或进口免税物品登记证等有效单证,购买相关免税商品。旅客在客运中心内可通过设立在免税店旁的外币兑换点,直接将外币兑换成人民币,不同城市有不同的兑换限额,游客进行购物活动时十分方便。

然而,既有研究指出,岸上行程是邮轮旅行中唯一负面评价高于正面评价的活动。部分船方擅自对预先约定的邮轮航程加以实质改变,仅用少量时间观光旅游,大量时间耗费在停泊港沿途的免税店,并从中抽取所谓的"人头费""服务费"等。邮轮旅游的特殊性使游客在游览期间的自由度远小于其他旅游项目,所以变相购物与消费欺诈等此类问题给岸上观光旅游带来严重负面影响。岸上免税店给游客带来便利和给邮轮母港带来经济收益的同时,如何对离岛免税品进行有效管控与对旅行社依法监督成了当地政府与邮轮港口的挑战。免税购物监管的核心在于建立统一的免税品管理平台,对免税品从哪里来、到哪里去,进行全程追溯。同时,建立相关体制机制,防止商家和个人走私行为,防止商家侵害消费者权益的行为,重点在于做好以下几点。

(1)防止商家进口免税品后,通过其他渠道走私到岛外。一是所有免税品购销信息纳入免税品管理信息平台,对进口免税品一年内未销售也未退货的信息予以重点稽查。二是实时监控各个免税购物中心,保持现有的保税方式不变,重点监控物流、仓储,防止走私;其他旅游景区、商场等免税店需接入免税品管理平台,通过缴纳保证金或缴纳税款的方式,待其货物销售或通过海关退货后进行核销,货物如走私则无法退税或退还保证金。三是推进社会管理信息化平台建设,在港口城市周围自外向内构筑近海、岸线、岛内三道坚固防线,对可疑走私行为予以重点监控。四是将免税品进口零售相关企业纳入海关信用管理,将高级认证企业和失信企业信息共享至全国信用信息共享平台,通过"信用中国"网站和国家企业信用信息公示系统向社会公示,并依照有关规定实施联合激励与联合惩戒。

(2)防止个人通过使用多个身份证进行"蚂蚁搬家"式的走私。一是个人须持本人身份证或通过人脸识别,刷本人银行卡或手机支付实名购买,所有交易需在离岛免税品信息管理平台进行,实现交易、支付、提货或物流电子信息"三单"比对,支付页面提示消费者购买的商品仅限自用,不得再次销售。二是加强对短时间内同一商品、同一收货地址、同一收件电话反复大量购买,以及借用他人身份进行购买等非正常交易行为进行风险预警,对违反规定参与制造或传输虚假"三单"信息、为二次销售提供便利、未尽责审核订购人身份信息真实性等违反规定的企业依法进行严惩。三是物流企业应向海关开放物流实时跟踪信息共享接口,对于国内实际派送与申报物流信息(包括收件人和地址)不一致的,应终止相关派送业务,并及时向海关报告。四是重点对易走私免税品以及经常往返的"水客"进行通关检查,一旦发现走私行为,予以严惩重罚。

(3)防止商家销售假冒伪劣免税品,保护好消费者权益。一是海关对跨境电商零售进口商品实施质量安全风险监测,在商品销售前按照法律法规实施必要的检疫,并视情况发布风险警示。二是免税品进口企业需建立健全免税品进口商品质量追溯体系,追溯信息应至少涵盖国外启运地至国内消费者的完整物流轨迹,鼓励向海外发货人、商品生产商等上游溯源。三是免税品零售商承担消费者权益保障责任,包括但不限于商品信息披露、提供商品退换货服务、建立不合格或缺陷商品召回制度、对商品质量侵害消费者权益的赔付责任等。四是建立消费纠纷处理和消费维权自律制度,消费者在商家购买免税品,其合法权益受到损害时,商家须积极协助消费者维护自身合法权益,并履行先行赔付责任,同时建立消费者投诉和评价机制,建立起岸上服务和船上服务反馈系统,做到让游客离港仍有申诉渠道。五是对商家不接入免税品管理平台销售,以及销售无合法进口证明或相关证明显示采购来自正规进口渠道的商品,予以严惩重罚。

(4)加大违法违规的打击力度,杜绝强制性消费。一是在旅行社以及任何涉及销售环节的部门强调违法违规的严重性,向所有相关工作人员普及旅游法规的基本常识。如根据《中华人民共和国旅游法》第三十五条,旅行社不得以不合理的低价组织旅游活动,诱骗旅游者,并通过安排购物或者另行付费旅游项目获取回扣等不正当利益。旅行社组织、接待旅游者,不得指定具体购物场所,不得安排另行付费旅游项目。但是,经双方协商一致或者旅游者要求,且不影响其他旅游者行程安排的除外。发生违反前两款规定情形的,旅游者有权在旅游行程结束后三十日内,要求旅行社为其办理退货并先行垫付退货货款,或者退还另行付费旅游项目的费用。二是对于违法违规行为的人员应严格按照要求给予惩戒并公示,起到广泛的教育作用。三是主动增加对免税店的宣传,政府配合宣传并加大优惠力度,港口配合发放广告传单与放置广告牌,提高免税店购物的吸引力,让游客真正做到自愿购买。

(三)票务与合同纠纷的应急处理

票务纠纷是指由于旅行社的原因导致游客所享受的服务未到位而引起的纠纷。通常体现为旅行社输入游客身份信息错误导致游客无法上船;旅行社无法提供相应的附加服务,如岸上观光、升舱等。另外,"三角合同"关系也在一定程度上造成单方面信息不透明。而且,参照《皇家加勒比邮轮承运条款》《丽星邮轮公司承运条款》等规定,船方无须提前通知,可随时、持任何理由取消和改变计划航线、停泊港口、目的地等,且无须承担任何赔偿责任。由此导致游客通常被迫履行邮轮公司的霸王合同。内容主要表现为岸上观光行程约定模糊,码头提供的免费接驳车被船方额外收取车费,船方未征求游客同意擅自更换酒店,擅自变更航线,未如约提供娱乐设施等。

碰到票务与合同纠纷时,陆地管理部门应急处理步骤主要包括:(1)邮轮港现场应急小组报告邮轮港公司应急小组后,公司分管领导将相关情况上报,请示处理;(2)邮轮港工作人员组织客运员加强服务和秩序维护工作,配合邮轮公司、旅行社积极组织"非强行滞留"邮轮游客迅速、安全有序下船;(3)港口做好必要的服务,积极协助经劝导后愿意离船的"滞船"游客离船、离港,做好广场、码头的服务工作;岸上部门做好观光项目的服务工作,必要时可以同游客进行协调;(4)加强广播宣传,稳定邮轮旅游者情绪;(5)岸上观光部门加强与邮轮工作人员以及旅行社领队的联系,掌握群体性事件的动态信息,同时加强与交通广播电台等媒体的联系,邮轮港应及时发布船期变更消息;(6)开放投诉通道,进行纠纷调解。

三、境外非法滞留事件的应急处理

邮轮出境旅游快速发展,目的地国家对乘邮轮入境的旅游者纷纷免签。免签政策在简化旅游者参团步骤的同时,也成为一些偷渡者选择的偷渡途径。目前,邮轮旅游者在参加岸上观光旅游的时候存在滞留境外不归的情况。邮轮出境旅游和其他出境旅游一样时常有旅游者发生非法滞留境外的事件。但略有不同的是,邮轮出境旅游受岸上观光的时间限制,一旦发生旅游者非法滞留境外的事件,关联方还有邮轮公司,在处理上需要准确把握政策,及时快速处理。

(一)非法滞留事件的发生

(1)有预谋的非法滞留。近年来,随着邮轮旅游的签证政策越来越简化,不少想偷渡境外的不法分子或组织,以游客身份参加邮轮旅游,或以欺骗旅行社欺骗偷渡人员的方式,利用旅行社组织偷渡人员上船。在邮轮靠港上岸观光时,脱离团队非法滞留。

(2)旅游者上岸观光旅游期间,与旅行社或因其他原因发生纠纷,发生纠纷后争议双方在短时间内无法协商解决,旅游者以纠纷没有解决为由拒绝继续旅游行程,拒绝按照规定的时间返回港口或返回港口后拒绝上船,涉嫌非法滞留。

(3)旅游者上岸观光期间,因迷路脱离旅游团队,由于各种原因没能及时联系到导游、领队、旅行社,错过了邮轮启航的时间,造成客观上的非法滞留。例如,某邮轮旅游团队,参加韩国釜山岸上观光旅游,在一大型购物中心自由活动期间,一位70多岁的老年男性游客,独自一人离开家属和团队,离开购物中心,在购物中心周边的马路上闲逛,走着走着就迷路了。老人不懂外语无法与人沟通,没带手机也无法联系家人、联系导游和旅行社,十分着急,一个人在街上走来走去。而旅游团队在购物中心集合团队准备回船时,怎么也找不到这位老年游客。旅行社派人在购物中心寻找游客,购物中心也用中文广播紧急寻人,但都没有找到游客。眼看离邮轮启航时间越来越近,团队只能先行返回邮轮码头。

(二)非法滞留事件的预防与应急处理

(1)旅行社在招揽客人的时候,认真做好旅游者参团个人资料的收集和审核工作。关注来自重点防控地区的游客情况。

(2)旅行社要在邮轮旅游合同、产品说明会上,明确告知旅游者,参加邮轮旅游的上岸旅游观光一定要严格遵守集合时间,增强时间观念。要将停靠港上岸观光旅游的接待旅行社名称和联系方式告知旅游者并制作成方便携带的卡片;告知旅游者在参加上岸观光的时候,一定要带好信息卡片,一旦迷路且无法自行联系导游和领队时,可以向当地的警察、商店工作人员、路人求助,拿出信息卡片,请求帮助联系导游或旅行社。

(3)领队要关注旅游者的动态,发现可疑情况要及时向旅行社和邮轮公司汇报,如只携带少量行李或仅有一个双肩包;沉默寡言,很少与团队中其他旅客交流,缺少对旅游景点的兴趣;在邮轮航行期间几乎不出房门也没有任何消费记录;对岸上游览项目中的自由活动安排特别关注,其他项目基本没有兴趣也不参加等。

(4)配合边检、邮轮公司做好预防非法滞留的相关工作。

(5)旅游者随团参加上岸观光活动,在旅游景点、购物场所脱离团队,集合时迟迟不归的,且同行者同时不归的,导游和领队要马上寻找。当在景点、购物场所寻找无果且超过集合时间 15 分钟后,旅游者仍然不归的,要向组团社、邮轮公司报告,地接导游要马上向地接社报告。邮轮公司的相关部门要马上启动应急预案,根据不归旅游者的相关信息进行查找。根据《中国公民出国旅游管理办法》,发现旅游者滞留不归的,旅游团队领队应当及时向组团社和中国驻所在国家使领馆报告,组团社应当及时向公安机关和旅游行政部门报告。有关部门处理有关事项时,组团社有义务予以协助。

(6)发生旅游者因纠纷与旅行社、旅游者或其他人员争执争吵,在境外以拒绝登车返回港口或到了邮轮码头拒绝登船的,要积极劝阻,宣传相关规定,引导旅游者依法维权。如果旅游者不听劝阻无法制止,已经涉嫌非法滞留,导游应立即报告地接社,领队立即报告旅行社和邮轮公司,当地旅行社或导游可报警寻求帮助,制止非法滞留的发生。

复习思考

1.简述海关旅检通道安全服务的流程。

2.简述不可抗力的概念。

3.简述不可抗力下港口突发性事件的应急处置流程。

4.简述非法滞留事件的应急处理流程。

案例分析

邮轮旅游者感染新冠病毒　数艘邮轮被拒靠岸

参考消息网 2020 年 3 月 18 日报道美媒称,各国为遏制新冠病毒传播而封闭边境的最新举措已经导致多艘邮轮在加勒比海、南美和欧洲陷入困境。随着更多邮轮旅游者被感染事件出现,当地政府拒绝准许邮轮靠岸。

据美联社 2020 年 3 月 16 日报道,在船上邮轮旅游者因感染新冠病毒而病倒后,两艘邮轮已经被几个加勒比海港口拒绝靠岸,另有一艘邮轮被西班牙拒绝。还有两艘邮轮被波多黎各的母港拒绝靠岸后,不得不变更行程前往迈阿密,尽管船上并无邮轮旅游者被感染。与此同时,智利和巴西当局在获悉船上有人新冠病毒检测呈阳性后,也对较小的邮轮实施隔离。邮轮协会说,上周特朗普总统宣布一项影响许多外国人入境美国的旅行禁令,当时约有 40 艘邮轮和 9 万名邮轮旅游者还在海上。报道称,在西班牙政府决定对客运关闭本国港口后,意大利歌诗达邮轮公司驻劳德代尔堡的一艘邮轮被拒绝靠岸。

　　嘉年华邮轮公司旗下的这家公司说,歌诗达"炫目"号邮轮的三名邮轮旅游者新冠病毒检测呈阳性,其中包括一名上周末去世的68岁男子。家住圣迭戈的阿什莉·埃克说:"我感到非常担心。"她父母在3月5日登上歌诗达"炫目"号邮轮从劳德代尔堡起航。埃克说,她父母已经66岁,他们希望取消这次行程,但邮轮公司拒绝给他们退款,并告知他们此次旅行是安全的。报道称,歌诗达"炫目"号邮轮目前正开往法国马赛,邮轮旅游者被隔离在自己的船舱里。现在还不清楚法国将采取何种措施。

　　在南美,银海邮轮公司的一艘邮轮正在巴西累西腓接受隔离。在一名78岁的加拿大邮轮旅游者被检测出新冠病毒呈阳性后,邮轮上的邮轮旅游者被禁止离船。报道指出,一些邮轮即便没有新冠感染疑似病例,也难以找到地方靠岸。

　　在阿根廷南端附近,一艘南极邮轮正在接受隔离。一名来自菲尼克斯的邮轮旅游者在短信中告诉美联社记者,目前已知的情况是船上无人出现新冠感染症状,但官员们不让邮轮旅游者下船,除非他们先在海上隔离两周。

　　(案例来源:揪心!数艘邮轮被拒靠岸 更多乘客被感染事件出现[EB/OL].(2020-03-18)[2024-03-22].https://baijiahao.baidu.com/s? id=16614958928811887160&wfr=spider&for=pc.)

思考讨论:

1.如邮轮港口接收染疫邮轮进港,应做好哪些准备?

2.如港口并无能力接收染疫邮轮,应如何进行舆论回应?

第六章

邮轮经营业务安全风险及管理

【学习引导】

　　加强对邮轮旅游业的风险管控,保障邮轮旅游者的生命、财产及心理安全,是邮轮旅游业稳固发展的前提。本章从游客视角建构了邮轮经营业务的全程风险框架,包括主体风险、来源风险、表现风险及结果风险等四个结构维度;并以此为基础,从邮轮旅游行前、行中、行后等阶段建立邮轮经营业务的安全风险管理体系,以期为邮轮旅游经营风险管理实践提供理论依据。

【学习目标】

　　1.掌握邮轮经营业务的全过程风险框架。

　　2.掌握邮轮旅游行前、行中、行后等阶段的业务风险管理方式。

第一节　邮轮经营业务全过程安全风险及管理

　　近年来,中国邮轮旅游业快速发展,邮轮母港及服务配套全面建设提升,邮轮旅游受到我国旅游者的喜爱和追捧。邮轮旅游是海上航程旅行、邮轮休闲体验以及邮轮节点城市的岸上旅游活动相结合的旅游形式,旅游活动较为多样化,但由此带来的安全风险也较为复杂。当前,我国邮轮旅游业发展处于调整期,应加强邮轮旅游全程风险管控,降低邮轮旅游业的经营风险,促进邮轮旅游业健康发展。

一、邮轮旅游安全风险的结构分类与分析框架

　　邮轮旅游产品的出境性、封闭性、涉水性、组合性等综合特征在一定程度上决定

了邮轮安全风险的复杂性。依据产品的内在结构和本质特性,可以将邮轮经营业务安全风险划分为主体风险、来源风险、表现风险以及结果风险四大类型,如图 6-1所示。

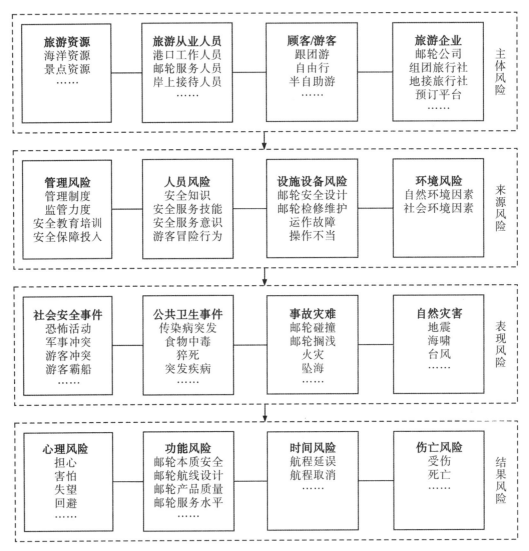

图 6-1　邮轮旅游安全风险的结构分类与分析框架

(一)主体风险

邮轮旅游的主体风险主要是指旅游企业、顾客、旅游从业人员、旅游资源等主体可能引致的风险。旅游企业是旅游活动最直接的组织者,是旅游安全最基础的保障主体。邮轮旅游企业主要包括邮轮公司、组团旅行社、地接旅行社、旅游预订平台。邮轮公司主要承担邮轮安全运营过程中的主体安全责任。按照消费者权益保护法,商家在销售产品时有责任确保产品的安全性,确保消费该产品不会给消费者造成人身财产损失。旅行社也不例外,旅行社的特殊性在于它更多承担中介的功能,旅行社主要负责整体邮轮行程的安全审核,具体的旅游业务活动是由景区、邮轮公司等旅游要素企业来完成并执行安全管理活动,因此旅行社的责任就转化成确保旅游产品的源头安全责任,保证线路产品中吃、住、行、游、购、娱等要素产品的正规性、合法性和安全性。销售旅游产品的在线旅游预订平台,必须确保其销售的旅游产品正规、安全。同时,预订平台还应在邮轮旅游产品的风险预警和提示方面承担更多的责任。

目前,邮轮旅游的消费群体主要以跟团游、半自助游和自由行等方式出行。跟团游的消费群体与旅游企业的关系较为紧密,安全管控比较到位;但对于自由行和半自助游的消费群体而言,他们大多通过在线旅游平台进行预订或者依托旅行社购买交通和住宿等部分产品,在旅游行程中缺乏专业的领队或者导游跟随并提醒安全注意事项,加上游客自身的安全意识参差不齐,对自由行和半自助游的旅游消费群体的安全管理存在诸多漏洞。

邮轮旅游行业的从业人员主要包括邮轮港口的工作人员、邮轮上的服务人员以及邮轮节点城市的岸上接待人员等。在整个邮轮旅游行程中,邮轮旅游消费群体与邮轮旅游从业人员的服务接触较为频繁,从业人员负责消费群体的行程安全解说、安全提醒、安全行为协作等工作。邮轮旅游从业人员对消费群体的安全引导是确保旅游行程安全的重要因素,旅游从业人员对消费群体的安全出行负有不可推卸的责任。

(二)来源风险

从邮轮安全风险的结构性成因来看,邮轮旅游的来源风险主要包括环境风险、设施设备风险、人员风险、管理风险等。

1.环境风险

邮轮的环境因素包括邮轮旅游面临的自然环境因素和社会环境因素等。一般而言,作为海上漂浮的度假村,邮轮面临的自然风险因素较多。大型邮轮承载上千人,相当于一个小社区,同样存在政治经济环境、社会治安环境、民俗风情环境等社会环境因素,这也是影响邮轮旅游活动秩序的重要因素之一。动荡的政治经济环境可能引发大规模的社会冲突与动荡,影响邮轮的安全经营。邮轮上不良的治安环境可能导致旅游者遭遇刑事与治安事件。差异过大的民俗风情环境可能导致邮轮岸上旅游的主客行为冲突。可见,邮轮环境因素与邮轮安全风险间存在密切关联。

2.设施设备风险

邮轮设施设备是维持邮轮高效运转的基本条件,但设施设备也存在诸多的风险因素。大部分邮轮可能存在的安全隐患包括设施设备安全设计不过关、设施设备检修维护不及时、设施设备老化严重、设施设备存在运作故障、缺乏良好的设施设备使用说明、安全应急设施设备配备不完善等。在邮轮企业中,部分设施设备在运转过程中还存在由于操作不当而导致的具有个性特征的事故类型。

3.人员风险

导致邮轮安全风险的人员因素既包括邮轮员工因素,也包括旅游者因素。员工的不当行为和低下的安全素质都可能导致安全风险的产生,邮轮业员工安全知识不足、安全服务技能不专业、安全服务意识与观念淡薄、操作不当或者失误等都容易引发安全风险。旅游者也是重要的风险成因,旅游者的意外之举、冒险行为、醉酒、炫富、打架斗殴等,都可能导致安全事件的发生,导致人身和财物的损伤损失风险。

4.管理风险

邮轮经营与服务管理不当是造成邮轮安全风险的间接原因,主要包括:①邮轮安全管理制度不健全,安全事故问责机制不明晰;②邮轮安全监管力度不足,未能定时定期地排查安全隐患,消除安全隐患;③邮轮安全教育培训不够,导致邮轮员工所掌握的安全知识与技能难以应对邮轮突发事件;④邮轮没有投入足够的人力物力财力提高邮轮安全管理水平等。

(三)表现风险

邮轮旅游的表现风险是指邮轮安全风险的主要事件表现类型,包括自然灾害和人为事件。在我国,人为事件主要包括事故灾难、公共卫生事件、社会安全事件等。邮轮旅游产品的安全风险的来源广泛而复杂,它涉及邮轮经营和管理的方方面面,关系到邮轮旅游行程的每位客人,同时也关系到邮轮旅游业的各个部门、各个工作岗位和各位员工。其表现在:各个部门有专属的安全问题、员工安全技能的局限会导致安全问题、客人安全素质缺乏会带来安全问题、服务中也隐藏着大量的程序性和认识性错误。由于来源广、隐患多,邮轮旅游产品的突发事件并不仅仅局限于自然灾害,各种可能在社会上发生的突发事件同样可能会发生在邮轮上的小社会内部,这使邮轮的突发事件显得较为复杂。现代邮轮中可能发生的突发事件主要包括 10 余个大类近 20 个小类,具体问题类型如表 6-1 所示。

表 6-1　邮轮突发事件的主要类型

邮轮突发事件分类	主要表现类型	主要来源及特征
自然灾害	各类自然灾害	气候灾害(暴雨、强风、海啸)、地震以及各种灾害引发的二次灾害
事故灾难	消防事故	火灾,损失面大、会造成财物和人员的综合损伤、损失难以恢复
	设施事故	设施陈旧缺乏安全性,设施故障引发安全事故等。比如电梯事故、洗浴热水烫伤旅游者等
	意外事故	人员坠海、失踪,船舶搁浅、碰撞、沉没等
公共卫生事件	食物中毒	因食品原材料不合格、烹饪操作不当、食品搭配不当、食品储存不当、投毒等导致的各种中毒事件
	各类疾病	诸如病毒、流行性感冒、疟疾等
	精神安全问题	名誉损失、隐私安全受损、受到心理威胁、受高度惊吓等
	职业危害	各种职业伤害和职业病,如舱房中的粉尘危害,洗衣房的高温伤害,各类因工作引起的身体、心理和财物损伤
社会安全事件	刑事治安案件	偷盗、打架斗殴、抢劫、性侵、爆炸等公共恐怖行为
	人员冲突	游客"霸船"、主客间口角冲突、主客间互施暴力、服务操作导致旅游者受伤、服务投诉、法律纠纷等
	突发伤亡	旅游者自杀、非正常死亡等

邮轮多样化的突发事件对邮轮的整体管理具有较大影响。邮轮是安全敏感型场所,任何安全问题的发生都会影响邮轮品牌形象,降低旅游者忠诚度,损害邮轮可持续发展的基础。但在实践中,很多邮轮公司对安全管理不够重视,邮轮本身的规划设计安全考虑不足,服务操作不注重细节安全,由此带来诸如偷盗、公共恐怖行为、威胁隐私安全、性侵、主客暴力冲突等安全问题。

(四)结果风险

邮轮旅游的结果风险是指邮轮安全风险可能导致的伤害后果,主要包括伤亡风险、时间风险、心理风险、功能风险等。其中,旅游者和从业人员的人身伤亡风险是后果最严重、最易引起高额赔偿和法律纠纷的风险事件。邮轮安全事件中的人员伤亡也容易引发综合性的负面影响,影响邮轮本身和节点城市的形象。因此,识别和剖析邮轮安全事件引致的结果风险,是促进邮轮旅游业安全治理的重要途径。时间风险是指邮轮航程受气候灾害影响而出现的航程延误或者航程取消,造成消费者的时间损失而产生的风险。心理风险是指消费者在搭乘邮轮后,由于身体不适或者情绪不佳从而形成对邮轮综合环境的不适应,出现行后的担心、害怕、失望以及回避等心理风险。

邮轮旅游的功能风险主要包括邮轮本质安全、邮轮航线设计、邮轮产品质量、邮轮服务水平等产生的风险。其中邮轮本质安全是指邮轮本身具有内在的防止事故发生的功能,这是邮轮旅游产品功能风险的关键影响因素。邮轮及设施的本质安全包括三个基本功能:第一,失误安全功能,指操作人员即使操作失误也不会发生事故和伤害,它要求设施具有自动防止人的不安全行为的功能;第二,故障安全功能,指设备设施发生故障或损坏时还能暂时维持正常工作或自动转变为安全状态,从而最大限度地保证旅游秩序的正常进行;第三,功能的内涵性,失误安全功能和故障安全功能应该潜藏于设施内部,即它应该在规划实施阶段就被纳入,而不应在事后再进行补偿。

二、邮轮旅游全过程安全风险管理体系

邮轮旅游安全风险管理是一个复杂的系统工程,它需要方方面面的资源做配合与协调,需要邮轮旅游企业各部门、各岗位和各员工的参与,同时还需要适度的旅游者引导来作为安全基础。邮轮旅游全过程安全风险管理是一种系统管理方式,可以从行前、行中、行后三个阶段来建立邮轮旅游安全风险管理体系。

(一)行前安全风险的预防管理

旅游风险预防管理有体系化的专业工作内容,需要专门的机构和人员进行操作和应对。旅游风险管理需要与旅游安全管理的日常工作紧密结合,需要渗透在日常的旅游安全防控中。在具体执行时,应将其视为常态化的管理工作,以日常化、持续化的工作思路和方式予以推进,不能采用突击化操作的临时管理方式。邮轮旅游产品行前安全风险预防管理的主要任务是对邮轮旅游风险源进行识别、排查、评估和控制。

邮轮旅游是一项多风险来源的旅游活动,在行前风险预防管理中,应加强旅游预警,通过信息公示唤起旅游者自我安全管理的意识。旅游预警指在旅游活动中,为了预防旅游突发事件、避免旅游风险损失、保障旅游活动顺利开展,对旅游风险源进行识别和监测,并选定安全指标和对应的指标阈值,在收集、分析、评估与预测相应指标信息的基础上,当指标值达到阈值时,按照程序向相关主体发出紧急信号,进行行为警示的机制。按照预警的具体内容可分为突发事件预警、旅游容量预警、旅游环境预警和旅游业务预警等类型。依据邮轮旅游产品的特性,邮轮旅游的行前安全风险的预警管理要尤其重视旅游环境预警和突发事件预警。邮轮航程可能遭遇到的自然环境风险识别是邮轮旅游预警的首要任务。

部分旅游者并不完全遵循预警体系的旅游建议,或者有的预警语言比较温和,导

致预警效果一般。因此,加强行前安全风险的预警等级建设与宣传、依托主流的新闻媒体进行客观的报道、建立安全风险预警的游客推送平台,能够有效提高行前安全风险的预警管理效果。此外,应加强邮轮旅游产品安全风险的应急预案的建设与完善,积极推荐旅游者购买相关保险。

(二)行中安全风险的动态管理

邮轮旅游安全风险的类型结构是一个发展中的动态结构,任何可能在社会上发生的安全事件都有可能在邮轮码头、邮轮航程以及邮轮节点城市的空间场所发生。行中安全风险的动态管理主要是对邮轮航程以及邮轮节点城市的空间场所的安全风险进行管控。从目标对象来看,邮轮安全风险管理工作的基本目标是保障邮轮航程中人的安全、财的安全和物的安全。而在实现这一基本目标的过程中,旅游者所能够感知到的邮轮综合消费环境也应该是温馨、安全的。因此,邮轮旅游产品全过程安全风险管理的目标应该是使邮轮航程所涉及的所有人、财、物保持安全,创造一个没有危险、不受任何威胁的生理和心理上的邮轮安全环境。

邮轮本身的管理系统主要由邮轮服务系统、邮轮组织系统、邮轮设施系统构成。邮轮上突发事件的出现有很多原因,其中环境因素、管理因素、人员因素和设施设备因素等是邮轮安全风险的主要来源因素。从风险因素的具体表现类型来看,安全制度不完善、员工技术技能不熟练、员工安全意识淡薄等是其中三种重要的成因。

制度是行为的基础,安全制度可以为邮轮企业员工提供行为预期,激励和约束员工的工作行为,因此制定适度的安全管理制度是邮轮实施全过程安全管理的工作基础。技术技能的缺乏容易使邮轮企业员工在服务工作中造成服务失误,引发安全问题。当遭遇突发事件时,员工缺乏应急处置技能则会使突发事件蔓延升级,造成更大更深的影响和损失。因此培养员工的安全技能是邮轮实施全过程安全风险管理的工作导向。

邮轮安全问题种类繁多,火灾、碰撞、搁浅等常见安全事件往往容易受到重视,会得到较多的技术资源和人力条件支持。服务安全问题是邮轮安全问题的多发层面,但其直接表现后果较轻,因此常被邮轮企业所忽视。大多数服务行为技术难度不大,需要重复操作,而这一层面的安全问题常常源自服务行为的重复性疲劳,这在本质上不是技能问题,而是意识问题。由此观之,培育科学的安全意识观是邮轮旅游实施全过程安全风险管理的工作关键。

邮轮企业作为服务的提供者和安全管理的主导方,其行为是通过设施提供、服务提供和管理监控等三个方向来体现的。要想实现邮轮企业的全面安全,就必须保证邮轮企业具有可靠、稳定和安全的服务操作和服务表现。必须保证邮轮的设施设备具有本质安全特征,不会因操作原因、时间原因或意外因素而导致设施设备事故;必须保证邮轮安全监管系统全面、及时,能够适应邮轮可持续运转、动态发展的特征。因此,邮轮旅游全过程安全风险管理的实现途径是确保邮轮企业服务行为的安全性、让邮轮设施具有本质安全特性、使邮轮的安全监管具有全面性,如图6-2所示。

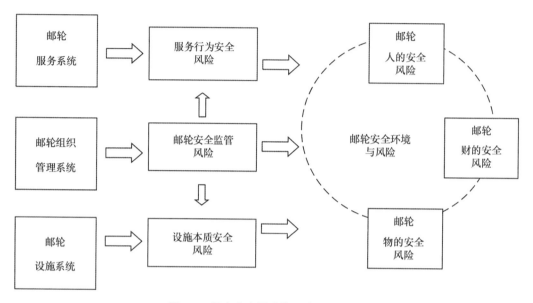

图6-2　行中安全风险管理传递示意图

(三)行后安全风险的重建管理

邮轮旅游突发事件对旅游者、邮轮旅游企业、邮轮旅游节点城市目的地会造成综合性影响。行后安全风险主要包括医疗赔偿、心理干预、形象重构等风险。常规旅游突发事件的恢复重建工作主要包括事件发生场所环境和秩序的恢复,对旅游者、从业人员和旅游企业等涉事主体进行善后赔偿,对旅游者和从业人员等涉事人员进行心理干预等。这些工作通常是由涉事责任企业或个人承担和执行。相比之下,邮轮航程遭遇自然灾害等重大突发事件后,邮轮旅游业所面临的恢复重建工作格外艰巨,更强调系统性和完整性。

作为一个系统工程,邮轮旅游企业、邮轮旅游者和邮轮旅游节点城市的恢复重建包括物质层面、社会层面和精神层面的恢复重建等三种结构层次。第一,物质层面的恢复重建,包括修复或者重建受损的邮轮综合设施,恢复海上交通与运输,并保护和修复邮轮航程涉及海域的生态环境。第二,社会层面的恢复重建,包括重视恢复邮轮始发港所在地的法律及社会秩序,恢复邮轮旅游企业的旅游服务功能,引导旅游生产经营活动的进行,保障邮轮旅游业的稳定发展。第三,精神层面的恢复重建,包括重视邮轮旅游者的心理重建,通过心理疏导和干预等方式帮助受灾旅游者消除心理阴影,同时应重视社会文化系统的重建,注重对旅游地邮轮文化生态的恢复与保护。

综上,从行前、行中和行后各阶段来构建邮轮旅游全过程安全风险管理体系,强调全过程的运作和管理,即关注邮轮旅游安全风险的整个发展过程,坚持超前介入和阶段应对的法则,对不同阶段可能产生的安全风险采用不同的应对方法和不同的管理方式,避免安全风险升级为影响邮轮长期经营的危机事件。此外,依据邮轮旅游产品安全风险的结构分类,安全风险体系的建设还应倡导全主体运作和管理。它要求风险管理的每个主体和成员都负有安全应急责任,成员都应该具有安全操作意识,掌握与岗位操作相关的安全技能。旅游者也是安全风险管理中的能动主体,他们的安全风险意识和安全应急技能对于自身的安全风险防范起着非常重要的作用。

第二节　行前业务安全风险及管理

一、行前业务安全风险的主要类型与成因

(一)行前业务风险的阶段

为了尽可能全面地梳理和识别出邮轮行前存在的安全风险,需要对所有可能涉及的操作设计流程,列出可能出现的各项风险。行前安全风险识别主要包括邮轮旅游者在行前所面临的风险以及邮轮旅游者活动对全船带来的各种风险。邮轮航行前的业务风险主要来自邮轮航次预订、港口登船以及行前安全演练。

1.邮轮航次预订

在邮轮旅游中,基于邮轮旅游产品的构成要素,游客在选择邮轮旅游航次时主要从航行时间、航行路线、邮轮类型、服务选择等方面进行考虑。

(1)护照和签证

邮轮旅游通常是出境旅游,因此需要办理护照、签证、通行证等相关证件。游客根据预订航次去往目的地的不同,自行办理护照和签证,或者委托旅行社等机构代办。港澳通行证全称为中华人民共和国往来港澳通行证,是由我国公安部出入境管理局签

发给内地居民因私往来香港或澳门地区进行旅游、探亲、从事商务、培训、就业、留学等非公务活动的旅行证件。

（2）船票合同

航次预订过程的重要环节是船票合同的签订。游客充分了解航次情况后,可以支付预付款或者全款以确保舱位,并且签订相应的船票合同。一般而言,客船船票是旅客运输合同成立的凭证。船票载有多项基本内容,包括承运人名称、船名、航次、启运港、到达港、舱室等级、票价、乘船日期、开船时间和上船地点等。游客预订邮轮航次后,邮轮公司与游客签署邮轮船票合同,标示具体的服务条款。采取旅行社包销模式进行销售的邮轮航次,邮轮船票费用与岸上游览费用、签证费用、领队费用等以包价的形式收取,旅行社与游客还会签署出境旅游合同,并且向游客提供出团通知书,告知相应的出游事项。

2.邮轮港口登船

（1）候船

游客在邮轮航线的始发港登船,需要提前抵达港口办理一系列登船手续。一般而言,港口登船过程依次为候船、通关和登船。如果登船港口和居住地不在同一城市,游客需要提前预订好前往登船港口城市的机票或者火车票,在邮轮离港出发前抵达。一般情况下,邮轮公司会在开船前 4～5 小时为游客办理登船手续。候船时需要完成的事项有行李托运、安全检查和舱位确认等。

（2）通关

邮轮旅游通常也是出境旅游,需要完成出入境检验检疫、海关检查、边防检查等各项手续。按照相关规定,游客需要在邮轮启航前 90 分钟左右完成通关手续并登船。游客办理完一系列通关手续之后,可以按照联检大厅标志信息的指引前往廊桥登船。在游客登船的过程中,工作人员会对游客表示欢迎,同时收取游客的护照进行统一保管,以便向不同港口机构出示。

3.邮轮行前体验

（1）学习安全手册

邮轮公司需向游客提供安全手册,详细介绍邮轮设备、安全制度、紧急避险等信息。

游客应认真阅读了解,做好必要的安全准备。

（2）参加安全演习

邮轮在出发之前都会进行紧急救生演习,旨在指导邮轮旅游者在遇到突发事件之后如何更好地自救。在演习期间,船上的一切其他服务活动都将暂停,每位邮轮旅游者都必须参加,有工作人员向邮轮旅游者介绍船上安全设施的放置地点,以及安全设施的使用方式等,部分邮轮会以广播、视频等方式进行更加细致的介绍。

(二)行前业务风险的类型

1.邮轮旅游者人身和财产风险

邮轮旅游者在乘船过程中发生重大安全事故的概率较低,但鉴于邮轮承载大量邮轮旅游者,上下船时仍存在一些安全隐患,包括失足落水隐患、偷盗隐患和踩踏事故隐患等。失足落水隐患一方面是指在登船时,游客因为焦急,缺乏乘船安全意识,在船未停靠稳妥就先行登船,导致落水;另一方面是指上船时由于前后拥挤,游客翻越栏杆导致的落水事故。偷盗隐患即在上下船之时,由于客流量大,一些不法分子乘虚而入进行偷盗抢劫。踩踏事故隐患通常集中发生在登离船时,游客前拥后挤,造成人流集体聚集在某处而发生踩踏。

2.邮轮旅游者安全通行风险

邮轮旅游者安全通行风险是指因各类因素导致邮轮旅游者无法及时抵达港口或者无法正常登船的风险,包括邮轮延误或取消风险、交通运输风险和证件风险。延误是一种常见的旅游风险,可能是由多种原因导致的,如恶劣天气、机械故障、邮轮公司问题等,延误可能导致邮轮旅游者错过邮轮出发的时间,造成行程打乱和额外费用,邮轮旅游者需要考虑到延误或取消可能导致的行程变更或错过邮轮出发的情况。交通运输风险是邮轮旅游者在前往邮轮码头的过程中可能遇到的各种潜在风险和困难,包括交通拥堵、交通事故或其他交通运输问题。此外,邮轮旅游者需要确保自己具备进入目的地国家或地区所需的签证等相关证件,未能及时办理或满足相关要求可能导致无法登船或入境的情况。

3.突发公共卫生事件风险

邮轮旅游因其旅游者量大、内部空间密闭和人员活动密集等特点,在突发公共卫生事件暴发的特殊时期无法及时控制,容易出现"恐怖邮轮"等社会影响重大事件。构建相关突发公共卫生应急管理机制刻不容缓,包括采取更加严格的游客登船限制,更多频次的全面清洁消杀措施,健康申报、检查与监测。同时,邮轮突发公共卫生事件防控离不开港口的协作,为了加强对邮轮上流行性疾病的预防和控制,在邮轮航行前的港口检测至关重要。

(三)行前业务风险的成因

1.天气海况的影响

天气海况不仅是影响邮轮航行安全的首要因素,也是影响游客安全登离船的关键所在。在风平浪静的天气下,邮轮贴岸比较平稳,游客也能轻松自如地登船,在这种情况下登船安全性较高;但在比较恶劣的海况下,邮轮和岸边牵引设备都受到不同程度的影响,特别是风浪特别大时,引航梯、舷梯等的摇晃和摩擦更加剧烈,甚至引起引航梯断裂或者滑落导致游客溺水事故的发生,增加了游客登船时的风险。

2.登离船安全设备装置的安放和维护问题

船用舷梯是一种可供邮轮旅游者从码头上下船或者在船舱内部不同甲板之间移动的设备,主要由爬梯、扶手、支架、滚轮等部分组成。船用舷梯广泛应用于各种类型的船舶,如客货轮、游艇。由于船用舷梯的特殊用途和使用环境,其设计、制造、检验和使用等需要符合严格的规范和标准,要保证游客登船时的通行安全性、无障碍性和舒适性。

考虑到人员在登离船以及在船工作期间的安全,国际海事组织要求人员登离船和正常行走于船上时,所使用的舷梯和梯道不能太陡,不可存在导致人员跌落的危险。海安会第 MSC.1-Circ.1331 号通函第 3.7.1 条要求:登离船使用的跳板不得在和水平面间夹角超过 30°的情况下使用,舷梯不得在和水平面间夹角超过 55°的情况下使用,除非其在设计上允许超过上述角度限制,并将该许可明显标记在跳板或舷梯上。同时,舷梯和支撑平台通常位于易风吹日晒的位置,且容易受到海水侵蚀,如果保护不周就会加快其部分金属的腐蚀,造成严重的安全隐患。

3.邮轮旅游者自身的安全隐患

旅客安全素质的高低也决定了邮轮出行的安全性。旅客的安全素质高,安全知识储备丰富,具有规避风险的强烈意识,掌握应对风险的安全措施,在出现突发事故时,才能将自身损失降到最低。旅客安全素养低,掌握的安全知识浅薄,随意破坏安全标志或者安全防护装置,会对自身和他人造成隐患。例如,有的港口受制于硬件条件,仅有一架登乘廊桥,而邮轮载客人数众多,上下船过程中不遵守秩序和忽略管理人员的警告,在廊桥上嬉戏打闹、翻越栏杆等不文明现象经常发生,为人员安全通行带来了一定的隐患。

二、行前业务安全与应急管理

(一)行前风险来源识别

1.船舶安全设备状况

一是救生设备,确保船上配备了足够的救生艇、救生圈、救生衣等救生设备,并且这些设备处于良好状态。二是灭火设备,了解船上的灭火设备情况,包括灭火器、消防栓等,并确保这些设备能够正常使用。三是乘船设备,建设高效的旅客登离船专用通道、安全先进的船岸连接设备有利于提升旅客通行的安全性和舒适性,并有助于提高通行效率。

2.船体结构

一是船体检查,了解船舶的船体结构状况,包括船体的完整性、腐蚀情况等。确保船体结构良好,不会出现严重的结构问题。二是安全检查,检查船上的安全设施,如栏杆、楼梯、甲板表面等,以确保它们处于良好状态,没有安全隐患。

3.货物积载情况

一是货物稳定性,了解船上货物的稳定性和正确的负载分配,确保货物被正确地固定和堆放,以防止船舶在航行中发生不稳定情况。二是危险品管理,了解船上是否运载危险品,并确保这些危险品得到适当的处理和储存,以防止事故发生。

4.天气状况

一是了解目的地和航线上的天气情况,包括风力、海浪、降水等,强风、暴雨、飓风等恶劣天气可能影响航行安全。二是关注天气预警和风暴警报,以便及时采取行动,避免暴露于危险的天气环境中。

(二)行前风险评价

随着安全科学研究的深入,安全分析和评价的方法也逐步完善。安全评价方法主要分为定性评价、定量评价、定性和定量结合评价。常见的安全评价方法主要有风险评价指数法、层次分析法和安全检查表法等。

风险评价指数法是一种常用的定性风险评估方法。它将风险严重性(S)和危险可能性(P)按特点划分为对应的等级,形成风险评价矩阵,并通过加权值来定性衡量风险的大小。例如,2020 年 1 月 21 日,美国疾病预防与控制中心(CDC)公布了美国境内第一例新型冠状病毒感染的肺炎病例,1 月 24 日,美国疾病控制与预防中心(CDC)发布了一份旅行健康通知,显示新型冠状病毒在各种形式的交通工具上存在传播的潜在风险;2021 年末,随着变体的激增,CDC 将邮轮旅行调至 4 级,即其最高风险类别;2022 年 3 月,该机构解除了对邮轮旅行的健康风险提示,将其警告由 3 级降至 2 级。

层次分析法是将与决策有关的因素分为目标层、准则层、指标层等层次,并进行定性和定量决策的方法。层次分析法将决策目标层层下分并具体化,将下层的指标两两对比,通过计算得出各指标的权重,再进行决策。邮轮旅游风险因素繁杂多样,采用层次分析法可以建立相应模型,通过分析邮轮在航行之前环境、人员、管理、船舶、食品安全及传染病等几个方面的因素,利用模型计算出各个指标的权重,对邮轮旅游所存在的风险因素进行评估,从而量化各个风险因素。

安全检查表法是通过表格列举所检查对象的风险因素和潜在危险源,这些风险因素和潜在危险源就是检查对象。首先给该表确定一个总分,并对所列举的各个检查对象进行赋分,在检查时根据所列检查对象的实际情况打分,最后将分数汇总,通过分值来确定所检查对象的安全性。

(三)行前风险控制

1.完善行前港口监测系统

为防止突发事件的不可控,邮轮港口应建立完善的港口监测系统,尤其在旅游高峰期,人群密集的区域,要做好对港口游客及其他风险源的实时监控。其中,邮轮港口大厅是人群聚集地,如果不能进行有效的监控,一旦发生传染病等公共卫生事件,邮轮港口的防控效果将大大减弱。因此,为避免该结果的发生,应对港口大厅的游客行为做好监测。例如,在公共卫生事件暴发时期,应在邮轮旅游者进入大厅之前做好温度检测,另外要第一时间确定人群密集位置,要求在港口安检、行李托运、上下船、港口大厅等人群流动区域安装摄像头,收集信息,了解目标人群位置,同时也能够对旅客进行监控,了解邮轮旅游者身体状况,如发生突发事件,可根据人群密集度以及突发事件涉及人数触及相应等级预警。

2.宣传告知航行前安全事项

只有事前准备,从细微入手,把安全宣传做到实处,才能预防安全事故的发生。邮轮公司有责任及时提醒旅客朋友上下船不携带危险品、上下船时遵守秩序、扶好栏杆、保管好自己的贵重物品等注意事项,降低事故发生率。同时,应完善应急预备,建立健全邮轮安全预警系统,即在事故发生之前能够通过搜集旅游安全的数据信息,对各项数据指标进行科学分析,制定安全出行对策,并提前发布相关安全信息给邮轮旅游者,方便邮轮旅游者了解出行动向并及时作出决策。

3.强化事故现场应急处置能力

邮轮发生事故后,现场应急处置能力对事故后果产生重要影响。邮轮公司需增强邮轮的安全性,提高应对突发事件的能力,保障邮轮旅游者和船员的生命安全和财产安全。首先,进一步强化邮轮应急管理体系建设,组建应急救援队伍,使邮轮事故发生时可以第一时间组织开展有效应急处置。其次,加强事故预警机制建设,包括安装最先进的监控设备和传感器,以便可以及时发现潜在危险并预警可能的事故。然后,保持定期的紧急演练和培训,以确保船员和邮轮旅游者了解如何在紧急情况下作出正确的决策,最大程度地减少伤亡和财产损失。另外,建立完善的应急预案同样重要,包括清晰的责任分工、完善的通信联络机制和救援资源调配计划,以确保在事故发生时可以迅速组织开展有效应急处置。

第三节　行中业务安全风险及管理

一、行中业务安全风险的主要类型与成因

(一)行中业务风险的界定与分类

邮轮旅游行中业务安全风险有操作风险和犯罪风险两种主要类型。其中,操作风险指游客在参与邮轮活动过程中,因不可抗力、邮轮公司的原因,人身安全受到威胁的风险,可细分为船只事故、自然灾害和气候变化风险、卫生和突发疾病、安全事故,包括船只在行驶过程中的碰撞、搁浅、火灾、海上风暴和海啸、气候变化等,以及公共卫生事件的暴发,由此可能导致航线调整、港口关闭以及旅客和工作人员的人身伤害或失踪。例如,2022 年 11 月 30 日,巨浪在阿根廷附近袭击了维京邮轮旗下"Viking Polaris"轮,造成 1 人死亡、4 人受伤。

邮轮犯罪风险指游客在参与邮轮活动过程中,在邮轮上存在着潜在的被犯罪行为侵害的风险。这些事件可能涉及盗窃、性侵、绑架等。虽然邮轮公司通常会采取措施确保邮轮旅游者和船员的安全,但在邮轮上由于无法及时寻求法律援助、保护犯罪现场,甚至难以得到医疗救援,旅客的人身和财产权利极易受到侵害。此外,邮轮游客岸上活动期间往往携带较多的现金或贵重物品(如相机、珠宝等),容易成为犯罪分子的目标,导致犯罪风险上升。例如,2009 年 8 月 16 日,上海的刘先生搭乘意大利歌诗达邮轮有限公司的豪华邮轮"经典"号开始了邮轮之旅,第二天晚上发现放在船舱保险箱中的 700 美元和 1 万日元不翼而飞;无独有偶,另外 3 名游客也遭遇了同样的问题;8 月 22 日,因与船方交涉无果,刘先生在邮轮抵达上海港后报警,上海水上公安部门虽在第一时间竭力协助处理,但受害方仍被告知,由于管辖权问题该案件不能在沪立案,同时,意大利方面也没有对本案进行管辖,船方甚至连意大利的报警电话都没有告知。

(二)行中业务风险的特点

1.风险的低可控性

邮轮在航行过程中面临多种风险,其中一些风险是难以完全控制或预测的。风暴、海浪、大风等恶劣天气条件可能突然出现,影响船只的航行安全和舒适度。虽然有气象预报,但某些突发天气变化难以提前预知或规避。地震、海啸等自然灾害在某些地区可能发生,邮轮难以完全避免这些风险。同时,由于在密闭空间内,流感、诺如病毒感染等传染性疾病可能迅速传播,邮轮上虽有卫生措施,但难以完全控制传染病的发生和传播。船只设备或系统故障也可能在航行中发生,尽管有定期维护,但某些问题难以提前发现或避免。此外,部分地区可能存在地缘政治紧张局势,政治动荡、恐怖袭击等可能导致邮轮航行风险增加。邮轮公司通常通过制定严格的安全标准和预防措施来尽量减少这些风险,尽管如此,在某些情况下,不可控的因素仍然可能影响邮轮航行和邮轮旅游者的安全。

2.降低风险的紧迫性

邮轮旅游中游客大部分时间都在享受邮轮服务本身,且行程都是环环紧扣,有详细的计划安排。一旦某环节出了问题,产生纠纷,便会导致整个旅游计划崩盘和大量额外费用支出。同时,邮轮旅游作为我国新型旅游方式,具有相对较高的安全风险和突发事件发生概率。因此,加强公共卫生服务保障、提高安保和风险应对能力,成为邮轮旅游中降低风险的紧迫任务。只有通过多方位的风险防范和应急处置,邮轮旅游业务才能持续健康发展。

(三)行中业务风险的成因

1.不可抗力因素

自然灾害,比如风暴、海啸、雷暴等天气现象,属于不可抗力范畴。这些灾害可能对邮轮航行和停靠港口产生影响,增加航行安全风险,影响邮轮旅游者和船员的安全。船只事故,比如撞击礁石、与其他船只相撞等,也可能是不可抗力因素导致的结果。尽管船舶设备和导航系统通常会尽力预防此类事故,但某些情况下,比如恶劣天气或未知障碍物的出现,可能超出了操作员的控制范围。不可抗力因素也可能包括某些传染病的暴发或疾病的扩散,尤其是在密闭空间如邮轮船舱中。尽管船舶通常会采取卫生预防措施,但在面对具有高度传染性的病毒或细菌时,控制和预防可能存在限制。安全事故,比如火灾、事故性的沉没等,有时也可归因于不可抗力因素。尽管船舶会配备消防设备并采取安全措施,但在设备故障、突发事件或自然灾害等情况下,安全事故的发生有时很难避免。这些因素可能会对邮轮业务造成不可预测和不可避免的影响。邮轮公司应尽力预防这些情况,通过应急预案和演练以及符合安全标准的设施来减轻风险。

2.邮轮的开放性和封闭性

邮轮的开放性,可能使邮轮更容易受到外部环境影响,如暴风雨、海啸等天气或海洋条件的恶化,增加了安全事故发生的概率。邮轮旅游者来自世界各地,可能携带不同地区的病毒或细菌,这些开放性可能增加了感染的风险。邮轮的开放性也可能让外部不法分子混入船上,实施犯罪行为。同时,部分安全事故在邮轮封闭环境中更容易扩大化。例如,火灾或船舶碰撞等事故发生时,封闭性环境可能限制了人员疏散和救援。邮轮封闭的环境,如船舱、公用设施等相对封闭的空间,使得病毒或细菌更容易在人群之间传播。邮轮旅游者和船员生活在密闭的环境中,容易导致疾病在邮轮上迅速传播。邮轮的相对封闭性环境可能使得犯罪分子更容易在船上实施盗窃等犯罪行为。

3.不同国家法律差异

邮轮通常在国际水域航行,容易导致涉及多国法律管辖权的问题,使得在处理犯罪事件时需要面对不同国家的法律和司法程序,增加了案件处理的复杂性。同时各国法律对于特定犯罪行为的认定标准、处罚程度以及司法程序可能存在差异。某种行为在一个国家被视为犯罪行为,但在另一个国家可能不被视为犯罪行为,这种法律差异可能导致处理犯罪事件上的漏洞和混乱。此外,如果一名犯罪嫌疑人在邮轮上犯罪,由于引渡程序和逮捕程序不完善,嫌疑人可能逃避司法追究。因此,法律差异可能使得处理邮轮上的犯罪事件变得更加复杂和困难。

二、行中业务安全与应急管理

(一)建设邮轮旅游行中安全与应急法制

由于邮轮旅游在我国起步较晚,邮轮旅游运营安全工作机制和规范的作用有限,且邮轮旅游安全管理所涉及的行政部门较多,这些部门分属不同行政机关体系,部门间协作较困难。以上海港为例,虽然有上海中国邮轮旅游发展实验区联席会议作为邮轮旅游发展协调机构,但其办公室未实体化运作,也未将邮轮安全保障纳入议题。上海市口岸服务办公室作为口岸协调机构,主要职能是协调各监管部门建立共享共用的口岸安全监管系统,在邮轮旅游运营安全保障方面的成效有待提升。《国际海上人命安全公约》和《海员培训、发证和值班标准国际公约》有保障船舶航行安全的船舶设施设备、船员培训方面的规定,没有针对邮轮休闲、娱乐设施的安全保障的特殊规定,也没有考虑我国邮轮旅游航线所处的亚太水域通航环境特点对邮轮运营安全保障的影响,不能充分满足我国邮轮旅游对航行安全的更高要求。

近年来,除歌诗达"协和"号邮轮触礁事故外,全球基本没有造成大量伤亡的邮轮事故,但意外事故总是难以避免。根据上海市交通运输和港口管理局发布的统计数据,2017 年全年邮轮发生"110"报警及其他案(事)件中,滞留事件 5 起,游客财物失窃遗失事件 35 起,游客与船员纠纷引发人身意外伤害事件 9 起,游客与船方或游客之间纠纷事件 15 起,游客死亡事件 6 起,性骚扰事件 1 起。现行《中华人民共和国海商法》和《中华人民共和国旅游法》对于邮轮旅游均没有直接规定,上述类似事故在处理时没有可以依据的准则,导致事故处理过程中存在不确定性,不利于邮轮游客维护合法权益。我国邮轮旅游业发展至今,安全已经成为一个十分重要的问题,在这种背景下出台邮轮安全相关立法解决产业发展现实问题具有重要意义。

(二)保证邮轮旅游行中安全与应急培训

首先,要进行安全培训与准备,为船员提供充分的安全培训,包括船舶紧急情况的处理、救生设备的使用和船上安全程序的了解。确保船员定期进行演练和模拟应急演习,以应对火灾、海难等突发情况。其次,要确保邮轮上的安全设施齐全完好,如救生艇、救生衣、灭火器等,并定期进行检查和维护;设立专门的医疗中心,提供医疗服务和急救设备。同时制定详尽的应急预案,包括处理火灾、漏水等情况的操作步骤。提前规划好与当地海岸警卫队或相关机构的紧急沟通和协助流程。安装监控系统以及报警装置,实时监测船舶的安全情况,及时预警和应对潜在风险;使用先进技术,如雷达、全球定位系统(GPS)等导航系统,确保航行安全。最后,定期进行模拟应急情况演练,评估处理程序的有效性,并及时改进。对每次事件进行调查分析,总结经验教训,并在制度中进行相应的修订。邮轮旅游业的安全与应急制度需要全面、系统地考虑各种潜在风险,并不断完善和更新,以确保邮轮、邮轮旅游者和船员安全。

(三)升级邮轮旅游行中通信和导航系统

首先,要持续进行导航系统升级,更新和升级全球定位系统(GPS)和惯性导航系统(INS),确保船只准确、可靠地定位,提供更好的航行信息。通过引入高速卫星通信系统,提供更快速、稳定的通信,包括船上电话、网络服务等。其次,更新应急通信设备,包括应急信标和求救系统,确保在紧急情况下能够及时发送信号并获得援助。同时更新船舶自动识别系统(AIS),这是一种用于在航海中识别、跟踪其他船只位置的系统,提高了船只的可见性和安全性。此外,更新船舶管理系统(VMS),用于监控船舶设备、能源、航行数据等,提高运营效率和船舶维护能力。以上系统和技术升级将使邮轮旅游运行中的通信和导航系统更加现代化、可靠和安全,由此提高船舶的航行安全性、管理效率和服务质量。

第四节　行后业务安全风险及管理

一、行后业务安全风险的主要类型与成因

(一)行后业务风险的界定与分类

行后业务风险主要指在邮轮航程结束后可能存在的风险因素,主要有邮轮旅游服务风险和人身损害纠纷风险两种类型。邮轮旅游服务风险是指游客在参与邮轮活动过程中,因不可抗力、邮轮公司或旅行社等服务提供方的原因,与邮轮公司、旅行社之间就邮轮旅游服务问题产生的纠纷风险,可细分为航程变更纠纷风险、游客滞留纠纷风险、服务质量纠纷风险、消费欺诈纠纷风险、旅游合同纠纷风险等主要类型。不少旅游经营者在提供邮轮旅游服务过程中违反合同约定,有擅自改变旅游行程、遗漏旅游景点、减少旅游服务项目、降低旅游服务标准等行为,或者提供服务时有欺诈行为,这些行为都可能导致邮轮旅游服务纠纷。

例如,朱女士与旅游公司签订的海上"邮轮游"服务合同中,不仅明确载明了旅游的行程、线路、门票,还详细列明了海上和岸上观光的时间、城市、交通方式等内容。不料,行程开始的第一天,旅游公司便遗漏了景点。经游客提醒,旅游公司虽表示源于"不经意",下不为例,但此后却照样不时遗漏。事后,朱女士以遗漏旅游景点为由,请求旅游公司退回未完成约定旅游服务项目的费用,而旅游公司却以并非故意为由一再拒绝。

人身损害纠纷风险主要指游客在参与邮轮旅游活动过程中,遭受人身损害而与邮轮公司、旅行社等服务提供方产生的纠纷风险。例如,2015年8月,羊某与其子(幼童)和某旅行社集团有限公司签订了邮轮旅游合同,乘坐某外国邮轮从上海出发前往国外游玩。登上邮轮后,其子独自去船上泳池玩耍,不幸溺水变成植物人。羊某遂向上海

市黄浦区人民法院提起诉讼,状告该旅行社和邮轮公司。

(二)行后业务风险的特点

1.涉事主体复杂性

邮轮旅游兼具海上运输和旅游双重功能,邮轮旅游航线具有跨国度、跨地区的特点,旅游者的流动性极高,邮轮旅游纠纷所涉及的法律关系也更为复杂,不仅包括了旅游者、旅行社、导游、邮轮公司、邮轮港口以及其他辅助经营者,还包括了第三方旅游服务平台,如携程、途牛等OTA企业。上述主体都可能成为邮轮旅游纠纷风险的涉事主体,不同主体之间的关系复杂、需求多元,对纠纷风险的规避造成较大难度。

2.风险多发性

一方面邮轮旅游活动的开展与自然环境、气候条件等紧密关联,台风、风暴等恶劣天气导致的邮轮旅游航线变更、取消时有发生,同时因邮轮海事活动的特殊性,航道管理、港口封锁等因素是造成纠纷的常见原因。另一方面,邮轮旅游活动包括了海上巡航活动和岸上观光活动,在海上巡航活动中,旅游者在邮轮中仿佛身处一个移动的海上社区,涉及的娱乐活动和设施种类繁多,可能发生的人身损害、消费纠纷等较为常见;岸上观光活动也同样如此。

3.风险敏感性

邮轮旅游是典型的窗口行业,服务对象具有全球性,游客之所以选择跨国境邮轮旅游,目的在于领略邮轮旅游服务独特的魅力,体验不同国家的风土人情。因此,游客往往会综合考虑诸多因素,如物价、政治等以决定旅游目的地。而邮轮旅游纠纷解决往往具有影响大、流传广等特点,若纠纷处理不当,不仅影响他国邮轮游客和潜在游客的信心与期待,也对我国邮轮旅游口碑带来负面冲击,更有可能危及整个国家形象。

(三)行后业务风险的成因

1.不可抗力因素

邮轮旅游活动的正常运转高度依赖于自然环境,台风、大雾、暴雨等恶劣气候影响邮轮的安全运行,国际关系变化,航道、港口管制,邮轮故障等不可抗力因素也可能对邮轮的正常航线造成影响。这些不可抗力因素会导致邮轮延迟开航或航程缩短以及旅游目的地行程被取消或变更,处理不当容易导致游客不满而引发旅游服务纠纷。

2.邮轮旅游者观念不成熟

国外成熟的邮轮旅游者将邮轮视为"旅游目的地",在邮轮上享受休闲、娱乐等服务设施是其主要的旅游目的。而部分国内旅游者倾向于将邮轮作为交通工具看待,过于关注岸上观光部分,忽略了邮轮本身具备的旅游设施和服务。此外,部分旅游者法律观念意识淡薄不了解邮轮旅游的国际惯例,少部分旅游者习惯于以自我为中心考虑问题,在维护自身权益时很少以理性商谈的合法方式解决问题。因此,一旦邮轮航程发生变更或取消,或岸上旅游服务不如预期等,一些旅游者就会产生不满情绪,从而累积形成邮轮旅游服务纠纷风险。还有不少旅游者受社会上群体事件的影响,将"闹事"视为最有效的表达诉求的方式,一些游客形成"按闹分配"的不正常心态,这也是造成邮轮旅游纠纷风险的原因之一。

3.邮轮从业人员应急能力不足

邮轮工作人员的素质和能力在一定程度上决定着邮轮旅游的运营安全。邮轮旅游因航游线路具有跨国性,且服务环节混合多样,对邮轮从业者的安全应急能力要求较高。部分从业人员安全应急管理培训不到位,没有掌握从游客心理角度处置突发事件的技能,缺乏应对突发事件的专业知识与沟通技能,在处理游客人身损害和旅程延误等突发事件时,与游客沟通时的态度、讲话方式等不恰当,极易引发矛盾。另外,在一些不可抗力所造成的减少停靠、晚点等事故后,现场导游及领队缺乏类似事件的处置经验,没有在第一时间安抚游客,为其解释相关的邮轮旅游条款。这些都容易引发游客不满情绪,从而累积产生邮轮旅游纠纷风险。

4.邮轮公司与游客之间沟通不畅

邮轮在决定更改行程时,应该及时履行告知义务,通过及时沟通获得游客谅解。部分"滞船"航次邮轮公司与游客交流不畅,或盲目按照西方模式处理,给中国游客一种敷衍塞责的感觉,游客合理诉求得不到及时处理,酝酿成旅游纠纷风险。在中国旅游市场中,邮轮公司虽然没有直接向旅游者销售船票,但其直接向旅游者提供服务,因此在发生旅游者人身伤害或邮轮停运等情况时,邮轮公司及时地安抚游客、承担责任,对于后续问题的处理会起到关键作用。

5.旅行社缺乏相关经验

不少国内旅行社和邮轮公司为了抢客源,不断以"买一送一"甚至"买一送二"等方式揽客,导致了部分邮轮旅游产品低价低质,而绝大多数的岸上游产品是由旅行社自己组织的,由此导致一系列服务质量问题。旅行社在与游客签订合同时,并未向游客详细解释国际邮轮行业的规定以及其与中国国内社会认知的差异;在处理一些不可抗力所造成的减少停靠、晚点等事故时,普遍缺乏经验。

6.邮轮旅游参与主体责任划分不明确

在邮轮旅游合同关系中,参与主体责任划分不明确,往往导致邮轮旅游服务纠纷和人身损害纠纷处理起来更为困难。国际上邮轮旅游产品的销售主要通过邮轮公司直销和旅行社代销两种方式进行,虽然游客通过旅行社购买邮轮公司的产品,但邮轮公司与旅行社之间是委托代理关系;但在国内邮轮旅游出境业务的实践中,国际邮轮公司通过旅行社销售包括岸上观光在内的邮轮旅游产品,旅行社买断邮轮公司的全部舱位或一次航程的部分舱位,拥有票务的所有权和定价权,邮轮公司和旅行社之间不再是委托代理关系。这种特殊的包船模式,导致邮轮旅游产品的销售、服务过程更为复杂,各主体之间形成了多层合同关系。旅游纠纷发生时,各主体之间容易出现推诿扯皮现象,由此激化游客的不满情绪。

二、行后业务安全与应急管理

(一)建立邮轮旅游行后安全与应急法制

邮轮旅游对于中国市场而言仍然是新兴事物,与之配套的法律法规还不健全,这导致邮轮旅游经营规范和旅游者的合法权益保护等遭遇现实的法律困境。因此,建立和完善邮轮旅游的法律规范,为邮轮旅游行后风险规避和纠纷处理提供法律依据,是降低邮轮旅游行后纠纷风险的有效途径之一。

首先,应完善邮轮旅游经营法律法规,为邮轮旅游纠纷风险提供法律依据。各地可通过邮轮经营法规建设,界定邮轮旅游各利益方的主体责任,切实维护群众利益。如上海市颁布《上海市邮轮旅游经营规范》,用法律条文来规范邮轮公司、邮轮港口和旅行社三者的权利和义务,采取法治手段推动邮轮旅游健康发展。其次,加强邮轮旅游法治宣传教育,引导旅游者和经营者建立法律和规则意识。各级人民政府和旅游行政主管部门在纠纷处理过程中严格执法,确保法律法规得到有效执行。同时加大对邮轮旅游相关法律法规的普法力度,通过新闻媒体工具加强舆论宣传,引导邮轮旅游利益受损方通过合法、合理途径解决纠纷,形成良好的法治氛围。

(二)明确邮轮旅游行后安全与应急主体

为更好解决邮轮旅游投诉难问题,应形成由各级政府牵头,各责任部门共同参与,依法处置矛盾纠纷的协调处理机制。各地区可在邮轮港口成立邮轮旅游纠纷调解办公室、游客维权投诉办公室等,就近、及时、高效处理游客投诉。同时,要进一步明确各部门职责:政府负责邮轮旅游突发事件的应急处置工作,制定应急处置预案;旅游行政管理部门负责旅行社邮轮旅游经营的监督管理,交通行政管理部门负责邮轮码头秩序维护和邮轮公司的监督管理;其他相关行政管理部门也要进一步提高业务能力和水平,按照各自职责做好邮轮旅游管理工作。

(三)建立邮轮旅游行后投诉沟通机制

为避免多元利益主体的矛盾激化,亟须构建分层递进、相互协调的投诉沟通机制来化解邮轮旅游行后风险,为利益受损方提供多途径、多层次、多种类的解纷渠道。首先,应建立有机衔接的邮轮投诉机制,畅通邮轮旅游行后纠纷投诉渠道。目前,邮轮旅游投诉机制存在未与其他调解、诉讼机制进行有效衔接,反馈处理过程缓慢,旅游行政主管部门主动性较弱等问题。因此,需要旅游行政执法部门、调解委员会、仲裁机构及法院建立常态业务协助机制,形成多元衔接的邮轮旅游投诉机制,加强部门间对旅游市场违法违规行为的信息沟通,强化联合执法协调监管的工作机制。其次,畅通邮轮纠纷和解通道,促进邮轮旅游投诉协商和解。由相关职能部门牵头,为邮轮旅游利益方合理选择契合自身的解纷方式提供服务指南,节省时间和经济成本。再次,应建立邮轮旅游纠纷调解法律服务体系,为利益受损方提供法律服务。邮轮旅游行后纠纷风险涉及的法律专业性强、复杂度高,同时还具有一定涉外性,对普通旅游者的法律门槛要求较高。因此,可设置邮轮旅游纠纷调解办公室,设立涉外邮轮纠纷速调绿色通道,法院、旅游主管部门加强对调解组织的业务指导。

(四)完善邮轮旅游保险机制

国外邮轮旅游者在购买邮轮产品的同时通常会购买相应的保险产品,旅途中出现纠纷等相关问题,可通过保险途径解决。但我国邮轮旅游者的保险意识普遍较为薄弱,对于邮轮旅游的风险缺乏清晰的认知,同时也存在侥幸心理,认为已经有旅行社责任险,无须额外购买保险。且大部分游客并不了解如何通过购买保险产品规避风险,缺乏邮轮旅游保险购买和实际操作的经验。

建立完善的邮轮旅游保险制度,不仅可以帮助邮轮旅游公司和旅行社降低纠纷风险,同时也能够为旅游者提供维护权益的合法途径,还可以为保险公司开发新的业务板块。保险公司可与经营邮轮旅游的旅行社建立长期合作关系,设计推出针对邮轮旅游的保险产品体系,理赔范围可涵盖邮轮旅游服务纠纷和人身伤害纠纷,如因不可抗力导致邮轮航线变更、旅途中人身安全受到损害等,游客可通过购买的保险产品向保险公司索赔,以走出邮轮公司、旅行社和旅游者之间多方利益博弈的困境。作为经营邮轮旅游的旅行社,可引导旅游者购买邮轮旅游保险产品,并告知相关保险产品可理赔的情况以及实际操作,向游客说明完善的保险产品体系能够在发生纠纷时维护消费者权益,帮助邮轮旅游者建立保险意识,同时帮助邮轮旅游者建立心理安全感,减少邮轮旅游行后纠纷风险的发生。

 **复习思考**

1.简述邮轮旅游产品的安全风险。

2.阐述邮轮旅游产品全过程安全风险管理体系。

案例分析

案例一:"海洋量子"号邮轮游客"霸船"事件

2015 年 8 月 15 日,第十五号台风"天鹅"自关岛偏东附近洋面一路向西登陆日本海。8 月 22 日,起航前夜十点半,皇家加勒比邮轮公司发布公告通知称,因台风"天鹅"的影响,23 日由上海出发的原计划途中停靠广岛、东京、神户三个港口的"海洋量子"号邮轮,改航韩国釜山和仁川。皇家加勒比公司在宣布航程变更的当晚提出补偿方案:包括选择继续航程的游客,豪华套房及以上级别舱房,每间船舱发放 1600 美元的未来航程抵用券;阳台舱房等发放每间 700 美元抵用券;海景房发放每间 550 美元抵用券,内舱房发放每间 450 美元抵用券。抵用券只适用于皇家加勒比营运的 2015 年 8 月 31 日之后和 2016 年香港、上海、天津出发航线。抵用券在该航次结束后的 30 天内递送至旅行社。不如期出发的宾客,除赠券外,全额退还港务税费。8 月 23 日,从上海港出发,载有 4672 名游客的"海洋量子"号因台风"天鹅"影响,临时将本航次原定停靠港口广岛、东京(横滨)、神户,更改为韩国仁川、釜山。

8 月 26 日深夜开始,游客在船上维权行动不时进行,包括在公众区域进行维权签名活动等。一些游客就通过网络结成了联盟,坚持"维权"到底。部分游客聚集在邮轮公共区域,展示了多张手书的"抗议书""维权联名书",写着"量子侵权,自改海航,霸王条款"等内容。尽管"海洋量子"号在开航前给出了补偿方案,游客对此并不接受,他们联名发出了《致船长的公开信》。8 月 30 日晚上,数百名游客开始在邮轮大厅聚集,船方通过闭路电视反复进行安抚。8 月 31 日凌晨,在结束了 9 天的行程后,"海洋量子"号返回上海吴淞口国际邮轮码头,7 时 30 分左右,绝大多数旅客选择下船并接受了船方的安排。8 月 31 日 7 时 45 分许,近 300 名游客拒绝下船,要求赔偿,多位游客表示,自己是冲着"日本线路"报名的,如今花了上万元只玩了韩国,实在无法接受。最终,船方提出"心意补偿方案",20% 船票价格的未来邮轮抵用券,225～800 美元/舱房的现金返还,全程无线网络免费以及龙虾大餐等,最终补偿方案是几乎按照船票价格的 40%返还。8 月 31 日 13 时 15 分,为了让旅客尽快下船,"海洋量子"号所属的皇家加勒比邮轮公司为旅客预订了酒店。所有旅客离开邮轮,前去酒店继续沟通协商。皇家加勒比邮轮公司表示,他们试图与仍有意见的客人面对面沟通。此次"霸船"事件最终采取的补偿方案是为旅客返还了几乎船票价格的 40％,为了让游客下船,皇家加勒比公司为游客预订酒店,并请求相关部门工作人员予以协助,在多方参与之下开启与游客的协商。在此次"霸船"事件中,皇家加勒比邮轮公司以一项国际惯例回应旅客的不满和诉求,无奈下旅客将矛头指向旅行社索要赔偿,旅行社因此遭受了经济和商业信誉上的损失,对旅行社在行业内的生存和发展产生了一定的不利影响。

（资料来源:刘飞.邮轮公司称游客拒下船为"霸船行为"　多方启动对话机制[EB/OL].（2015-09-01）[2024-07-22].https://china.cnr.cn/xwwgf/20150901/t20150901_519739409.shtml.）

讨论:

1.结合本案例分析讨论产生"霸船"事件的原因有哪些。

2.结合本案例分析讨论"霸船"事件可能产生的影响有哪些。

3.探讨预防以及解决"霸船"事件的有效措施。

案例二:"蓝宝石公主"号纠纷案

"蓝宝石公主"号案被称为中国邮轮旅客公海人身侵权第一案,是我国首例由于旅客在公海遭受人身侵权而提起诉讼的邮轮旅游纠纷,具有较为突出的典型性。2015 年8 月,羊某（7 岁儿童）和其母（羊母）与浙江中旅签订邮轮旅游合同,登上英国嘉年华邮轮有限公司旗下"蓝宝石公主"号邮轮,从上海出发,赴韩国、日本游玩。8 月 5 日下午在邮轮返沪途中,羊某不幸在船上泳池游泳时发生溺水意外,8 月 6 日凌晨船至上海后羊某被送往医院救治。泳池旁设有告示牌,内容包括"无救生员当值使用时请自行承担安全责任;禁止潜水或跳水;16 岁以下孩童若无责任成人监督不得使用泳池",此外并无救生员或监管人员巡视。后经司法鉴定机构鉴定:羊某溺水后致缺血缺氧性脑病,遗留持续性植物生存状态,评定为致残程度一级,属于一般医疗依赖、完全护理依赖。

原告母亲作为法定代理人据此以嘉年华公司、浙江中旅为被告提起诉讼。上海海事法院受理本案后,原告申请撤回对于浙江中旅的起诉获准,法院根据嘉年华公司的申请追加浙江中旅作为第三人。法院最终认定医疗费、护理费、交通费、住宿费、营养费、残疾赔偿金、残疾辅助器具费、住院伙食补贴、鉴定费、精神损害抚慰金和律师费共计 3933040.07 元,判令被告嘉年华公司承担 80％计 3146432.06 元,扣除被告在事故后已给付的 90000 元和先予执行款 150000 元,被告在本案中应承担的赔偿金额为2906432.06 元。

（资料来源:【以案释法】外籍邮轮旅客人身损害责任纠纷的准据法及赔偿责任限额问题研究[EB/OL].（2018-08-31）[2024-03-22].https://www.thepaper.cn/newsDetail_forward_2399933.）

讨论:

1.如果有游客意外落水,船上人员应如何展开救援?

2.针对船上发生的意外事件,船方应如何进行赔偿?

案例三:"海洋量子"号游客摔伤引发纠纷

上海的蒋女士向旅行社购买了"海洋量子"号邮轮的"上海—冲绳—上海4晚5天"旅游产品。回程时,邮轮已靠泊码头,天空下起小雨,蒋女士跟随丈夫从14层露天甲板步入室内船舱时摔倒。监控视频显示,蒋女士手持饮料跟随丈夫先后经过两道自动门进入船舱,船舱内自动门边放有鼓风机且处于工作状态,舱内地砖为防滑地砖;在步入船舱过程中蒋女士未放缓步速或减小步幅。在蒋女士摔倒后,邮轮工作人员立即将她送医治疗并垫付了医疗费用,后经鉴定构成两处十级伤残。

因赔偿事宜协商不成,蒋女士遂将邮轮所属的皇家加勒比RCL邮轮有限公司(RCL Cruises Ltd.,以下简称皇家加勒比邮轮)和浙江国际合作旅行社有限公司(以下简称国际合作旅行社)作为被告起诉至上海海事法院,要求两被告连带赔偿残疾赔偿金、精神损害赔偿等共计27万余元。

蒋女士认为,其摔倒受伤系因舱内地板湿滑所致;皇家加勒比邮轮作为"海洋量子"号的经营人为此次旅游提供服务,在恶劣多变天气情况下有义务保障游客安全;国际合作旅行社作为旅游合同相对方,也应当承担侵权损害赔偿责任。

被告皇家加勒比邮轮辩称,摔倒当日下雨,邮轮露天甲板有水是常事,蒋女士作为成年人对下雨路滑需小心行走以保证自身人身安全,应当具有必要的注意义务,其摔倒在相当程度上是由于自身不注意所致。蒋女士也未能证明被告皇家加勒比邮轮存在过失,邮轮甲板与船舱分隔处铺设地毯,也打开鼓风机用于吹干地面,而且并无其他游客摔倒。

国际合作旅行社则认为,旅行社与蒋女士成立合同法律关系并依法履行了合同义务,蒋女士诉请依据的是侵权法律关系,故其不应被列为本案被告;其次,旅行社仅负责组团,地接社为其他旅游公司,其在本案中也无过错。

法院经审理后认为,被告皇家加勒比邮轮作为公共场所管理人,负有保护原告蒋女士人身安全的安全保障义务,应对旅游过程中可能危及人身财产安全的特殊风险作出提示,但雨天路滑、小心行走是日常生活的基本常识,并非邮轮旅游所特有的安全风险,无须作出特别提示;事发时,被告皇家加勒比邮轮已采取了放置鼓风机用于吹干地面、安排员工在事发地附近拖水等必要的防水防滑措施,但邮轮公共区域游客往来频繁,难免足底带水,要求邮轮采取的措施必须保证每时每刻每寸地面保持绝对干燥并不实际。而蒋女士作为成年人,从室外进入室内,理应在进门时注意减慢步速、擦拭脚底雨水或留心观察地面。从监控记录可以发现,蒋女士从甲板进入船舱后并无谨慎缓行的表现,故主要责任在其自身。当然,皇家加勒比邮轮如果进一步采取放置安全警示牌、增加地毯长度等措施,或可更大程度降低游客不慎摔倒的风险。综合被告皇家加勒比邮轮与原告蒋女士的过错程度,酌定被告皇家加勒比邮轮承担本起事故20%的责任。

法院同时认为,原告蒋女士与被告国际合作旅行社订立了出境旅游合同,国际合作旅行社系组团社,被告皇家加勒比邮轮实际提供了邮轮游览服务,是旅游合同的履行辅助人。原告蒋女士既可以向有责任的履行辅助人要求承担赔偿责任,也可以要求组团社承担赔偿责任。因此,被告国际合作旅行社在被告皇家加勒比邮轮承担责任范围内承担同等赔偿责任。

(资料来源:何易,周晨佳.雨天地面湿滑,行走不慎摔伤,游客自负主要责任,邮轮公司方担责两成[EB/OL].(2019-04-15)[2024-07-20].https://wenhui.whb.cn/third/baidu/201904/15/256128.html.)

讨论:

1.结合本案例分析讨论邮轮服务安全涉及的主要主体有哪些。

2.探讨预防以及解决此类服务安全问题的有效措施。

第七章

邮轮突发事件应急管理

【学习引导】

邮轮旅游是一种高度集中的旅游形式,船上人数众多,涉及船员、游客以及船舶本身的安全。应急管理能够对可能出现的各种紧急情况做好规划和准备,包括火灾、疾病暴发、恐怖袭击等,实现安全保障、预防危险事件、提供良好的客户服务和有效管理邮轮等功能,有助于提高邮轮旅游的质量和安全性,保护游客的权益和利益。本章主要介绍对邮轮突发事件的预备预防、监测预警、应急救援和恢复重建,通过系统介绍邮轮旅游应急管理知识,提高学生面对邮轮突发事件时的应急管理能力。

【学习目标】

1.了解邮轮突发事件的影响因素。

2.了解邮轮突发事件应急预案的编制方法。

3.掌握邮轮突发事件应急处置流程。

第一节　邮轮突发事件预防预备

一、邮轮突发事件的影响因素

邮轮突发事件的发生和变化有其自身规律。从系统论的角度来看,邮轮突发事件是由人的不安全行为、物的不安全状态和环境的不安全刺激以及管理的漏洞导致的。换言之,造成邮轮突发事件的因素包含在"人、物、环境、管理"四大系统内部之中及其相互作用之间。当中任何环节出现问题,都会引发连锁反应,甚至会导致严重的突发事件。因此,可将邮轮突发事件的影响因素分为人员综合素质因素、设备设施因素、环境因素以及管理因素。

(一)邮轮人员综合素质因素

人员综合素质是指一个人的知识水平、道德修养以及各种能力等方面的综合素养。它是造成邮轮突发事件的关键因素,很多突发事件都直接或间接与人的因素相关。在邮轮旅游业,人员综合素质未达到相关要求和标准,容易引发突发事件。根据对以往事故的分析,大部分邮轮突发事件都是由人为因素引起的,所以要对邮轮突发事件风险因素中的人员综合素质有全面的认识和提取。邮轮人员综合素质因素主要划分为船员因素、游客因素以及邮轮旅游其他从业人员因素。

1.船员因素

从船员岗位类别来看,船员因素包括邮轮管理者和普通船员两个方面;从船员综合素质内涵来看,船员因素包括人员知识水平、道德修养以及业务能力。例如,船长管理水平,普通船员业务能力、沟通能力、责任心及安全意识等都是邮轮突发事件的影响因素。其中,邮轮管理者既要懂得邮轮驾驶操作,又要具备文化、气象等相关知识。普通船员的综合素质直接关系到邮轮航行的可靠程度,继而关乎邮轮旅游安全;同时邮轮旅游中船员与游客的沟通、靠泊港口时船员与不同国家工作人员的沟通,都需要船员具备一定的语言表达能力和沟通技能。

2.游客因素

邮轮旅游在我国属于新兴的旅游方式,很多游客是第一次乘坐邮轮出国观光旅游,往往对邮轮安检规定、登离船要求、航行中的规则、意外事故发生时的自救指南并不熟悉。在邮轮突发事件发生时,经验不足、自我约束能力不够、规则意识不强,容易成为不稳定的因素,严重时导致群体性非理性行为的发生,例如集体"霸船"。因此,游客也是邮轮突发事件的关键影响因素。

3.邮轮旅游其他从业人员因素

港口监管人员、旅行社从业人员等邮轮旅游其他从业人员的安全观、安全管理意识、道德素质、职业素养、日常工作状态及业务能力等,同样对邮轮旅游安全起着至关重要的作用。

(二)设备设施因素

邮轮设施设备因素主要划分为船舶和港口设备设施两方面因素。

1.船舶因素

邮轮安全船舶设备设施主要包括:(1)救生艇,用于紧急时从船上疏散邮轮旅游者和船员的小型船只,邮轮上一般会配备足够数量的救生艇;(2)救生圈和救生衣,救生圈是一种浮力设备,可以帮助人们在水中浮起,救生衣是专门设计的防水设备,可以提供额外的保护;(3)救生筏,一种充气式救生设备,可以容纳多人,提供浮力和保护;(4)灭火设备,包括灭火器和消防栓等,用于控制和扑灭火灾;(5)漂浮救生设备,例如救生浮筒、救生梯等,用于在紧急情况下逃生或提供额外的浮力支持;(6)抗倾覆设备,例如稳定翼和侧推装置等,用于保持船只的平衡和稳定,以防倾覆;(7)船载监控系统,用于监测船舶的状态和各种安全指标,包括火灾报警、泄漏报警、水深测量、气象监测等;(8)导航和通信设备,包括雷达、GPS、无线电通信设备等,用于确保船只在航行中的定位和安全;(9)舱门防水设备,用于保持船只舱室密封,以防止舱室进水;(10)漂海信号设备,例如发射器和信号灯等,用于传达求救信号;等等。类似设备的数量、质量、可用性和易用性等对邮轮安全产生重要影响。

2.港口设备设施因素

邮轮安全港口设备设施主要包括:(1)港口安保系统,包括视频监控、进出港口的安全检查设备等,以确保港口内外的安全监控;(2)码头设施,如栏杆、防护网、灭火器、指示标志等,用于确保邮轮停靠时的安全;(3)港口设施,如泊位和标线,确保邮轮停泊时的安全,同时还应配备消防设施、供电设备、供水设备等,以应对可能出现的突发事件;(4)安全通信系统,包括广播系统、对讲机、呼叫系统等,以确保港口与邮轮之间的紧急通信畅通;(5)安全检查设备,包括金属探测器、行李检查机、X光机等,用于对进港和出港的人员、行李、货物等进行安全检查;(6)环境监测设备,包括气象设备、海洋监测设备等,用于对港口周边的天气、海洋状况进行监测,确保邮轮安全进出港口。为确保船舶及港口安全,港口管理部门需要加强对设备的维护和更新,并且进行定期的安全演练和培训,提高港口人员的应急处理能力。

(三)环境因素

1.气候条件

恶劣的天气条件,如风暴、飓风、大浪等海洋环境因素可能导致邮轮遭遇航行困难或船体受损。具体影响因素包括:

(1)风速和风向。强风和风向的突然变化可能会对邮轮的操纵产生较大影响,特别是在开放水域或狭窄的海峡等区域,可能会出现风暴和巨浪,给邮轮造成危险。

(2)浪高。高浪和巨浪可能导致邮轮失去平衡,造成倾斜或倾覆的危险。

（3）降水。暴雨、冰雹和雪等极端降水天气条件可能影响视野和邮轮的航行能力，增加航行的困难。

（4）海浪和洋流。海浪和洋流的流向和速度会对邮轮的航行产生影响，如逆风、逆流等可能使得船只的航行速度减慢。

（5）雾。大雾天气可能影响视野，导致船只在海上迷失方向或碰撞到其他船只或障碍物。

（6）雷暴。雷暴天气可能对导航和电子设备等船只设备产生干扰，也可能导致火灾风险增加。

（7）温度和海况。极端高温或低温可能对船只设备的性能造成影响，海况的变化可能会给邮轮带来不稳定的环境。

2.水文地理条件

水深、海水流速、航道宽窄等水文地理因素可能会影响邮轮的航行安全。具体影响因素包括：

（1）海底地形和水深。海底地形、潮汐和水深都会影响到邮轮的航行安全，如海底礁石、浅滩等障碍物对船舶安全构成威胁。

（2）海岸线地理条件。对于邮轮的安全航行来说，海岸线的地理条件也非常重要，如港口的布局、港口的水深、潮汐等因素都会影响到邮轮靠港的安全性。

（3）海洋水温和海况。海洋水温和海况对于邮轮的航行安全具有重要影响。水温过低可能导致冰冻等问题，海况恶劣可能引发巨浪等风险。

（4）航道和航标。航道的宽度、深度以及航标的存在与否都会对邮轮的航行安全产生影响。航道的宽度和深度问题可能对船只的航行造成影响，而缺乏航标会增加航行的困难度。

3.海上安全环境

海盗、恐怖袭击等海上安全问题是邮轮安全的重要威胁。具体影响因素包括：

（1）海盗袭击。某些海域存在海盗活动，邮轮在这些区域航行时可能会受到袭击。海盗袭击可能导致人员伤亡、劫持、财产损失等安全问题。

（2）海上交通拥挤。部分海域的航道交通密集，各种船只相互穿行，增加了船舶碰撞的风险。邮轮在这些海域航行时需要密切注意和遵守交通规则，以减少碰撞事故的发生。

（3）偷渡和非法移民。部分海域存在偷渡和非法移民的问题，这些人员可能会试图通过船只潜入他国境内，可能会对船舶的安全和旅客的安全产生威胁。

（4）恐怖袭击。在一些海域，恐怖主义活动可能对航行船只和邮轮的安全产生威胁。恐怖分子可能会试图袭击邮轮上的旅客或对船只进行破坏。

（5）搜救和救援能力。某些海域的搜救和救援能力有限,邮轮在这些海域发生事故可能难以及时获得救援。这可能会导致搜救行动延误或无法有效进行。

4.港口和海岸设施

良好的港口和海岸设施保障了邮轮的停靠、补给和紧急撤离等安全需求。具体影响因素包括:

（1）港口通道和导航设施。包括港口进出口的航道条件、水深和水文条件,以及航标、导航设施的完善度和可靠性。

（2）港口服务设施。包括旅客和船员的船舶登船检查、行李安检、旅客便利设施（如候车室、停车场、餐饮、购物等）,以及港口与岸上城市的交通连接和旅游资源等。

(四)管理因素

（1）船东和船务公司的管理水平。这主要包括公司内部的管理体系、安全文化以及对安全的重视程度。

（2）船员的培训和素质。船员的专业素质对船舶安全具有重要影响,他们需要接受相关培训,掌握应对突发事件的技能。

（3）船舶维护和设备管理。船舶维护和设备管理的良好条件能够确保船舶的正常运行和安全。

（4）船舶安全设备的配备和维护。包括船舶消防设备、救生设备、通信设备等的配备和保养情况。

（5）航行规章制度的遵守和执行。船舶需要遵守国际航行规定和本国法律法规,确保船舶的安全航行。

（6）应急管理和灾害预防。船舶需要具备应急预案和紧急救援能力,以处理突发事件或灾害事故,保障邮轮旅游者和船员的安全。

（7）通信和信息技术的使用。良好的通信和信息技术的使用可以加强船舶与岸上机构之间的联络和信息传递,提高船舶的安全性。

（8）天气和海况的监测和预警。船舶需要及时监测和预警天气和海况,确保船舶在恶劣天气条件下采取相应措施,确保船舶的安全。

（9）安全审计和监督机制。船舶需要接受各级安全审计和监督,确保船舶的安全运营。

（10）海域调度和管理。包括港口所在海域的航行安全管理、船舶交通管制、海上监控等措施,以及与其他港口和船舶的协调沟通机制。

（11）法律法规和监管体系。包括港口所在国家或地区的邮轮安全监管制度、邮轮安全标准和规范,以及相应的执法和检查机构的运行情况。

二、邮轮突发事件预防预备系统

(一)法律保障系统

完善的法律法规是邮轮旅游保障体系的重要基础,法律保障系统构成要素主要有政策、法规、标准、条例和规章制度,如《中华人民共和国旅游法》《旅行社管理条例》等,既通过颁布实施法律法规引起企业、游客的警觉与关注,同时也通过强制性措施与手段保护了游客安全。类似地,政府应完善邮轮旅游法律保障体系,构建良好的法治环境。

(二)教育宣传系统

加大对游客的教育宣传力度是邮轮旅游安全保障体系的重要的一环,使游客清晰认识到邮轮旅游的危险因素,是游客开展邮轮旅游活动的重要前提。旅游行政部门、企业可通过电视媒体、报纸、杂志等宣传媒介,播放邮轮旅游安全事故让游客从中汲取经验教训,还可以开展游客安全知识培训,宣传安全常识,强化游客安全意识。同时,可构建企业安全知识网站,满足游客了解相关安全知识的需求。

(三)风险预警系统

风险预警系统的建立有利于正确、及时地反映即将发生的事故和风险,有利于管理者及时地对即将发生的风险采取措施,减少事故带来的危害或规避风险。邮轮旅游风险预警系统主要有预警信息收集系统、信息决策系统和信息发布系统。信息收集系统主要负责有关气象气候预报,海上交通、海上治安预报信息等;信息决策系统主要是根据所收集来的信息进行分析与预测,最后决定是否发布信息及发布什么信息;信息发布系统用于发布决策相关信息。

(四)事故救援系统

事故救援系统是邮轮旅游安全保障体系最重要的系统之一,事故救援是否及时、正确直接影响着邮轮旅游安全事故所产生后果的大小。事故救援系统应包含由政府牵头成立的旅游救援指挥中心,下设领导机构负责对事故救援的统一指挥,专家小组负责制订救援方案,救援小组负责开展救援行动,综合协调部门负责协调卫生、交通、公安、旅游等部门,各部门同时设立专门的负责机构与人员,与指挥中心保持紧密联系。

(五)安全管理系统

邮轮旅游安全管理系统包括制度管理、技术管理系统。制度管理即通过制定有关安全管理制度来减少与控制邮轮旅游事故的发生,如制定旅游安全规划,建立旅游安全事故应急预案等。技术管理是指通过先进的科学技术提高安全监管的能力,如利用监控设备对邮轮进行监察,掌握邮轮动态,排除安全隐患。

(六)旅游保险系统

根据邮轮旅游的特点,邮轮旅游相关行政管理部门应引导保险类市场主体构建包含旅行社责任险、旅游人身意外险、交通工具意外伤害险、旅游救助保险等险种的邮轮旅游保险体系,为邮轮旅游经营者和旅游者提供保障。

第二节　邮轮突发事件监测预警

为了保障邮轮的正常运转,仅通过邮轮突发事件的风险识别、风险评估还不够,还需要进一步对邮轮突发事件进行风险预警,提前防范风险。因此,需要明确突发事件的预警过程及预警机制,并在此基础上对预警管理系统进行设计,从而保证预警的科学性和系统性。

一、邮轮突发事件监测预警概述

目前,国内学者从不同学科背景对突发事件预警进行了研究,主要可归纳为心理学、信息传播学、管理学等学科,研究的对象主要集中于突发事件预警机制、预警指标、预警系统、应急救援、舆情监控、信息沟通、社会心理预警、灾后恢复等方面。

(一)监测预警的功能和作用

邮轮突发事件风险预警通过事前主动监控、预防,来管控风险,提前做好应急准备,减少突发事件造成的影响;构建突发事件系统管理体系,将分散的风险集中管理;将静态的突发事件风险评估转变为实时的动态管理方式。

(二)预警的类型

预警主要有两种情况:一是对可能发生事故及灾害的区域发出预测和预警信息,防止或避免事故发生;二是对已经发生的事故发布报警信息,减少事故损失,保障人们生命财产安全,控制其发展。

邮轮突发事件监测预警系统通过对邮轮运行管理相关的气候气象、地质地貌、游客数量、服务设施和社会状况等进行监测,获得相关数据,来预测邮轮旅游中存在的安全隐患,对邮轮旅游发出预警信号。

二、预警机制

学者们从不同角度对突发事件预警机制进行了界定,祝江斌和王超(2007)认为可以将预警理论应用到社会上重大突发事件的防控中,并因此针对性地提出了突发事件预警管理的模式。秦训华(2012)以完善城市社区应急管理体系为导向,在对风险预警平台需求情况详细分析的基础上,包括总体功能需求、用户需求、部分子系统功能需求和平台性能需求的分析,构建了符合用户需求的城市社区标准化风险预警平台。陈德豪等(2007)对城市居民区突发事件预警和应急响应进行了研究,主要涉及预警与预报、应急预案的设计与准备以及不同预警等级对应的应急处理程序。

综合学者们的界定可知,预警机制是指需要事先发布警告的制度,是由能够及时提供警示的机构、制度、网络以及措施而构成的预警系统,能够实现信息的超前反馈,提前防范风险。

三、预警系统

(一)预警系统的概念

学者们从不同角度对突发事件预警系统进行了探讨,申稳稳等(2008)建立了一个突发事件综合监测预警系统,包含三个子系统,即信息收集和动态监测子系统、预警评估子系统、事件上报处置及信息发布子系统。吴叶葵(2006)通过研究突发事件预警系统中的信息沟通与服务等内容,提出了基于案例推理的预警分析方法。武中婧(2010)从专用铁路运输出发将安全管理科学、安全决策理论与信息技术相结合,构建了集安全信息采集、传输、处理、评价、预警、决策支持于一体的专用铁路安全预警系统。李汝亮和杜军平(2009)提出了旅游突发事件预警系统,并对该系统的实现框架进行了详细的介绍,并通过实例验证了该框架的可应用性。

综上,突发事件的风险评估与预警已经成为学术界关注的焦点,学者从不同学科背景对突发事件风险评估与预警各个层面进行了系统讨论,取得了丰硕的研究成果,为政府及相关单位进行突发事件风险评估及预警提供了坚实的理论基础。然而,目前关于突发事件风险评估与预警的研究对象主要集中在机场、地铁站、车站、煤矿等突发事件高发地区,较少以邮轮为对象进行突发事件风险评估与预警研究。此外,多数学者未将风险评估与预警放在一起进行系统化的预警管理研究,导致风险评估与预警各一套指标,给理论研究和实际操作带来较多不便。

(二)预警系统的过程分析

邮轮突发事件预警系统分为明确警情、寻找警源、分析警兆和预报警度四大部分。

1.明确警情

可以从两个角度来分析邮轮突发事件的警情:一是描述突发事件警情严重程度的警度,二是研究构成突发事件警情的各项指标。可以将突发事件警度划分为:巨警、重警、中警、轻警以及无警五大等级。其中,突发事件无警情又称为安全警限。关于突发事件警情的各项指标的警限度量需要通过专家评估、历史分析以及运用数学方法来综合确定。对于警限指标的具体衡量要根据邮轮突发事件风险变化的实际情况进行修订调整。当警情指标的实际发生值不在无警安全警限范围内的时候即表明出现了警情,需要做好相应的预警应急准备。

2.寻找警源

突发事件的警源即警情产生的原因,可以分为三类:一是自然因素所造成的警情,二是内生机制所造成的警情,三是外部因素所造成的警情。

3.分析警兆

突发事件的警兆即突发事件警情爆发的前兆。分析突发事件的警兆也是预警过程中非常重要的环节之一。从突发事件警源出现到警情产生的过程会有警兆出现。一般情况下,一个警情的指标会对应较多个警兆指标,而一个警兆指标也有可能对应多个警情指标。警情指标发生之前,一定会有警兆,警兆和警源之间可能是直接关系,也可能是间接关系。

抓住警情产生的源头,从警源入手来确定警兆,也可以通过经验分析判断。通过进一步分析警兆及其对应的报警区间,可以提前预报警情。此外,明确警兆之后需要进一步分析警情与警兆之间的数量关系,找到警情当中警限对应的警区。与警情相对应的警兆的警区也划分为五大类:无警警区、轻警警区、中警警区、重警警区以及巨警警区,最后根据警区进行警度的预报。

4.预报警度

预警的目的是提前进行警度预报。为了提高警度预报的准确性,可以结合专家咨询、经验分析等方法来综合确定。通常采用定性与定量方法相结合的方式,并根据警兆的实际变化情况,及时修正调整警兆的报警区间与警限之间的关系。

(三)预警系统的构成

邮轮突发事件预警管理系统由风险识别、风险评估、风险预警及风险治理四大部分构成。风险识别是邮轮突发事件预警活动的基础,也是整个预警管理系统运转的前提。风险识别是从系统安全角度出发,对邮轮运转过程中涉及的风险因素进行分析,找出主要危险源并进行综合风险评估,根据评估结果判断是否需要风险预警。按照明确警情、寻找警源、分析警兆、预报警度的顺序进行风险预警。根据警度高低采取合理预警对策,以降低风险并规避损失。

四、应急预案

(一)应急预案的种类

在情况多变的海上,为应对可能发生的海事,应该居安思危,预先针对典型海事,吸取以往海事的经验教训,事先定出邮轮的应变部署预案,以备训练与应急之需。一般情况下,邮轮的应急预案有:

1.消防预案

根据邮轮所处在航与停泊(含靠泊、系浮,锚泊等)两种情况,分别有港内停泊时值班船员灭火部署与航行中船员灭火部署。

2.堵漏预案

针对邮轮航行中因碰撞、触礁等致船体破损进水的情况而制定的使邮轮保持其浮性及不沉性的预案。该预案通常由大副直接指挥,由甲板部人员与轮机部人员执行。

3.人落水救生预案

通常在值班驾驶员直接指挥下,由甲板部人员执行。

4.弃船预案

弃船是在邮轮自救已经无效、外援救助已不可能的情况下,为在最后关头实施船员自救,保存邮轮海事资料而采取的重大行动,该决定由船长作出并对之负责。弃船求生预案包括离船时的任务及放救生艇、筏两部分内容。

5.综合应急预案

邮轮若遭遇其他事故,如海盗袭击、战争等情况,应执行邮轮守卫预案及人员救助预案;尤其在客轮上应执行更为严格的守卫部署与旅客救护预案,以确保旅客生命安全,当邮轮因海事导致严重险情,如碰撞后导致大量进水、起火爆炸、人员落水等,除上述应急预案需要执行之外,总指挥还应启动综合预案,全面调整和安排人员,制订周密计划,以应对当时的严重局面。

(二)应急预案的制定原则

每一艘邮轮,不论其种类、大小,均应制定针对各种事故的应急预案。船上的所有管理人员应按预案的要求,模范地完成自己所承担的应变任务,并督导下属人员严格按应急预案实施演练,共同完成应急处置任务。按照邮轮实际情况科学制定的应急预案,既是邮轮应变演习的根据,也是邮轮一旦发生海事采取相应应变措施的实施大纲,应该得到每个船员的信守。

1.坚持从实际情况出发

特别要结合本船的邮轮条件、船员条件、容货条件以及航区自然条件,来具体制定符合本船实际情况和条件的应急预案,注意防止生搬硬套、教条主义与文牍主义倾向。必须明确,不结合邮轮具体的设备条件、不结合船员数量及素质条件、不结合邮轮承载的货物及旅客条件、不结合邮轮航区自然条件所编制的应急预案,不但无益反而有害,而且常会导致严重后果。

2.坚持明确的目标

无论是对应变演习,还是发生海事时采取的应变措施,应急预案都具有指导作用。强调应急预案在编制时要坚持明确的目的性,就是强调其指导作用,强调"假戏真做",强调演习的效果和质量,而且要强调从严从难从实际应变需要出发的反复演练的必要性及重要性。简言之,一艘邮轮在建造时,即使按照各项国际公约规范配备了完全符合标准的各项设备和相应系统,但在编制应急预案时却未坚持明确的应变目标,演习时马马虎虎、敷衍塞责、嘻嘻哈哈,真遇到紧急变故时,就会漏洞百出,贻误大事。

3.坚持居安思危的观点

根据"安全第一,预防为主"的指导方针,编制应急预案要始终按照"凡事预则立、不预则废"的思想,从最坏处着想,从最困难情况着眼,对方案实施、设备使用、人员组织乃至采取的行动,均应进行周密细致的预案安排。

(三)应急预案编制要求

1.合理分配人员

应急预案应一目了然地将应变时须完成的专门任务指派给每个船员,并提出明确而详尽的要求,做到每个人都明确自己在相应种类的应变中应该做什么和应该怎么做。这就要求编制应急预案时,按照设备使用的逐个环节,根据邮轮实有的船员人数、技术特长、担任职务、实际能力甚至年龄作出最合理的安排,以便能准确迅速地进行各应变任务项目。通常,船长、政委是正、副总指挥;大副、水手长是消防、堵漏工作的现场正、副指挥员;放艇时先进入艇内的两人应是技术熟练的一级水手;驾驶员(大副、二副、三副)应任各救生艇艇长;轮机员或熟练机匠应任机动艇机器操纵员;管事及船医应为救护队的正、副队长等。

2.被指派人员职责明确

合理分配的人员不但应从应急预案了解自己分担的任务,同时应明确自己必须到达的指定位置、携带何种指定必带的工具及物品。具体职责应明确记入应急预案相应栏目中,以保证应变部署准确迅速、有条不紊地实施。真正做到一旦收到启动应急预案信号,每个船员立即按任务要求携带自己应带的器材、工具及物品,以最短路径迅速到达指定位置,按职责要求完成应急处置规定的任务。

3.规定统一的应变信号

应急预案应明确规定各种应急处置的识别信号,考虑到要使邮轮不同处所的各个船员及时收到该应变信号,船上通常采用汽笛、钟声或铃声等声响信号发出,均由驾驶室加以控制。我国海船应变信号统一规定如下。

(1)消防。警报器或汽笛短声连续1分钟。另以船钟一阵急敲后,击一响表示船前部;击两响表示中部;击三响表示船尾部;击四响表示机舱;击五响表示上甲板失火。

(2)堵漏。警报器或汽笛两长声一短声,连放1分钟。

(3)人落水。警报器或汽笛三长声,连放1分钟。

(4)弃船。警报器或汽笛六短声一长声,连放1分钟。

(5)综合应变。警报器或汽笛一长声,连放30秒。

(6)解除警报。警报器或汽笛一长声6秒,或以口令宣布。除短程国际航行的客船以及船长小于45.7米的货船外,上述信号尚用电动信号予以补充。SOLAS规定通用紧急报警信号为发出七个或七个以上的短声再接一长声,并要求在全船所有船员的起居处所及正常工作处所均能听到该紧急报警信号。

4.应急预案制定时间

目前,邮轮应急预案通常由邮轮所属公司的海监部门根据本公司邮轮现状、特点以及航区统一加以制定。但统一制定的应急预案往往难以适合每一艘邮轮,因而各船的船长及大副应按照本船的特点(邮轮的现状、设施的配备、人员的编制、航行的区域等)予以全面考虑,并对应急预案做适当的修订,而且应在船出航之前制定或修订完毕。当然,无须在每个航次之前,特别是本船情况无变化时去修订应急预案;但如存在船员变动较大等新情况时,则应重新予以考虑并做适当调整和修订。重新修订后的应急预案应分发在诸如驾驶室、机舱、会议室、餐厅、主要通道等处。

5.应急预案格式

目前,尚无国际统一的应急预案格式,因此,只能由各公司依据 1974 年《国际海上人命安全公约》有关规定自行确定应急预案格式,客船的应急预案格式应得到有关主管机关,即港务监督的认可。

(四)应急预案编制方法

1.按邮轮的航泊状态编制

邮轮的营运状态通常可分为在航与停泊两种状态,因而应急预案可按"航行途中""停泊"两种状态编制,如途中驾驶室值班、途中机舱值班及两处应变的固定人员,综合应变部署、人落水救生部署、弃船救生部署均属在航状态下的部署。而港内停泊时的消防部署则为停泊状态下的部署。在编制停泊状态下的应急预案时,应从停泊客船值班人员的实际情况出发。在确定离船人员名单时也应考虑到该部署的实际需要,以免出现人员不能按部署到位的局面。

2.按应变种类编制

在综合应变部署中也可将人员组成消防队(内含灭火、隔离两个部分)、堵漏队、守卫救护队,并将其一同列入应急预案中。此外,人落水救生、港内停泊消防应急处置以及弃船救生部署(内含放救生艇、离船两个部分)则可分别编制相应预案。

3.全体船员编号

根据船员在船任职情况进行编号(即使从事同样职务,如机匠、一水、二水、客船的服务员等应分别予以编号),是在船员变动时仍能遂行各应变部署的组织保证。船员编号表应随时保证做到:所有在航船员中无未编号的船员;所有各应急预案中执行人栏目标注的号码,均有对应的船员人选。全体船员编号表应专列于邮轮应急预案中最先的位置。

(五)应急预案的内容

应急预案的重点应放在具体任务及其执行人的安排上,明确每个船员在应急管理中应携带的设备、器材及工具,应奔赴的现场及岗位,应完成的任务与职责。根据 1974 年《国际海上人命安全公约》1983 年修正案第三部分第三章有关规定,任务栏目中应包括船上水密门、防火门、阀门、流水孔,船舷小窗、天窗和其他开口的关闭;救生艇筏和其他救生装备的准备工作;救生艇筏的收放;集合旅客;通信设备的使用;配备消防人员;指定使用消防设备及装置的专门任务给专人;指定关键岗位人员负伤后的替换人,以及保证救生设备处于完好状态的负责人。在客船上还应指定服务部门的船员向旅客告警,并维持正常的客运秩序;指导、帮助并检查旅客穿着救生衣,引导旅客迅速有序地走向相应的救生艇筏等。

第三节　邮轮突发事件应急救援

一、邮轮突发事件应急处置流程

(一)信息报送与共享

1.信息报告制度

突发事件发生后,现场有关人员要立即向上级负责人和应急指挥部办公室报告。上级负责人接到报告后,应在第一时间组织应急处置,同时向上级部门及负有相应管理职责、提供救助服务的有关单位报告。应急指挥部办公室接到突发事件报告后要立即报告应急指挥部。

2.信息报送时限

根据突发事件的级别,在应急预案规定的时限内进行信息报送。例如,重大、特别重大突发事件发生后,力争电话报告时间不超过 15 分钟,书面报告时间不超过 30 分钟;较大突发事件发生后,力争电话报告时间不超过 30 分钟,书面报告时间不超过 45 分钟;一般突发事件发生后,电话报告时间不超过 60 分钟,书面报告时间不超过 90 分钟。此外,收到应急指挥部办公室、负有相应管理职责及提供救助服务的有关单位要求电话核报的信息,电话反馈时间力争不超过15分钟,书面报告时间不超过30分钟。

3.报告方式及内容

根据突发事件的演变,突发事件"信息报送"主要有三种方式。

(1)口头报告初步情况。包括事件可能造成的人员伤亡、财产损失情况,事件发展态势,事发地地理位置、周边环境等,以及应急指挥部办公室、负有相应管理职责及提供救助服务的有关单位要求初步核报的内容。

(2)书面报送基本情况。邮轮突发事件应急指挥部必须严格按照信息报送时限要求,向上级主管部门书面报送突发事件基本情况,包括时间、地点、事件经过、已造成的后果、先期处置情况、现场处置级别最高负责人等。

(3)跟踪报告处置情况。邮轮突发事件应急指挥部必须根据事态发展随时向上级主管部门报告突发事件处置进展情况。

(二)先期处置

邮轮突发事件应急指挥部在突发事件发生时,应当在第一时间启动应急响应,组织有关力量进行救援,尽力防止危害扩大,并按照规定将突发事件信息及应急响应启动情况报告上级部门及负有相应管理职责的有关单位。

负有相应监管职责的单位(部门)收到突发事件信息后应及时组织救援力量赶赴现场,采取措施组织协助邮轮突发事件应急指挥部开展先期处置工作。

(三)应急响应

根据事件可能造成的人员伤亡、财产损失情况,可将应急响应方式分为不同的级别,如分为Ⅰ级(一级)、Ⅱ级(二级)、Ⅲ级(三级)、Ⅳ级(四级)等。发生特别重大突发事件后,启动Ⅰ级应急响应;发生重大突发事件后,启动Ⅱ级应急响应;发生较大突发事件后,启动Ⅲ级应急响应;发生一般突发事件后,启动Ⅳ级应急响应。启动相应级别的应急响应后,指挥部应组织有关部门(单位)和专家对突发事件及其发展趋势进行分析研判、综合评估,并向各应急成员单位发布启动相关应急程序的命令。有关应急成员单位启动相应应急预案,全力以赴开展突发事件处置和救援,积极做好救援处置工作。

(四)现场指挥部

现场指挥部按照国家应急指挥部授权组织制定并实施现场应急救援方案,协调、指挥有关单位和个人参加现场应急救援,参加突发事件现场应急救援的单位和个人应当服从现场指挥部统一指挥。

(五)指挥协调

现场指挥部负责现场应急救援的指挥,具体指挥协调以下内容。

(1)根据现场救援工作需要,成立应急工作组,指挥各部门各单位参与突发事件救援。

(2)组织制订应急救援和防止突发事件引发次生灾害的方案,向各工作组下达工作任务。

(3)各工作组按照工作任务制订工作方案,各部门(单位)应服从工作组牵头单位指挥,工作组及时向指挥部汇报救援工作情况。

(4)根据应急需要,决定依法征用有关单位和个人的设备、设施、场地、交通工具和其他物资。

(5)及时向上级部门报告应急救援处置和事态评估情况,落实上级应急指挥部有关决定和指示。

(六)处置措施

按照突发事件类别和处置工作需要,现场指挥部成立相关应急工作组采取一项或多项处置措施。

1.应急处置

现场指挥部根据情况组织有关专家,初步评估突发事件后果和事态发展状况,迅速制订人员搜救、险情排除、危险源控制等应急处置方案,合理调配专业人员、抢险装备和应急物资,并根据需求及时调整和补充,采取紧急处置措施。

2.人员疏散

现场指挥部根据突发事件特点,明确疏散撤离的范围和方式,邮轮及海事、口岸、公安等部门按照各自职责,配合做好人员疏散以及疏散集合点的治安管理、医疗卫生、物资保障等工作。

3.现场管制

邮轮相关部门按照职责做好突发事件现场管制,相关单位做好配合工作。

4.医疗卫生救援

卫生计生部门负责组织紧急医疗救护和现场卫生处置工作,并根据需要,向上级卫生部门请求派出有关专家和专业防治队伍进行指导和支援。

(七)响应升级

已经采取的应急处置措施不足以控制事态发展,邮轮应急指挥部应及时报告上级应急指挥机构,建议启动更高级别的应急响应。

(八)信息发布

发生较大以上突发事件时,政府宣传部门负责协调和指导有关部门(单位),在启动应急响应2小时之内发布突发事件基本信息。随后发布初步核实情况、政府处置措施和公众防范措施等,并根据突发事件处置情况做好后续发布工作。

(九)应急结束

突发事件应急处置工作结束后,或相关威胁和危害得到控制、消除后,邮轮突发事件应急指挥部提出建议,由宣布启动应急响应的单位决定终止应急响应。

二、典型邮轮突发事件应急处置方式

(一)邮轮失火和爆炸

火灾可能是邮轮面临的最大危险,大型邮轮内部结构复杂、人员复杂,一旦发生火灾极易引起群体性恐慌,从而造成重大生命和财产损失。在大多数情况下,船上的船员能够对紧急情况作出专业反应,尽可能降低对船舶、船员、邮轮旅游者的影响。但因火灾而导致的邮轮旅游者、工作人员的伤情救助较为困难,原因在于邮轮上的紧急医疗资源无法与陆地救援比拟,停靠码头救治火灾伤员必然导致邮轮偏离原计划航线,可能因影响其他游客的正常行程而造成较大损失。

1.邮轮灭火行动遵循顺序

(1)查明火情

现场指挥应指挥灭火人员尽快查明火灾的性质、火场周围情况,以便确定合适的扑救方案,使用适当的灭火剂和正确的扑救方法。

(2)控制火势

在探明火情的基础上可立即展开灭火行动控制火势,可疏散、隔离火场周围的可燃物,喷水降低火场周围的温度,切断电源,关闭通风,封闭门窗等,防止火势蔓延。

（3）组织救援

设法及时解救被火灾围困的人员及伤员，将其转移至安全地带。

（4）现场检查清理

大火被基本扑灭之后，应及时清理、检查现场，发现存在或可能存在的余火和隐蔽的燃烧物，防止死灰复燃。

2.邮轮火灾应急处理方式

（1）火情发现者应立即用快捷可行的方式报警，并用就近的灭火器材尽力扑救。

（2）航行中，驾驶台接到报警后应立即发出消防警报，全体船员应立即按应急预案规定的分工和职责就位，服从现场指挥的统一调度。

（3）船长应根据具体情况决定灭火方案，并对是否可能引起爆炸作出判断。

（4）在确认着火舱室无人时，应关闭其通风口及一切开口，停止通风，切断通常火场的电源，将火源附近的可燃物转移，控制火势。

（5）航行中应将火场置于下风或顺风航行或停船，在港内时应立即停止货物作业，视具体情况做好拖带出港的准备。

（6）使用二氧化碳、蒸汽等大型灭火设施灭火时，在施救之前应确保现场人员全部撤离，封闭现场，然后按现场指挥的命令正确地操作和施救。

（7）保证人员安全。如有人被困火场，应采取救助措施，还应将其他旅客转移至安全区域，防止有人跳水逃生。

（8）按规定向有关主管机关或沿岸国报告，当判断自力灭火无望时，应尽早请求消防援助或做好弃船准备。

3.船舶常用灭火方法

火灾的发生离不开"燃烧三要素"，即可燃物质、助燃物质和火源。灭火的方法就是针对三要素采取的冷却法、隔离法、窒息法等。

（1）机舱火灾

应以喷雾水枪掩护灭火人员；可打开机舱天窗排放机舱内的热气和烟雾，防止灭火人员被浓烟和巨大的热浪包围；因火势猛而无法进入机舱灭火时，可尝试从地轴弄或管弄的应急逃生口进入，往往机舱底部的温度和烟雾较轻，且易于接近火源；使用二氧化碳固定灭火系统时，必须先撤离一切人员，再封闭一切开口，然后快速一次性施放足量的灭火剂。

（2）货舱火灾

扑灭一般货船的货舱火灾时，如使用二氧化碳固定灭火系统，应首先关闭舱盖、通风及所有开口，然后一次性施放足量灭火剂，但不能轻易开舱，防止复燃。对黄麻、棉花等类物质的燃烧，至少要在灭火后48小时才能开舱。如使用水灭火系统，应估计大量注水后船舶损失的浮力和稳性。

（3）起居室火灾

首先查明是否有被困人员，如有则设法施救；迅速关闭防火门、舷窗，切断通风，用水冷却舱壁，防止火势蔓延；扑救房间内的火灾，尽量不要开门，减少空气进入，水枪可从门下部的百叶窗处伸进喷射。

（4）危险品火灾

危险品的种类繁多，性质复杂，邮轮装运危险品必须按照国际海上危险货物运输规则和我国有关规定进行，一旦发生火灾，按其理化性质，采取正确的扑救措施。

一是爆炸品火灾的扑救，最有效的灭火方法是大量喷水，使燃烧的物质急剧降温（但与水发生反应者除外），泡沫和二氧化碳灭火剂可以使用，但效果较差。

二是压缩、液化气体火灾的扑救，高压下储存在压力容器内的气体种类较多，具有易燃、助燃、剧毒等性质，受热或在剧烈撞击下可能燃烧、爆炸。扑救方法宜大量喷水冷却，也可用二氧化碳、泡沫等方法扑灭。

三是易燃液体火灾的扑救，对不溶于水的油类火灾，扑救时宜用泡沫、干粉、沙土等方法，但不能使用水冲冷却法，而对能溶于水的易燃液体，则可用水扑救。

四是自燃物品和遇水燃烧物品火灾的扑救。扑救一级自燃物品火灾可用干粉等灭火剂，但不能用水；扑救遇水燃烧物品火灾，可用干粉等灭火剂，但不能用水和泡沫等灭火剂。

（二）邮轮碰撞

（1）注意正确操控船舶。船首撞入对方船体重要部位且较严重时，则该船切记不应立即退出，应设法保持原有态势，减少对方大量进水、以便对方争取时间采取有效的应急措施。

（2）检查受损情况，决定应急部署。根据船舶发生碰撞的性质、具体情况，迅速调查受损程度和部位，可酌情分别发出堵漏、人员落水、消防、油污等应急部署警报，并采取适当的应急措施。如双方均有沉没危险，要迅速发出求救信号，作出弃船决定。

（3）发生碰撞的船舶应互通船名、国籍、船籍港，妥善记录发生碰撞的详细情况。发生碰撞的船舶在不严重危及自身安全的情况下，应尽力救助对方船舶人员。

（4）因船体破损进水有沉没风险时，如条件许可（如近岸航行）可择地抢滩搁浅，等待救援。

（三）邮轮搁浅和触礁

搁浅是水深小于船舶实际吃水使船体搁置水底，触礁是船体与礁石的触碰。无论是搁浅还是触礁,严重者均可能导致船体的破损尤其是触礁。船舶在发生搁浅、触礁事故后,视具体情况,应采取下列行动。

(1)值班驾驶员应立即报告船长,船长应通知机舱发出警报、召集船员,防止用舵盲目脱浅或摆脱礁石。

(2)设法判断搁浅、触礁部位及船舶的损害程度。船舶搁浅、触礁后,首要的工作是查清搁浅、触礁的部位和船体损害情况。

(3)如船体进水或漏油,应立即执行堵漏或油污应急部署。

(4)连续定位。二副应在驾驶台协助船长,在大比例尺海图上按一定的间隔重复定位,并记录定位时的船首向,估算潮水和流向及采取应急措施。

(5)为防止因严重横倾而无法放艇,应先放下救生艇以备急需。

(6)确定脱浅方案。船长根据调查情况,结合当时当地的天气、海况、潮汐情况,作出船舶能否起浮、脱浅的判断和实施方案。

(四)邮轮破损进水

船体因碰撞、搁浅、触礁、爆炸等原因,使水线下船体破损进水后,船舶应立即采取下列应急行动。

(1)发出堵漏应变报警信号,召集船员,如果破损部位已明确,则按应急预案规定的职责和分工,携带堵漏器材迅速赶赴现场。如破损部位尚需判断,则应按现场指挥的意图行动,尝试查明进水部位。

(2)如果出现溢油现象,应立即关闭该油舱(柜)在甲板上的所有开口,包括透气阀,并发出油污应急警报。

(3)破损部位如查明,应立即关闭其附近相邻舱室的水密门及其他水密装置。如果破损面积较大,用一般的堵漏工具难以短时间奏效时,应对相邻的舱壁进行加固和支撑。

(4)如果船舶仍在航行中,则应减速以减少水流、波浪对船体的冲击,必要时应停船或改变航向将破损部位置于下风舷窗,减少进水量。

(5)机舱人员除应保持主、辅机处于良好、可用状态外,应全力排水,并协助堵漏队在现场进行抢修和堵漏。

(6)为了调整严重横倾和纵倾,根据本船的实际情况,慎重选择适当方法保持船体平衡。

(7)救生艇应降至水面备妥,防止因严重横倾而无法降落。

(8)详细记录抢救过程,并按要求向沿岸国主管机关及船东报告。

三、邮轮突发事件海上救助设施与服务

(一)海上救助的概念内涵

海上救助也称海难救助。目前尚未发现有哪国法律或哪个国际公约对海上救助下过定义。法律或国际公约在条文中仅规定了海上救助的适用范围和海上救助构成的要件,以及海上救助如何获取报酬等其他事项。由海上救助的适用范围和海上救助构成的要件,决定了海上救助的定义如下:海上商用船舶及其他财产遇险后,无法摆脱困境,而必须额外支付报酬或费用,由第三者前来帮助解除危险的一种救助行为。

1.人命救助

法律规定,对于在海上遭遇生命危险的任何人,只要对本船没有严重威胁,任何船长都应当予以救援。各国除法律有特别规定者外,被救的人没有支付报酬的义务。

2.财产救助

最常见的是对船舶和船上货物的救助。对船舶的救助,可以根据船舶能否配合操作,船员是否已经弃船或者船舶是否已经成为沉船而分别称为"救助"或"打捞"。但除由主管机关命令强制打捞的情况外,"救助"和"打捞"的法律性质并无实质区别。

3.救助报酬

救助财产的一方在具备下列条件时可以获得救助报酬:①被救财产属于海上救助的标的;②被救财产处于危险之中;③救助是自愿的,即在财产开始遭遇危险的时候,救助人本来没有救助的义务;④救助工作取得了有益的效果。

(二)海上救助的适用范围

我国的《中华人民共和国海商法》或国际上的《1989年国际救助公约》已明确规定了海上救助的适用范围和海上救助的特点。《中华人民共和国海商法》第171条规定,本章适用于在海上或者与海相通的可航水域,对遇险的船舶和其他财产进行的救助。第172条规定,(一)"船舶"是指本法第3条所称的船舶和与其发生救助关系的任何其他非用于军事的或者政府公务的船艇。(二)"财产"是指非永久地和非有意地依附于岸线的任何财产,包括有风险的运费。第173条规定,本规定不适用于海上已经就位的从事海底矿物资源的勘探、开发或者生产的固定式、浮动式平台和移动式近海钻井装置。第174条规定,船长在不严重危及本船和船上人员安全的情况下,有义务尽力救助海上人命。

国际上的《统一有关海上救助的若干法律规则的公约》(1910 年 9 月 23 日在布鲁塞尔召开的第三届海洋法外交会议上通过,1931 年 3 月 1 日生效)第 1 条规定,救助服务适用于海上航行,也适用于内河航行。对于遇难的海船、船上财物和客货运费的救助,以及海船和内河船舶相互间的救助,不论属于任何一种,也无论发生在何种水域,都适用下列规定。第 11 条规定,对于在海上发现的遭遇生命危险的每一个人,即使是敌人,只要对其船舶、船员和旅客不致造成严重危险,每一船长都必须施救。该公约对不适用的船舶也作了相应规定(见《1910 年救助公约》)。

根据法律和相关公约的规定,海上救助主要适用于海上或者与海相通的可航水域,救助船舶对被救助船舶及其所载人员、货物、运费的遇险救助和对不包括海上用于勘探开发的固定式或浮动式的平台及钻井等装置的其他财产的遇险救助。

第四节　邮轮突发事件后的恢复重建

一、邮轮突发事件善后处置

主要包括人员安置、补偿,征用物资补偿,污染物收集、清理与处理等事项。尽快消除突发事件影响,妥善安置和慰问受害及受影响人员,保证社会稳定,尽快恢复正常秩序。

二、社会救助

按照政府救济和社会救助相结合的原则,民政部门会同有关部门(单位)组织救灾物资和生活必需品的调拨和发放,做好受灾人员的安置工作。

三、保险及赔偿

邮轮旅游经营单位按照国际、国内有关规定投保安全责任保险和邮轮旅游相关保险。突发事件发生后,保险机构按照保险合同及时开展应急救援和保险理赔工作。保险公司可进行产品和服务创新,针对邮轮旅游特点,开发保额适度、保障层次多样、服务便捷的险种,扩大保险的覆盖面和服务范围,增强企业单位和个人抵御邮轮旅游突发事件风险的能力,形成全社会共担风险机制。

四、调查评估

突发事件发生后,分别由相应层级政府部门组织突发事件调查,应急指挥部和相关单位密切配合,积极落实上级调查组提出的改进建议,认真吸取突发事件教训。善后处置工作结束后,现场指挥部分析总结应急救援经验教训,提出改进应急救援工作的建议,完成应急救援评估报告报送应急指挥部办公室。根据现场指挥部提交的应急救援评估报告,应急指挥部办公室组织分析、研究,提出改进应急救援工作的建议和举措。

复习思考

1.简述邮轮突发事件的影响因素。

2.简述邮轮消防、弃船的紧急报警信号。

3.简述邮轮旅游安全保障体系的内容。

4.简述邮轮突发事件应急处置流程。

5.简述邮轮灭火行动应遵循的顺序。

6.简述邮轮突发事件结束后恢复重建工作的内容。

案例分析

案例一:"海洋和谐"号邮轮撞击港口

据英国《独立报》2022年5月30日报道,"海洋和谐"号邮轮近日在牙买加撞上一个码头,导致几处港口基础设施受损,据称该事故是由港口领航员的失误导致。

报道称,该事故发生在当地时间26日早7时左右,这艘邮轮在牙买加北岸法尔茅斯港靠岸时撞上了码头,导致几处港口基础设施受损。视频显示,在邮轮撞上码头时,邮轮上的邮轮旅游者惊恐尖叫。目前,事故发生的原因正在调查中。

报道称,涉事邮轮的所属公司——皇家加勒比邮轮集团在事故发生后发表声明说,尽管"海洋和谐"号上的邮轮旅游者受到惊吓,但没有人受伤,邮轮只在碰撞中外观受损。牙买加旅游部长称法尔茅斯港将进行适当维修,并将于本周恢复运营。

报道中还提到,该事故是由港口领航员的"失误"导致的,"海洋和谐"号的船长被领航员误导了方向。

（资料来源：世界最长游轮撞上牙买加码头 可能因领航员失误所致［EB/OL］.(2022-06-01)［2024-07-26］.https://baijiahao.baidu.com/s? id ＝ 1734389951989538741&wfr ＝ spider&for＝pc.)

思考讨论：

1.试分析邮轮碰撞事故的风险因素。

2.结合典型邮轮突发事件的处置方式，阐述邮轮发生碰撞后邮轮公司应采取的措施。

案例二：美国嘉年华邮轮斗殴事件

海外网 2022 年 6 月 29 日电。据《纽约邮报》报道，美国纽约警察表示，当地时间 28 日，美国嘉年华公司的一艘邮轮上发生了严重的斗殴事件，近 60 人参与斗殴。

纽约警方称，这场斗殴发生在邮轮上的夜总会内。起初是 2 个人之间发生了小冲突，随后数十人加入。船上的安保人员试图驱散斗殴，但未能成功，随后他们向海岸警卫队求助。海岸警卫队将邮轮护送到了曼哈顿的码头，暂时没有严重受伤报告。还没下船，海岸警卫队以及纽约警察局的人员和车辆便在码头恭候多时。警方拦住邮轮旅游者对他们进行盘问，尽管根据报告，没有人携带武器也没有造成严重的伤亡，但多名严重扰乱公共治安的嫌疑人依然可能面临着罚款或是牢狱之灾。另外，他们还要赔偿给船只设施造成的损失，以及可能需要弥补海岸警卫队出船护卫、调度和嘉年华魔术号临时停靠纽约码头的费用。

目前还没有关于逮捕的消息。纽约警方还无法确认这起事件是否会由纽约警方处理，也不清楚事件发生时是否在国际水域。这艘邮轮于 6 月 20 日从新泽西州出发，前往多米尼加、特克斯和凯科斯群岛，以及巴哈马群岛的一个私人岛屿，预计于 28 日返回。

（资料来源：李芳.美国邮轮发生严重斗殴：近 60 人涉事，纽约警方不确定能否介入处理［EB/OL］.（2022-06-29）［2024-07-26］.http://news.youth.cn/gj/202206/t20220629_13809281.htm.)

思考讨论：

1.如何预防邮轮发生群体性斗殴事件？

2.发生群体性斗殴事件应如何处置？

第八章

邮轮突发事件应急管理
虚拟仿真实验

【学习引导】

中国邮轮产业发展迅猛,邮轮旅游市场客源巨大,邮轮安全与应急管理是邮轮产业发展迫切需要解决的关键问题。邮轮突发事件应急管理虚拟仿真实验是基于虚拟技术支持,专门针对邮轮突发事件应急管理而开发的虚拟产品。本章主要以集美大学自主研发的"邮轮突发事件应急管理虚拟仿真实验"作为典型案例,介绍台风预警与航程规划、管理沟通与应急处置两个实验模块,以邮轮航线调整和最优补偿方案设计、执行等决策过程为核心的虚拟仿真实验内容,并提供实验操作线上资源和操作手册,实验员能够进入实验界面进行角色模拟、沉浸式体验,参与邮轮高层管理者的重要决策过程,并建立合理的逻辑思路。

【学习目标】

1.了解邮轮突发事件应急管理虚拟仿真实验的建设背景。

2.了解邮轮突发事件应急管理虚拟仿真实验的建设现状。

3.借助集美大学开发的"邮轮突发事件应急管理虚拟仿真实验"资源,进入实验界面进行操作学习。

第一节　邮轮突发事件应急管理虚拟仿真
　　　　实验的建设背景

虚拟仿真实验产生于我国教育信息化高速发展的背景下,对于引领教育现代化发展具有重要的战略意义。2012 年 3 月,教育部通过《教育信息化十年发展规划(2011—2020 年)》,要求各级教育行政部门和各级各类学校高度重视,把教育信息化摆在支撑引领教育现代化的战略地位,并将"推动信息技术与高等教育深度融合,创新人才培养模式"作为重要任务之一,旨在促进信息技术与高等教育的深度融合,促进教育内容、教学手段和方法现代化。2017 年 2 月,根据《教育信息化"十三五"规划》总体部署,教育部研究制定了《2017 年教育信息化工作要点》,提出要不断加强高等教育优质资源建设与应用,遴选一批典型虚拟仿真实验项目,开展虚拟仿真实验共享平台建设。2017年 7 月,为贯彻落实习近平总书记关于强化实践育人工作的重要指示精神,教育部发布了《关于 2017—2020 年开展示范性虚拟仿真实验教学项目建设的通知》,要求2017—2020 年在普通本科高等学校开展示范性虚拟仿真实验教学项目建设工作,统筹规划到 2020 年认定 1000 项左右示范性虚拟仿真实验教学项目。2018 年教育部认定105 个虚拟仿真实验教学项目为首批国家虚拟仿真实验教学项目,2019 年教育部认定296 个虚拟仿真实验教学项目为国家虚拟仿真实验教学项目。2019 年 10 月,教育部发布《关于一流本科课程建设的实施意见》,提出对一流课程"高阶性""创新性""挑战度"的建设要求,从 2019 年到 2021 年认定万门左右国家级一流本科课程,其中包括1500 门左右国家虚拟仿真实验教学一流课程,着力解决真实实验条件不具备或实际运行困难,涉及高危或极端环境,高成本、高消耗、不可逆操作、大型综合训练等问题。

虚拟仿真实验教学对突发公共卫生事件期间的实验与实践教学具有重要意义,在突发公共卫生事件期间得到极大的关注和发展。突发公共卫生事件在全球蔓延,严重影响高校的正常教学活动。旅游专业的大多数课程具有实践性强的特点,要求学生到旅游实践场景中体验、感知和学习,这种传统教学模式在突发公共卫生事件的打击下教学效果不明显。虚拟仿真实验具有较强的交互性、沉浸感,能够让学生在虚拟仿真实验中对现实世界中存在的旅游实践问题进行模拟,成为"停课不停学"的有效回应方式,在突发公共卫生事件期间解决了旅游学科传统授课方式面临的难题。如山东大学开发的"景区旅游产品开发虚拟仿真实验"课程,采用最先进的虚拟现实技术高度仿真景区情境,突破时空制约实现全过程学习。学生利用 VR 线上景区开发与建设平台,完成旅游景区产品开发建设从资源评价、规划设计到施工建设的全过程学习,获得开发、建设、体验、评价景区产品的真实学习经历。又如西南林业大学开发的"旅游灾害预警虚拟仿真实验教学项目"课程,利用虚拟现实技术,模拟森林旅游资源、设施和景观,模拟旅游突发自然灾害场景,让学生不到现场便可重复体验现实环境和人文地貌,并通过交互式操作预规划灾害发生下的旅游线路、产品,实时设计旅游安全预警措施。再如集美大学开发的"邮轮旅游突发事件应急管理虚拟仿真实验教学"课程,基于虚拟技术支持设计台风预警与航程规划、管理沟通与应急处置两个实验模块,形成以学生为中心、以团队协作为学习模式、以邮轮航线调整和最优补偿方案设计、执行等决策过程为核心内容的虚拟仿真实验,解决了突发公共卫生事件期间学生无法参与线下课程、无法登上邮轮的困难。

虚拟仿真实验有效减少邮轮旅游人才培养的成本,在邮轮旅游产业迅猛发展的背景下受到极大重视。进入 21 世纪,随着海洋经济和休闲时代的到来,现代邮轮产业得到了世界各国的高度重视,并已成为现代旅游业中最为活跃、发展最为迅猛的产业之一。面对我国现代邮轮产业发展的强劲势头,邮轮人才培养显得十分迫切。传统的旅游专业教学和人才培养需依托真实的邮轮,或通过实训室还原邮轮的真实场景,面临前期投资大、后期消耗大、场地占用面积大和功能更新困难的问题,学生只能依托于邮轮模型、视频、图片或个别实物进行认知。邮轮旅游虚拟仿真实验教学项目能够再现邮轮上的服务场景,使学生沉浸在邮轮的环境中,从而体验和认知邮轮各部门的运作流程,解决邮轮旅游产品无法提前体验的难题;邮轮安全与应急管理现实教学场景中无法针对每一种类型的突发事件进行演练,因此导致教学方式依赖于案例教学、视频教学等,虚拟仿真实验能够将各类邮轮突发事件导入实验系统,并通过技术手段进行还原,让学生在虚拟场景中进行应急演练和学习,进一步提高教学质量。同时,邮轮旅游突发事件应急管理虚拟仿真实验也能够运用于邮轮培训,提高培训质量、降低培训成本,提高邮轮从业人员的安全应急管理能力。

一、邮轮突发事件应急管理虚拟仿真实验的必要性

邮轮安全与应急管理传统课堂主要依赖于案例教学和视频教学等方式,无法在现实的教学场景对每一种突发事件进行真实场景模拟。虚拟仿真实验能够将各类邮轮突发事件导入实验系统,并通过技术手段进行仿真还原,让学生在虚拟场景中进行应急演练和学习,有利于提高教学质量。

邮轮突发事件应急管理虚拟仿真实验的必要性主要包括:①邮轮航程过程突发台风预警是高危环境,在真实风险情境下开展邮轮旅游应急管理实验是伦理所不允许的。②邮轮旅游突发事件应急管理实践教学成本高、耗时长,主要包括邮轮运营主体、游客的时间成本、财务成本以及邮轮企业的声誉成本,在现实教学场景中较难还原。③邮轮旅游突发事件应急管理实践教学不可逆性强。邮轮突发事件风险是不可逆的,真实情境下涉及的资料、数据等复杂多样,亟须通过虚拟仿真实验进行情景呈现。④邮轮突发事件应急管理实践教学主体众多、场景庞大。邮轮突发事件应急处置过程涉及的利益方众多,包括游客群体、旅行社、邮轮公司、旅游行政管理部门等,庞大的实

验对象、复杂的实验环境较难进行现实还原。因此,虚拟仿真实验项目能够有效解决因实验环境的特殊性而造成的实验实施的困难。

二、邮轮突发事件应急管理虚拟仿真实验的实用性

邮轮突发事件应急管理虚拟仿真实验系统构建的虚拟仿真环境,全方位覆盖了各类邮轮突发事件高危环境下邮轮应急管理的全过程知识点,将抽象的邮轮突发事件预防预备、监测预警、应急救援、恢复重建等过程进行直观呈现。虚拟仿真实验解决了传统实验环境无法呈现,实验对象无法控制的难题,有效拓展了本课程的教学深度和广度,极大提升了邮轮旅游应急管理的学习效果,凸显了虚拟仿真实验的优势。

从人才培养的角度来看,邮轮突发事件应急管理虚拟仿真实验能够实现跨学科人才培养的目标。邮轮突发事件应急管理要求学生在掌握旅游管理专业知识的基础上,学习海洋地理、港口规划与管理等跨学科专业知识,从而实现跨学科人才培养的目标。实验能够提高学生对突发事件的应急处置能力以及管理沟通与决策能力,培养学生成长为邮轮高层管理者,为其在邮轮行业的就业奠定基础。通过邮轮旅游突发事件应急管理虚拟仿真实验的学习,学生加深了对专业知识的理解和认识,在完成应急处置任务的过程中,有效提升和培养了解决复杂问题的综合能力和高阶思维。

第二节　邮轮突发事件应急管理虚拟仿真实验的建设现状

本研究在实验空间——国家虚拟仿真实验教学课程共享平台(https://www.ilab-x.com/)上检索"旅游""酒店""民宿""旅行社""导游"等关键词,共检索到 17 个与旅游相关的虚拟仿真实验项目。以"邮轮"为关键词进行检索发现,仅"邮轮旅游突发事件应急管理虚拟仿真实验教学"1 个实验项目,该项目是专门针对邮轮旅游突发事件应急管理而开发的虚拟产品,也是目前国内唯一由高校自主研发的邮轮突发事件应急管理虚拟仿真实验,在 2021 年被认定为省级一流本科课程。

如表 8-1 所示,既有的 17 个虚拟仿真实验教学项目中有 13 个从属于旅游管理专业,3 个从属于酒店管理专业,1 个从属于会计学专业。在旅游管理专业虚拟仿真实验项目中,包含 3 门国家级一流本科课程,7 门省级一流本科课程;在酒店管理专业目录下的 3 个虚拟仿真实验项目中,包含 2 门国家级一流本科课程,1 门省级一流本科课程。

表 8-1　虚拟仿真实验教学项目汇总表

序号	类型	课程名称	院校	上线时间	专业类型	实验类型	所属课程
1	国家级一流本科课程	红色旅游景区促销运营虚拟仿真实验	湖南师范大学	2021 年	旅游管理	综合设计型	旅游景区管理
2		旅游景区应急管理虚拟仿真实验	三峡大学	2021 年	旅游管理	研究探索型	旅游目的地管理
3		景区旅游产品开发虚拟仿真实验	山东大学	2021 年	旅游管理	综合设计型	旅游规划与开发
4		基于客户类别的酒店接待综合性虚拟仿真实验	上海商学院	2021 年	酒店管理	综合设计型	酒店前厅与客房管理、酒店管理信息系统
5		华侨文化民宿数字营销虚拟仿真实验	华侨大学	2021 年	酒店管理	综合设计型	酒店数字营销、旅游数字营销、旅游市场营销、旅游电子商务
6	省级一流本科课程	旅游景区规划设计虚拟仿真综合实验	北华大学	2019 年	旅游管理	综合设计型	旅游景区规划设计
7		北京中轴线文化旅游虚拟仿真实验教学系统	中国劳动关系学院	2019 年	酒店管理	基础练习型	旅游文化概论、北京旅游
8		旅游灾害预警虚拟仿真实验教学项目	西南林业大学	2019 年	旅游管理	综合设计型	森林旅游学、生态旅游学
9		旅行社类企业经营虚拟仿真实验	燕山大学	2019 年	旅游管理	综合设计型	旅行社与 OTA 运营管理
10		洞穴旅游景区绿色开发设计虚拟仿真实验	山东师范大学	2021 年	旅游管理	综合设计型	旅游策划学、旅游资源学
11		邮轮旅游突发事件应急管理虚拟仿真实验教学	集美大学	2021 年	旅游管理	综合设计型	旅游安全学、邮轮安全管理
12		景区多场景局部突发客流超载应急管理虚拟仿真实验	南京林业大学	2021 年	旅游管理	研究探索型	旅游景区管理

续表

序号	类型	课程名称	院校	上线时间	专业类型	实验类型	所属课程
13	非国家级、省级一流本科课程	3D导游虚拟实景实训	安庆师范大学	2019年	旅游管理	研究探索型	导游业务与模拟导游实训
14		文化主题景区旅游体验设计	山西大学	2021年	旅游管理	综合设计型	旅游体验研究
15		酒店业财融合经营决策虚拟仿真实验	首都经济贸易大学	2021年	会计学	综合设计型	企业经营决策沙盘模拟、财务管理、管理会计
16		酒店运营管理虚拟仿真实验	南开大学	2021年	酒店管理	研究探索型	酒店管理软件实操
17		导游实战演练虚拟仿真实验	西安文理学院	2021年	旅游管理	基础练习型	导游业务、导游业务实务、陕西导游基础、旅行社经营与管理、旅游产品设计

资料来源:实验空间——国家虚拟仿真实验教学课程共享平台,https://www.ilab-x.com/。

从虚拟仿真实验教学项目的主要内容来看,现有的项目中有3个虚拟仿真实验项目与旅游应急管理相关,分别是"旅游灾害预警虚拟仿真实验教学项目""景区多场景局部突发客流超载应急管理虚拟仿真实验""邮轮旅游突发事件应急管理虚拟仿真实验教学"。其中"旅游灾害预警虚拟仿真实验教学项目"采用3D建模、动画、虚拟系统开发等虚拟现实技术来研发旅游灾害预警仿真实验项目,其主要模拟自然灾害发生后的森林旅游虚拟场景、山间步道虚拟场景锻炼学生应急处理、实时设计以及旅游规划能力。"景区多场景局部突发客流超载应急管理虚拟仿真实验"将景区局部突发客流超载应急管理全过程拆解为景区超载多场景分析、日常客流容量管理、局部超载应急管理等环节,以黄山玉屏峰景区为载体,采用模型法、观察法等实验方法,引导学生掌握旅游流、旅游容量、危机管理等知识点,培养学生日常客流管理危机意识,提升应对景区重大公共安全事故危机的处理能力。"邮轮旅游突发事件应急管理虚拟仿真实验教学"是专门针对邮轮旅游突发事件应急管理而开发的虚拟产品,实验基于旅游突发事件应急响应的基本原理,设计台风预警与航程规划、管理沟通与应急处置两个实验模块,形成以学生为中心、以团队协作为学习模式、以邮轮航线调整和最优补偿方案设计、执行等决策过程为核心内容的虚拟仿真实验。

第三节　邮轮突发事件应急管理虚拟仿真实验的典型案例

一、实验简介

实验基于旅游突发事件应急响应的基本原理,以"邮轮安全管理""旅游安全学""邮轮运营管理"为理论基础,包含台风预警与航程规划、管理沟通与应急处置两个实验。在台风预警与航程规划模块,学生可以在实验中通过参数设置与调整,讨论并思考各参数对于邮轮航线安全的影响;在管理沟通与应急处置模块,学生以邮轮高层管理者的身份,参与邮轮管理方的重要决策过程。学生通过角色模拟、沉浸式体验,参与邮轮高层管理者的重要决策过程,并建立合理的逻辑思路。

本实验综合运用旅游安全学、邮轮运营管理等多学科的知识和研究成果。实验以星旅远洋国际邮轮(厦门)有限公司旗下的"鼓浪屿"号邮轮作为虚拟情境,设定邮轮旅游航程突发台风预警的场景,并运用了动画、三维建模等技术手段,高度仿真了邮轮航线在台风半径、台风速度、邮轮航速航向等因素的综合影响下的变化情况。实验创建了更加直观形象的虚拟场景,有效推动了学生的学习积极性。

二、实验目的

本实验借助虚拟技术,通过教师引导和互动,使学生了解和掌握邮轮旅游航程突发台风预警并伴随风浪和降雨的情境下的应急管理工作程序和步骤。本项目将航线变更管理、设计补偿方案、执行补偿决策等知识运用于邮轮旅游突发事件应急管理的全过程中,让学生在模拟体验的环境下完成各项应急管理决策的实践活动,实现邮轮旅游突发事件应急管理全过程训练,培养学生的应急管理实践能力。通过本实验要达到的教学目标如下。

(一)增强安全发展理念和安全经营意识

通过虚拟仿真实验,学习总体国家安全观,增强学生安全发展理念和安全经营意识,建立安全责任感。在邮轮突发台风以及"霸船"事件的情景下,使学生理解邮轮旅游发展面临的风险和挑战,强化学生的风险意识,并使其理解安全对于邮轮产业高质量发展的重要意义。

本实验项目让学生充分认识邮轮安全的重要性,理解邮轮航线变更引发的投诉纠纷和"霸船"事件的处理过程,熟悉补偿措施的设计、制定、执行等决策过程,从而提升学生对行业实践的认识和应急管理能力。

(二)掌握邮轮旅游突发事件应急处置流程

本实验要求学生深入理解应急管理各环节的工作流程;认真学习在突发台风等特殊天气情境下,邮轮航线调整最优方案的设计方法;掌握邮轮航线规划、PDCA 循环管理原理;熟练运用"霸船"事件处理的过程和方法,完成"霸船"事件补偿方案的设计、执行等决策过程;并掌握邮轮应急沟通技巧,能够熟练运用管理沟通方法、沟通渠道、沟通策略等知识。

(三)培养学生航线规划和应急管理能力

本实验能够培养旅游管理专业学生的应急管理、协调沟通及决策等能力,提高学生的航线规划与安全管理能力,并培养学生的团队意识、创新精神以及科学严谨的工作态度。实验能有效推动跨学科融合的深度,提高旅游管理专业本科生应对突发事件的处置能力,为其在邮轮行业的就业奠定良好的基础。

三、实验原理

本实验的实验原理和知识点覆盖了"邮轮安全与应急管理""旅游安全学""邮轮运营管理""邮轮旅游概论"等多门本科课程。

(一)邮轮航线规划原理

本实验的台风预警与航程规划模块遵循安全管理和经济学的基本原理,学生应设计台风情境下安全系数最高且兼具经济性的邮轮航线调整方案。学生应基于既定的航线主题、航行时间、台风强度以及游客情绪波动等各项指标情况,对原有航线进行科学的调整,并做好相应的应急管理工作。

(二)邮轮航行速度决策原理

实验围绕台风相关因素(自变量)、邮轮相关因素(控制变量)、邮轮航线风险程度(因变量)的关系而展开。自变量包括台风未来移动路径、台风移动速度、台风六级风影响半径,是影响邮轮航行风险程度的重要因素;控制变量包括邮轮航线、停靠港、邮轮航速,是影响邮轮航行风险程度的重要协同因素,如表 8-2 所示。

表 8-2　台风突发状况下邮轮航速决策

邮轮航速	台风速度	台风六级风暴半径范围			
		600 km	700 km	800 km	900 km
正常航速 20 节	10 km/hr	○	○	◎	◎
	20 km/hr	○	◎	●	●
1.25 倍航速 25 节	10 km/hr	○	○	○	◎
	20 km/hr	○	◎	◎	●
1.5 倍航速 30 节	10 km/hr	○	○	○	○
	20 km/hr	○	○	○	○
2.5 倍航速 50 节	10 km/hr	F	F	F	F
	20 km/hr	F	F	F	F
F:错误条件(航速过快,危险)			风险程度等级	●80　◎50　○20	

(三)邮轮旅游突发事件应急管理原理

本实验的管理沟通与应急处置模块是以邮轮旅游突发事件应急管理理论为基本原理,要求学生掌握我国旅游应急管理机制,主要包括预防与应急准备、监测与预警、应急处置与救援以及恢复重建等体系。

(四)PDCA 管理循环理论

依据管理学的 PDCA 循环理论,在实验的计划阶段,学生应先设定应急管理目标(见图 8-1),并思考应急管理工作任务处理的逻辑顺序(见图 8-2),即区分补偿措施所属范畴、对外联络并请求支持、设计补偿方案、安排工作人员解答游客疑问、执行补偿方案等。同时,学生应通过角色扮演与自由组队,进入实验并进行实际决策,并在执行阶段设计、执行补偿方案(见图 8-3)。在实验的检查阶段,学生应将执行结果与目标进行对比,并调整方案(见图 8-4)。在实验的处理阶段,学生应依据目标及执行结果,针对突发事件引发的舆情进行危机沟通(见图 8-5),并对应急处置工作进行总结。

图 8-1　设定应急管理目标

图 8-2　思考应急管理工作任务顺序

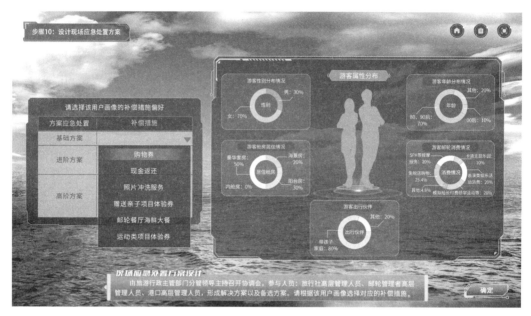

图 8-3　应急处置方案设计

图 8-4　应急处置方案检查

图 8-5　舆情危机沟通策略组合

四、实验知识点

知识点 1:邮轮航线规划的原则与核心要素。邮轮航线规划的原则主要包括安全性、经济性以及时间性原则,核心要素包括港口服务属性与岸上产品配备。学生在航行规划步骤中需要结合相关知识点进行邮轮航线的应急调整方案设计。

知识点 2:台风对邮轮安全航行的影响。台风对邮轮安全航行的影响主要包括台风的移动速度、半径、等级等因素对邮轮安全航行的影响程度。

知识点 3:邮轮旅游突发事件应急处置原理。通过实验使学生掌握邮轮旅游突发事件的应急管理基本流程和基本任务。

知识点 4:PDCA 循环管理理论。该理论主要包括 plan(计划)、do(执行)、check(检查)和 act(处理)等循环过程。

知识点 5:邮轮"霸船"事件的处置过程。主要包括现场纠纷调解、补偿方案制订与实施、对客沟通、网络舆情监管。

知识点 6:邮轮突发事件应急沟通管理。主要包括应急沟通形式、应急沟通渠道、应急沟通策略。

知识点 7:最佳决策过程。设计并制订邮轮突发事件应急处置方案,从企业利益、游客满意度、团队实力等方面对备选方案进行评价和选优。

知识点8:舆情危机沟通理论。主要包括情境危机沟通(SCCT)等理论以及理论涉及的危机应对策略,即否认策略、减少责任策略和行动策略。

知识点9:旅游法规。通过知识考核,引导学生学习旅游安全相关法规。

五、核心要素仿真设计

本实验以点击、拖曳为主要操作方式,实验场景主要包含以下虚拟仿真模块。

(一)邮轮航线与台风移动路径可视图

台风的气象预测、邮轮航线调整以虚拟仿真的方式进行可视化呈现。

(二)正交模拟实验

将台风速度、台风半径、邮轮航速等因素进行交叉组合,通过虚拟画面展现不同的邮轮航行路线及其风险程度,最后呈现出正交试验记录表,达到实验的学习目的。

(三)PDCA管理循环

PDCA是管理学常用的项目管理监督方法,主要包括计划(plan)、执行(do)、检查(check)以及处理(act)阶段。其中,计划阶段是确定方针和目标,并制定活动规划;执行阶段是设计有效的方案并实现计划内容;检查阶段是总结执行计划的结果;处理阶段是对总结检查的结果进行处理,主要总结成功的经验或失败的教训。PDCA循环强调反复循环并逐次调整,加强质量管理,以期得到最佳修正方案。

(四)建立应急管理团队

学生可选择扮演旅游行政主管部门分管领导、邮轮公司高层管理者、旅行社高层管理者、酒店总监等不同的角色,并组建应急管理团队。根据所组建团队的权限、立场,进行"霸船"事件补偿方案的设计、执行。

六、实验方法与实验教学过程

（一）教学方法

1.教学前课堂

教学前课堂的教学方法主要包括线上教学与线下教学。线上教学是采用线上形式发布学习任务，充分运用现代信息技术、互联网＋技术、多媒体技术构建完备的虚拟仿真实验教学项目辅助教学网站，结合我校构建的省级虚拟仿真实验项目等线上网络资源，提供线上互动教学。此外，教师在线答疑解惑、批阅作业，方便学生预习、复习和练习。线下教学是学生线下自主分组、查阅文献、熟悉邮轮旅游突发事件应急管理及相关内容，进行资料查阅总结、归纳与报告。

2.课堂教学

通过观察法，直接观察团队中各个角色，获得团队角色的详细资料，通过虚拟现实技术观察游客的反应结果，帮助学生更好地认识邮轮突发事件的处置主体。

通过控制变量法，对台风相关因素、邮轮相关因素进行控制设定，探究台风、邮轮等多因素影响下邮轮航行的风险程度，让学生能够更好掌握邮轮航线规划的原理知识。

通过分类法，基于旅游突发事件应急管理的原理，学生针对"霸船"事件补偿措施进行分类，使学生掌握特定类型突发事件的应急处置流程。

通过比较法，让学生探究不同类型的补偿方案产生的差异性后果，提高学生的应急管理、沟通协调和决策能力。

通过自主设计法，培养学生的创新思维、批判性思维和系统思维。

3.课堂后教学

线上教学：线上发布课后学习任务，开展线上操作性实验。学生基于虚拟仿真实验环境提供的各种数据，有针对性地提出台风应急管理预案，并在线上进行实验方案设计和报告的提交，为线上线下探究性实验做准备。

线下教学：鼓励成绩突出、能力强、对科学研究感兴趣的学生，参与各种技能比赛、进入教师科研团队、进行大学生创新创业计划项目申报等。虚拟仿真实验教学总体实施流程如图 8-6 所示。

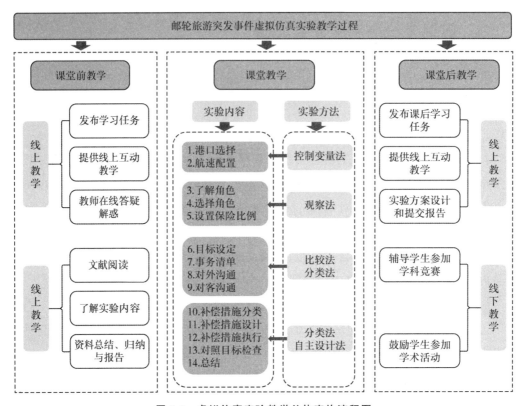

图 8-6　虚拟仿真实验教学总体实施流程图

(二)实验方法

1.观察法

学生进入实验后,通过观察法可以直接观察团队中的各个角色,获得团队角色的详细资料。学生选定角色后,在实验中作出一系列的决策并实施后,通过虚拟现实技术观察游客的反应结果,可以更好地理解处置邮轮突发事件的各类主体。

2.控制变量法

学生在台风影响邮轮安全航行等环节中,通过控制台风和邮轮相关因素,可以详细了解台风各个参数对邮轮安全航行的影响。

3.分类法

主要运用于管理沟通和应急处置环节。学生基于邮轮突发事件的管理流程,针对"霸船"事件这一特定案例,根据不同的客户群体特征,对团队能够提供的补偿措施进行分类,通过分类操作让学生掌握不同层次的"霸船"事件应对措施。

4.比较法

主要体现于"霸船"事件补偿方案的实施阶段。学生通过不同类型的补偿措施的组合,形成多种补偿方案,再依次执行不同方案,通过比较不同方案执行后游客的反应,最终得到最优的补偿方案。尝试不同舆情沟通策略组合,对比由此产生的舆情危机沟通结果。

5.自主设计法

在补偿方案的设计环节中,学生除了可以利用实验提供的措施进行组合,还可以自主设计其他的措施和方案,以培养创新思维、批判性思维和系统思维。

(三)实施效果

自本实验项目开设以来,学生表现出了浓厚的兴趣,与老师探讨问题十分深入。学生提交的实验报告结果表明,学生分析问题和解决问题的能力明显提高,总体效果显著。该实验项目受到师生广泛好评。

学生通过虚拟仿真实验,沉浸到真实工作场景中进行体验式学习,熟练掌握邮轮旅游突发事件应急管理知识、邮轮旅游突发事件应急管理基本技能。通过台风预警与航程规划阶段的实验,掌握邮轮航线规划和服务沟通的能力;通过管理沟通与应急处置阶段的实验,提升分析问题和解决问题的能力;在实验探究过程中,达到提升学生探索研究能力,实现创新型人才培养的目标。

从课堂表现来看,学生上课表现得非常积极、主动,课后普遍认为借助该虚拟仿真实验项目,能真实参与邮轮突发事件应急管理的全过程,特别是设置了邮轮航运管理者模式、邮轮服务管理者模式等场景,大大激发了他们学习的兴趣。学生在完成实验的同时,也能够掌握相应的专业知识,并对邮轮旅游过程中遭遇台风等恶劣天气及突发状况的安全处理有了全新的认识和理解,大部分学生表示愿意在课余时间进行更加深入的学习和研究。此外,本实验有效推动了科研能力强的学生积极参加各类创新创业大赛,并取得优异的成绩。据不完全统计,自 2019 年以来,本专业共有 20 多名同学参与学科竞赛并获得各级奖励,如表 8-3 所示。

表 8-3　旅游管理专业学生学科竞赛获奖一览表

序号	项目名称	所获奖励或支持名称	时间	级别
1	第十四届全国大学生"新道杯"沙盘模拟经营大赛	福建省二等奖	2018 年	省部级
2	厦门地铁无障碍环境建设问题研究与思考	福建省大学生创新创业训练计划项目	2018 年	省部级

续表

序号	项目名称	所获奖励或支持名称	时间	级别
3	"一带一路"背景下滨海旅游特色小镇的保护与开发——以福建省石狮市永宁镇为例	福建省大学生创新创业训练计划项目	2018年	省部级
4	"创青春"福建省大学生创业大赛第十届"挑战杯"大学生创业计划大赛	银奖	2018年	省部级
5	第八届全国大学生电子商务"创新、创意及创业"挑战赛福建省选拔赛(青春桥4.0)	特等奖	2018年	省部级
6	第八届全国大学生电子商务"创新、创意及创业"全国总决赛(青春桥4.0)	一等奖	2018年	国家级
7	粤港澳大湾区大学生公益创新创业项目大赛	三等奖	2019年	省部级
8	第九届全国大学生电子商务"创新、创意及创业"挑战赛福建省赛区	二等奖	2019年	省部级
9	全国大学生组织管理能力大赛	二等奖	2020年	国家级
10	2021年第十五届全国商业精英挑战赛会展专业创新创业实践竞赛全国决赛(中国厦门国际奶茶展)	三等奖	2021年	国家级
11	中国"互联网＋"大学生创新创业大赛(精卫听音——海洋建设水下噪音监测预警降噪先行者)	银奖	2022年	省部级
12	全国商业精英挑战赛品牌策划大赛(雪域梦境)	一等奖	2022年	国家级
13	第十六届全国商业精英挑战赛会展专业创新创业实践竞赛全国总决赛("不蕉不躁"心理体验展方案)	二等奖	2022年	国家级
14	盼盼食品杯烘焙食品创意大赛(糯如初见)	第三名	2022年	国家级
15	第十二届"正大杯"全国大学生市场调查与分析大赛(万物有灵,学无止境——VR/AR对高等教育应用前景的影响因素分析)	一等奖	2022年	省部级

续表

序号	项目名称	所获奖励或支持名称	时间	级别
16	2022 年第十六届全国商业精英挑战赛会展专业创新创业实践竞赛福建赛区决赛（"时空来信"沉浸式艺术展）	二等奖	2022 年	省部级
17	2022 年第十六届全国商业精英挑战赛会展专业创新创业实践竞赛福建赛区决赛（草原非遗与轻食巡回展览会厦门站方案）	二等奖	2022 年	省部级
18	2022 年第十六届全国商业精英挑战赛会展专业创新创业实践竞赛（2022 年第一届中国厦门白色污染艺术展会方案）	二等奖	2022 年	省部级
19	全国商业精英挑战赛品牌策划大赛（雪域梦境）	入围奖	2023 年	全球赛
20	2023 年全国商业精英挑战赛品牌策划大赛（唐音寻味品牌策划）	一等奖	2023 年	国家级
21	2023 年全国商业精英挑战赛品牌策划大赛（荔精途智品牌策划）	一等奖	2023 年	国家级
22	2023 年全国商业精英挑战赛品牌策划大赛（喜家益品牌策划）	一等奖	2023 年	国家级
23	全国高校商业精英挑战赛会展实践赛（2024 中国厦门预制菜展览会方案）	一等奖	2023 年	国家级
24	全国高校商业精英挑战赛会展实践赛（匠心筑闽——2024 福建非遗文化体验展方案）	二等奖	2023 年	国家级
25	全国高校商业精英挑战赛会展实践赛（跨越山海——闽宁非遗文旅展览会）	二等奖	2023 年	国家级
26	全国高校商业精英挑战赛会展实践赛（瓷的旅行——创意陶瓷体验展）	三等奖	2023 年	国家级
27	第十三届全国大学生电子商务"创新、创意及创业"挑战赛（书香校园——中小学生辅助"悦"读 App）	二等奖	2023 年	省部级

七、实验步骤

(一)交互性实验步骤总览

本实验主要的交互性操作步骤共 14 步,具体如表 8-4 所示。

表 8-4　交互性实验步骤

步骤序号	步骤目标要求	步骤合理用时/分钟	目标达成度赋分模型	步骤满分/分	成绩类型
1	了解邮轮行业中管理者的类型,以及他们在处理邮轮突发事件应急管理工作中所承担的角色和工作重点	5	本步骤不计分	0	□操作成绩 ☑实验报告 □预习成绩 □教师评价报告
2	在充分了解各个应急管理主体的基础上,选择感兴趣的角色进入实验	5	本步骤不计分	0	□操作成绩 ☑实验报告 □预习成绩 □教师评价报告
3	旅游者购买邮轮旅游意外保险的比例设置(0～100％任意设置)	5	本步骤不计分	0	□操作成绩 ☑实验报告 □预习成绩 □教师评价报告
4	综合"台风六级风暴半径""台风行进速度""邮轮船速"等数据,判断邮轮航线的风险程度	20	第一次作答结果风险等级在 80 以内,计 10 分,第二次作答风险等级在 80 以内,计 6 分,第三次作答风险等级在 80 以内,计 3 分	15	□操作成绩 ☑实验报告 □预习成绩 □教师评价报告
5	基于既定航线的主题、航行时间,考虑台风影响的情况下,对原有航线进行应急调整方案设计	25	优:游客愤怒指数≤20％;运营成本≤15％。良:20％＜游客愤怒指数≤40％;15％＜运营成本≤30％。中:40％＜游客愤怒指数≤60％;30％＜运营成本≤45％。差:60％＜游客愤怒指数≤80％;45％＜运营成本≤60％。不合格:游客愤怒指数＞80％;运营成本＞60％	15	□操作成绩 ☑实验报告 □预习成绩 □教师评价报告

续表

步骤序号	步骤目标要求	步骤合理用时/分钟	目标达成度赋分模型	步骤满分/分	成绩类型
6	根据组建团队的实力情况,完成因航程变更引发的"霸船"事件处理的目标设定,并对目标的重要程度进行排序	5	目标值之和在 30 分以上得满分,目标值在 25~29 分得 3 分,目标值在 20~24 分得 2 分,20 以下不得分。可多次作答,按前三次最佳成绩计分	5	☑操作成绩 ☐实验报告 ☐预习成绩 ☐教师评价报告
7	熟练掌握邮轮突发事件应急管理过程中需要处理的各项事务,根据事务处理的重要性、紧急程度等相关因素,对事务项目进行排序	5	按照"对外联络并请求支持、安排工作人员解答游客疑问、区分补偿措施所属范畴、设计补偿方案、执行补偿方案"进行排序,第一次排序错误后,系统弹出提示,进行重新操作,第二次回答正确得 6 分,否则不得分	5	☑操作成绩 ☐实验报告 ☐预习成绩 ☐教师评价报告
8	对外联络,熟悉掌握邮轮旅游突发事件发生后需要第一时间联系汇报的相关部门	5	选择"旅游行政主管部门""邮轮母港""属地政府"得 10 分;第一次回答错误后,系统弹出提示,进行重新操作,第二次回答正确得 6 分,否则不得分	5	☑操作成绩 ☐实验报告 ☐预习成绩 ☐教师评价报告
9	熟练掌握邮轮上处理投诉解答疑问的部门、人员	5	选择"前台副理,男,工作经验 2 年""服务部专员,女,工作经验 3 年,熟练掌握外语"为正确答案,得 10 分;第一次回答错误后,系统弹出提示,进行重新操作,第二次回答正确得 6 分,否则不得分	5	☑操作成绩 ☐实验报告 ☐预习成绩 ☐教师评价报告
10	设计补偿方案,根据国际惯例,以团队自身实力为基础,对各类补偿措施进行组合,熟练设计出基础、进阶、高阶和终极补偿方案	20	根据系统提示,按照一定的规则进行区分,每答对一个得 5 分,可重复作答,第二次作答,每答对一个得 2 分。第三次作答每答对一个得 1 分	15	☑操作成绩 ☐实验报告 ☐预习成绩 ☐教师评价报告

续表

步骤序号	步骤目标要求	步骤合理用时/分钟	目标达成度赋分模型	步骤满分/分	成绩类型
11	执行补偿方案,根据国际惯例并结合目标值的达成度,从基础方案开始逐步加大补偿方案力度	15	学生需检查目标达成情况,判断是否继续返回操作,以达成既定目标(学生可重复返回上一次进行操作,按照第一种情况顺利抵达得15分,第二种情况抵达但小范围舆情得8分,第三种情况"霸船"且大范围舆情危机不得分)	0	☑操作成绩 □实验报告 □预习成绩 □教师评价报告
12	对照目标检查结果	10	学生需检查目标达成情况,判断是否继续返回操作,以达成既定目标(学生可重复返回上一次进行操作,按照第一种情况顺利抵达得10分,第二种情况抵达但小范围舆情得8分,第三种情况"霸船"且大范围舆情危机不得分)	10	□操作成绩 ☑实验报告 □预习成绩 □教师评价报告
13	根据不同的游客群体特征、舆情关键词、各大平台声量信息、情感倾向等信息参数,选择其中三个最为合适的舆情沟通平台	10	选择3个正确选项得满分,选择2个正确选项得6分,选择1个正确选项得3分	10	☑操作成绩 □实验报告 □预习成绩 □教师评价报告
14	基于SCCT理论,从否认策略、减少责任策略和行动策略三种类型、12种具体举措中选择4个措施,从而设计出最优的舆情危机沟通策略组合	20	每个步骤对应相应分数,组合后得分10~15分,实验结果显示:舆情危机解除;得分5~9分,实验结果显示:舆情危机严重程度下降;得分<5分,实验结果显示:舆情危机越发严重	15	☑操作成绩 □实验报告 □预习成绩 □教师评价报告

(二)交互性步骤详细说明

邮轮旅游突发事件应急管理虚拟仿真实验定位于团队实验,实验划分为实验准备、台风预警与航程规划、管理沟通与应急处置三个模块。本实验一共包含14个交互性步骤,具体而言,实验准备包括熟悉应急管理主体、组建应急管理团队、设置保险购买比例等 3 个步骤;台风预警与航程规划模块任务包含 2 个交互性步骤;管理沟通与应急处置模块的实验操作将 PDCA 循环运用于因航线变更引发的投诉纠纷、"霸船"事件应急管理、舆情危机沟通管理中,包含 4 个阶段,9 个交互性步骤,如图 8-7 所示。

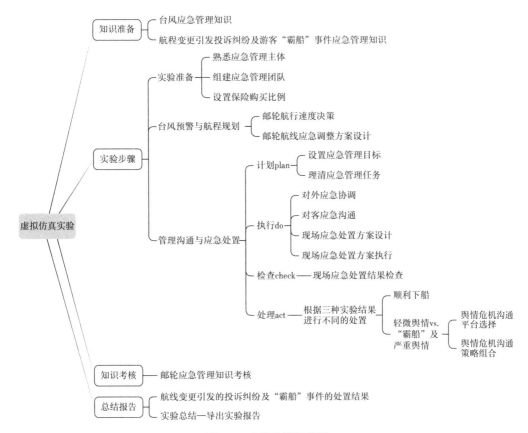

图 8-7　实验步骤逻辑图

八、实验结果与结论

(一)台风预警与航程规划模块

1.邮轮航行速度决策的差异性结果

基于台风速度及台风半径范围的差异,学生选择不同的邮轮航速,邮轮行进的风险程度等级则不同,如表 8-5 所示。当界面显示"F:错误条件(航速过快,危险)"则表示当前情况下邮轮航行风险程度超出可承受范围,需要重新设置参数;当界面显示具体的风险程度值,如 80、50、20,则表明当前情况下邮轮航行风险程度在可承受范围之内,可继续操作也可以重新设置参数。

表 8-5　台风速度、六级风暴半径、邮轮航速的正交试验结果

邮轮航速	台风速度	台风六级风暴半径范围			
		600 km	700 km	800 km	900 km
正常航速 20 节	10 km/hr	○	○	◎	◎
	20 km/hr	○	◎	●	●
1.25 倍航速 25 节	10 km/hr	○	○	○	◎
	20 km/hr	○	◎	◎	●
1.5 倍航速 30 节	10 km/hr	○	○	○	○
	20 km/hr	○	○	○	○
2.5 倍航速 50 节	10 km/hr	F	F	F	F
	20 km/hr	F	F	F	F

F:错误条件(航速过快,危险)　　　　　　风险程度等级 ●80 ◎50 ○20

2.邮轮航线应急调整方案设计

在邮轮航程到达南海北部、西沙群岛附近海域时,菲律宾海域热带低气压转成新生台风,邮轮如继续前行将受到台风影响。

(1)当选择"停靠在当前港口,等待台风过境后继续沿原计划航线行驶",界面显示:等待时间未知,影响邮轮后续航程,游客愤怒情绪高涨(得 0 分)。

(2)当选择"重新设计航线",实验进入航线调整界面,学生可选择界面上提供的港口进行之后的航行,所选港口将出现在左侧界面,具体包括:厦门、三亚、深圳、香港港口,下龙湾(越南)、岘港(越南)、芽庄(越南)、胡志明市(越南)、西哈努克(越南)、新加坡、勿拉湾(印尼)、巴生港(马来西亚)、马六甲(马来西亚)、雅加达(印尼)、三宝垄(印尼)、泗水(印尼)、古晋(马来西亚)、拉布安(也称为纳闽,马来西亚)、宿务(菲律宾)、马尼拉(菲律宾)港口,学生可根据以上港口进行航线的调整设计。点击"调整结束"界面上将出现调整后的航线图。系统根据调整后航线与原定航线之间的调整程度以及航线的合理程度,匹配相应的游客愤怒指数、运营成本增加额度以及最终的得分。

(二)管理沟通与应急处置阶段

1.补偿方案设计、执行产生的差异性结果

在管理沟通与应急处置阶段的实验中,在不同的实验团队、不同的保险购买比例等条件下,不同的补偿方案产生的结果不同,其所产生的目标值也存在差异,因此基于

目标值所产生的实验结果和结论也存在差异。

基于团队能力、游客购买保险比例设置等实验条件,学生设计并执行不同的补偿方案,其对应的目标值如表 8-6 所示。执行补偿方案后,界面显示如图 8-8、图 8-9所示。

表 8-6 不同的保险购买比例下不同补偿方案对应的目标值

购买保险旅游者所占比例 X	采取的方案	旅游者满意度 (1～10 分)	旅游者信任度 (1～10 分)	服务质量 (1～10 分)	形象好感度 (1～10 分)	品牌美誉度 (1～10 分)	经营成本 (1～10 分)	利润率 (1～10 分)
X≤25%	基础方案(含 1 种补偿措施)	3	3	3	3	3	2	6
	进阶方案(含 2 种补偿措施)	6	6	6	6	6	3	6
	高阶方案(含 3 种补偿措施)	8	8	8	8	8	4	5
25%<X≤50%	基础方案(含 1 种补偿措施)	4	4	4	4	4	2	6
	进阶方案(含 2 种补偿措施)	7	7	7	7	7	3	6
	高阶方案(含 3 种补偿措施)	9	9	9	9	9	4	5
50%<X≤75%	基础方案(含 1 种补偿措施)	6	6	6	6	6	2	6
	进阶方案(含 2 种补偿措施)	8	8	8	8	8	3	6
	高阶方案(含 3 种补偿措施)	9	9	9	9	9	4	5
X>75%	基础方案(含 1 种补偿措施)	8	8	8	8	8	2	6
	进阶方案(含 2 种补偿措施)	9	9	9	9	9	3	6
	高阶方案(含 3 种补偿措施)	10	10	10	10	10	4	5

结合学生所设定的目标和应急处置的流程,执行结果主要分为三个层次:第一,邮轮顺利抵达,游客情绪较为稳定,没有发生其他突发事件;第二,邮轮航程中,游客情绪逐渐高涨,在自媒体继续发声,引发一定程度的舆情危机,但未引发"霸船"事件;第三,旅游者不接受补偿方案,引发舆情危机,发生"霸船"事件,并引发后续的舆情危机,具体如表 8-7、表 8-8、表 8-9 所示。

图 8-8　补偿方案执行结果 1

图 8-9　补偿方案执行结果 2

表 8-7　邮轮顺利抵达港口须达到的目标值

重要性	目标名称	目标值	目标达成情况	实验结果
1	旅游者满意度	≥7	达成	邮轮顺利抵达,游客情绪较为稳定,没有发生其他突发事件
2	旅游者信任度	≥7	达成	
3	服务质量	≥7	达成	
4	形象好感度	≥7	达成	
5	品牌美誉度	≥7	达成	
6	经营成本	≤4	达成	
7	利润率	≥5	达成	

表 8-8　邮轮顺利抵达港口但发生舆情事件须达到的目标值

重要性	目标名称	目标值	目标达成情况	实验结果
1	旅游者满意度	4≤x≤6	未达成	邮轮航程中,游客情绪逐渐高涨,在自媒体继续发声,引发一定程度的舆情危机,但未引发"霸船"事件
2	旅游者信任度	4≤x≤6	未达成	
3	服务质量	4≤x≤6	未达成	
4	形象好感度	4≤x≤6	未达成	
5	品牌美誉度	4≤x≤6	未达成	
6	经营成本	≤4	达成	
7	利润率	≥5	达成	

表 8-9　发生"霸船"事件并引发舆情危机须达到的目标值

重要性	目标名称	目标值	目标达成情况	实验结果
1	旅游者满意度	<4	未达成	旅游者不接受补偿方案,引发舆情危机,发生"霸船"事件,并引发后续的舆情危机
2	旅游者信任度	<4	未达成	
3	服务质量	<4	未达成	
4	形象好感度	<4	未达成	
5	品牌美誉度	<4	未达成	
6	经营成本	≤4	达成	
7	利润率	≥5	达成	

2.舆情危机沟通策略组合产生的差异性结果

基于实验操作结果,如出现"舆情"则进入舆情危机沟通处置阶段(图 8-10、图 8-11)。根据 SCCT 理论,实验构建了否认策略、减少责任策略以及行动策略等三种类型、12种具体举措,并对每种举措赋分。然而,不同的舆情危机沟通策略组合(见图8-5)可能导致差异性的实验结果(见表8-10),即舆情危机解除(见图8-11)、舆情危机严重程度下降(见图8-12)以及舆情危机严重程度增加(见图8-13)。

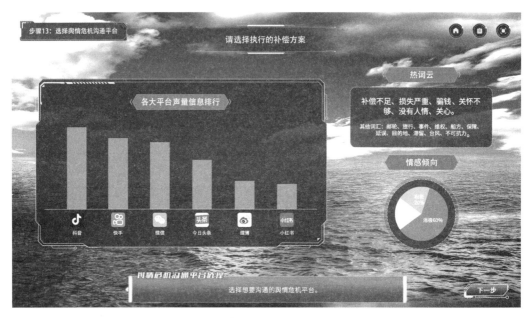

图 8-10　舆情危机沟通平台选择

表 8-10　舆情危机沟通策略组合产生的差异性结果

舆情危机应对策略类型	具体举措及得分	实验结果类型
否认策略	本航次邮轮因台风不可抗力因素造成航向变更,并非主观意愿(+2)	选择四个关键策略进行组合,得分以及对应结果如下: 10～15 分——舆情危机解除; 5～9 分——舆情危机严重程度下降; <5 分——舆情危机严重程度增加
	邮轮公司联合旅行社对游客进行补偿,但仍有部分游客表示不满(−2)	
	存在部分游客煽风点火,恶意传播不实信息(−5)	
	披露部分游客在邮轮上的不文明维权行为(−5)	
减少责任策略	对于因台风引发的航程变更表示遗憾和歉意(+2)	
	感谢网友对本公司的关注和监督,将持续提升服务质量(+3)	
	建立沟通渠道,深入了解游客的困难,为游客提供帮助(+5)	
	将继续关注游客需求,为游客提供真诚服务(+5)	
行动策略	对于因台风引发的航程变更表示遗憾和歉意(+2)	
	感谢网友对本公司的关注和监督,将持续提升服务质量(+3)	
	建立沟通渠道,深入了解游客的困难,为游客提供帮助(+5)	
	将继续关注游客需求,为游客提供真诚服务(+5)	

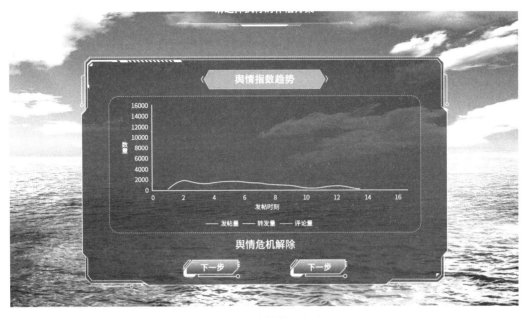

图 8-11　舆情危机解除

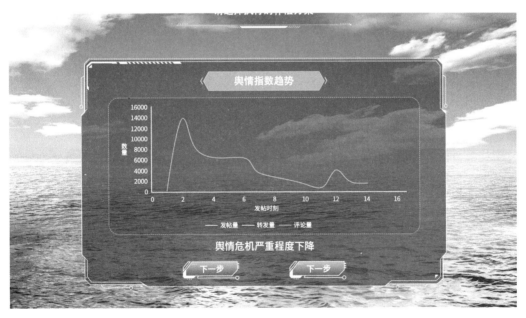

图 8-12　舆情危机严重程度下降

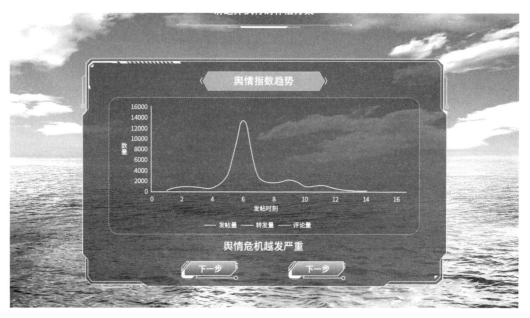

图 8-13　舆情危机严重程度增加

参考文献

鲍君忠,秦莹,王西召,等,2020.基于 Logistic 模型的大型邮轮突发公共卫生事件预测分析[J].交通信息与安全,38(2):136-142,148.

蔡东明,2004."爱沙尼亚"号海难事故分析[C]//中国航海学会,海洋船舶驾驶专业委员会.防止船舶航行事故新经验新技术学术研讨会论文集(下册).

陈德豪,吴剑平,区慧莹,2007.大型居住区突发事件预警与应急机制研究[J].中国公共安全(学术版)(2):23-32.

陈晖,2020.法治视野下的大型邮轮突发公共卫生事件防控对策措施:基于抗击新冠肺炎实践的探析[J].交通信息与安全,38(2):155-161.

陈通,王可,2020.Gotland 客滚船海上撤离系统的设计[J].广船科技,40(1):4-7.

陈旭,2016.邮轮港突发事件风险评估与预警体系研究[D].上海:上海工程技术大学.

陈正华,2010.大型邮轮海港引航作业的安全分析与实施[J].中国航海,33(2):106-110.

董晓静,刘畅,郎少伟,等,2020.两艘国际邮轮新型冠状病毒肺炎突发公共卫生事件处置的比较分析[J].口岸卫生控制,25(5):5-8.

范军,2018.论中国邮轮安全立法的必要性:兼论美国《2010 年邮轮安全法案》对中国邮轮安全立法的借鉴意义[J].中国港口(9):35-37.

方舟,操志强,吴静,2015.美国海岸警卫队邮轮应急响应机制启示[J].交通与港航,2(2):71-75,82.

房斯明,刘正江,王新建,2023.船舶倾斜状态下的人员疏散研究现状及展望[J].科学技术与工程,23(7):2717-2726.

高国平,管昌生,2018.考虑帮助行为的人员疏散元胞自动机模型[J].中国安全科学学报,28(1):56-61.

高慧,唐山,刘可峰,2019.5000t 起重铺管船人员撤离系统分析与研究[J].船舶,30(6):37-46.

高嘉轩,孙思琪,2020.邮轮治安事件的管辖冲突与因应对策[J].中国海商法研究,31(3):6.

郭琳,卢春霞,2011.基于IMO标准的客轮正常状态下疏散实证研究[J].科学技术与工程,11(5):1022-1029.

何孟艳,张言庆,吴明玉,2017.基于网络文本分析的邮轮旅游体验感知研究[J].旅游论坛(6):58.

计雷,2007.对于应急管理的几个认识阶段[J].安全(6):4-5.

江锦成,2021.面向重大突发灾害事故的应急疏散研究综述[J].武汉大学学报(信息科学版),46(10):1498-1518.

教育部办公厅,2017.教育部办公厅关于2017—2020年开展示范性虚拟仿真实验教学项目建设的通知[EB/OL].(2017-07-13)[2023-02-22].http://www.moe.gov.cn/srcsite/A08/s7945/s7946/201707/t20170721_309819.html.

教育部办公厅,2017.教育部办公厅关于印发《2017年教育信息化工作要点》[EB/OL].(2017-02-21)[2023-03-23].https://www.gov.cn/xinwen/2017-02/21/content_5169817.htm.

揭璐宁,2017.邮轮旅游安全管理机制研究[D].天津:天津财经大学.

金龙哲,宋存义,2004.安全科学原理[M].北京:化学工业出版社:69.

开夏,1997.震惊世界的一起滚装渡船惨案[J].水上消防(5):17-22.

李国诚,2020.新型海上救援救生装备在舰船上的应用[J].船舶物资与市场,3(6):126-128.

李明琨,蒋欣颖,2020.基于随机Petri网理论的邮轮灾难事故预警机制研究[J].运筹与管理,29(4):12-20.

李汝亮,杜军平,2009.多Agent的旅游突发事件预警系统[J].智能系统学报,4(5):441-445.

李维佳,2012.探究公海上外国船舶的刑事管辖权问题:以歌诗达邮轮失窃案为例[J].中国外资(8):189,191.

李亚朋,蔡薇,2019.船舶人员疏散问题研究进展[J].中国造船,60(1):228-241.

李韵依,2022."人类卫生健康共同体"视域下邮轮突发公共卫生事件防控的法律应对[J].广东社会科学(2):264-273.

廖守衡,付玉慧,徐德江,2010.客船疏散模型研究综述[J].大连海事大学学报,36(S1):33-35.

林山,叶平,诸葛琼超,等,2011.超大型邮轮靠离秀英港的安全引航[J].航海技术(3)10-12.

刘白云,2023.邮轮搁浅格陵兰岛,200 多人受困[EB/OL].(2023-09-13)[2024-09-07].ht-tps://baijiahao.baidu.com/s? id=1776887384239547811&wfr=spider&for=pc.

刘江虹,王涛,李苑,等,2019.豪华邮轮不同楼梯布置的乘员疏散效率分析[J].船海工程,48(4):59-62.

刘香,罗峥,江雷,2015.信息安全服务的概念与分类[J].信息安全与通信保密(4):62-65,69.

刘志晨,李颖,于文博,等,2020.海上搜救与撤离模型系统设计[J].中国航海,43(3):41-46.

鲁鼎,陈聪,董良志,2021.大型豪华邮轮的突发公共卫生事件防控技术及策略[J].船舶工程,43(S1):204-208.

鲁鼎,马网扣,2021.大型豪华邮轮集成系统的安全返港评估方法及应用[J].船舶工程,43(11):160-165.

陆元旦,2010.超大型邮轮进出黄浦江安全航行的思考[J].航海技术(2):20-22.

栾晨焕,2016.邮轮运输突发事件应急体系及其法制衔接[J].中国海商法研究,27(1):47-54.

罗伯特·希斯,2000.危机管理[M].王成,等译.北京:中信出版社.

罗景峰,2015."4·16"韩国沉船事故致因分析及对海洋旅游安全的启示[J].中国公共安全(学术版)(1):32-35.

罗云,刘潜,1991.关于安全经济学的探讨[J].中国安全科学学报(2):19-26.

吕保国,2013.餐饮业的安全管理与服务创新[J].现代商业(34):56.

马楚瑶,2014.远洋邮轮安全监管研究[D].大连:大连海事大学.

马炎秋,余娅楠,2014.美国邮轮旅客保护立法动态研究[J].中国海商法研究,25(1):95-99,109.

毛涛,2017.专家:17 年 300 人在邮轮消失 邮轮谋杀常与性侵有关[EB/OL].(2017-07-25)[2022-10-07].https://www.sohu.com/a/159858216_617717.

闵德权,胡鸿韬,2016.邮轮口岸管理理论与实务[M].大连:大连海事大学出版社:6.

倪望清,胡志国,2014.国际邮轮服务与管理[M].天津:天津大学出版社.

秦训华,2012.城市社区突发公共事件风险预警平台构建研究[D].湘潭:湘潭大学.

青木,2019.英邮轮游客集体斗殴致 6 人受伤,德媒:斗殴已成邮轮又一大问题[EB/OL].(2019-07-30)[2022-11-08].https://baijiahao.baidu.com/s? id=16404378380 21937014&wfr=spider&for=pc.

邵琪伟,2012.中国旅游大辞典[M].上海:上海辞书出版社.

申稳稳,李华,俞书伟,2008.突发事件应对的动态监测与预警系统[J].山东经济(5):

41-45.

史秀伍,王轶,米伟,2020.国际邮轮大规模应急救援行动研究[J].中国海事(3):21-24.

苏兆前,赵梓卿,肖英杰,2024.我国邮轮运营安全保障立法的必要性和可行性[J].水运管理,44(5):1-3,14.

孙锦路,卢兆明,陆守香,2016.船体浮摇状态下人员疏散运动特征研究现状分析[J].中国水运,16(4):33-36.

孙晓东,侯雅婷,2017.邮轮旅游的负效应与责任性研究综述[J].地理科学进展,36(5):569-584.

谭晶晶,2023.美邮轮超300人呕吐腹泻 疑似诺如病毒所致[EB/OL].(2023-03-10)[2024-04-10].http://world.people.com.cn/n1/2023/0310/c1002-32641353.html.

唐健萍,李必伟,朱德玉,等,2021.邮轮港口公共卫生事件应急管理研究[J].中国水运(下半月),21(10):19-20,155.

田伟,吕伟,2014.船舶安全疏散研究述评[J].中国安全生产科学技术,10(4):133-138.

汪泓,叶欣梁,史健勇,等,2019.中国邮轮产业发展报告(2019)[M].北京:社会科学文献出版社:24.

汪泓,叶欣梁,史健勇,等,2020.中国邮轮产业发展报告(2020)[M].北京:社会科学文献出版社:2.

王晓红,2015.客船应急疏散研究综述[J].中国水运,15(11):41-42,45.

王鑫方,2019.坐邮轮天天吃海鱼 美国老汉汞中毒[EB/OL].(2019-02-28)[2023-05-05].https://baijiahao.baidu.com/s? id=1626706482713220575&wfr=spider&for=pc.

王瑶,2009.我国突发事件应急管理体制研究[D].长春:东北师范大学.

王中华,周耀华,席璟,等,2022.船舶防疫安全技术标准研究及实船应用[J].现代预防医学,49(3):536-543.

魏小欣,姜圣芃,2022.游客在邮轮上滑倒骨折,谁担责?[EB/OL].(2022-10-12)[2022-11-08]. https://sghexport.shobserver.com/html/baijiahao/2022/10/12/878500.html.

魏晓鸽,杜薇,姚浩伟,等,2021.考虑群组运动的医疗建筑疏散模拟研究[J].科学技术与工程,21(36):15700-15705.

吴蔚,2020.国际法规则的"邮轮困境"与人类卫生健康共同体建设[J].亚太安全与海洋研究(4):14.

吴叶葵,2006.突发事件预警系统中的信息管理和信息服务[J].图书情报知识(3):73-75.

武中婧,2010.专用铁路安全评价及安全预警系统研究与实现[D].北京:北京交通大学.

夏贤坤,2019.大型邮轮水上交通突发事件风险评估与应急研究[J].交通企业管理,

34(6):90-93.

谢朝武,周沛,2011.面向旅游者安全的公共服务体系研究[J].华侨大学学报(哲学社会科学版)(1):30-38.

邢梦妮,曾童心,刘迪新,等,2020.搭载 3711 人的钻石公主号邮轮上到底在发生什么? [EB/OL].(2020-02-14)[2023-02-23].https://news.ifeng.com/c/7u3ZHJV37Zo.

熊晓辉,2014.歌诗达遭遇"罗生门" 邮轮游凸显监管难题[EB/OL].(2014-08-30)[2022-11-08].http://finance.sina.com.cn/roll/20140830/005720165419.shtml.

徐文冰,施红,胡亮春,等,2020.邮轮住舱内病毒的空气传播及抑制方法综述[J].中国舰船研究,15(S1):61-67.

闫国东,叶欣梁,2021.邮轮安全运营管理案例集[M].上海:上海交通大学出版社:70.

闫国东,2017.邮轮安全与救生[M].北京:清华大学出版社:94-97.

颜梅生,2018."邮轮游"遇纠纷该如何维权[EB/OL].(2018-09-12)[2023-07-24].https://baijiahao.baidu.com/s? id=1611363235916436363&wfr=spider&for=pc.

杨琪,王维莉,胡志华,2018.突发事件下邮轮应急疏散模拟及其验证[J].大连海事大学学报,44(2):27-32.

杨舒怡,2019.挪威调查豪华邮轮因何涉险:弄明白究竟发生了什么[EB/OL].(2019-03-27)[2022-09-18].http://www.xinhuanet.com/world/2019-03/27/c_1210092303.htm.

姚延敏,2003.服务安全:一个被大火烧出来的话题:访北京旅游学会副会长刘德谦教授[J].中国质量万里行(3):23.

叶欣梁,李涛涛,2015.基于利益相关方责任的邮轮"霸船"事件思考[C]//中国旅游研究院.中国旅游科学年会论文集.北京:中国旅游研究院:3-21.

佚名,2019.邮轮旅游纠纷案例|不幸在外国邮轮上遭遇人身伤亡,谁来负责? [EB/OL].(2019-02-27)[2023-08-17]. https://www.sohu.com/a/298259288_814852.

佚名,2013.美皇家加勒比"海洋富丽"邮轮大火 3000 人惊魂[EB/OL].(2013-05-29)[2022-06-20].https://go.huanqiu.com/article/9CaKrnJAHgy.

佚名,2013.美国豪华邮轮出故障搁浅 游客被困 5 天[EB/OL].(2013-02-16)[2022-11-08].https://www.cnss.com.cn/html/newsmanagement/20130216/93325.html.

佚名,2013.美国豪华邮轮着火 3000 游客海上大逃亡[EB/OL].(2013-05-29)[2022-06-14]. https://www.guancha.cn/america/2013_05_29_147902.shtml.

佚名,2015.歌诗达协和号豪华邮轮将被拆 13 秒延迟指令致触礁事故? [EB/OL].(2015-05-13)[2022-06-14].https://finance.huanqiu.com/article/9CaKrnJKWfz.

佚名,2016.谨防旅游购物陷阱:免税店高价商品暗藏猫腻[EB/OL].(2016-08-23)[2022-06-14].http://news.cctv.com/2016/08/23/ARTIGTRH8Puq2WZnhbhNOXxc160823.shtml.

佚名,2016.法国检方:"海洋和谐"号事故或为人为失误引发[EB/OL].(2016-09-14)[2022-08-13].https://news.cctv.com/2016/09/14/ARTIlf1M9zGLji43wbmfWkTp160914.shtml.

佚名,2017."海洋独立"号邮轮发生大规模食物中毒事故[EB/OL].(2017-12-20)[2023-05-05]. https://www.sohu.com/a/211726994_155167.

佚名,2018.歌诗达邮轮触礁:重案隐微细节锥心![EB/OL].(2018-01-16)[2022-04-10].https://www.sohu.com/a/217121705_712251.

佚名,2019.7—9月间,美国邮轮上发生的性暴力案件比去年同期增长67%[EB/OL].(2019-12-07)[2022-06-14].https://3g.163.com/dy/article/EVOB1R6O0512RJON.html.

佚名,2019.70岁老人为庆生病发死亡 邮轮公司被判赔两千万[EB/OL].(2019-03-10)[2022-11-08].https://www.kankanews.com/detail/80299N9pn26.

佚名,2019.威尼斯一大型邮轮撞上观光船 致4人受伤[EB/OL].(2019-06-03)[2022-06-20]. https://ishare.ifeng.com/c/s/7nCZ2YyMQoQ.

佚名,2020.邮轮旅行岸上观光全是购物套路,这样的邮轮旅行值得去吗?[EB/OL].(2020-02-06)[2023-06-18].https://www.zhihu.com/question/370129826/answer/1001987691?utmpsn=1691617839533006849&utm_id=0.

佚名,2020."钻石公主"号后遗症显现,日本一邮轮公司破产[EB/OL].(2020-03-03)[2022-04-10].https://new.qq.com/rain/a/20200303A0EE5500.

佚名,2020."钻石公主"号游轮确诊61例:3700人的海上隔离生活是怎样的?[EB/OL].(2020-02-07)[2023-02-23].https://news.ifeng.com/c/7trw1oenQuG.

佚名,2021.冲突加剧!8月9日,以色列邮轮遇袭,塔利班越攻越猛,俄罗斯果断出手[EB/OL].(2021-08-09)[2022-06-14].https://www.163.com/dy/article/GGVANKCV0524WSRA.html.

佚名,2022.海南自贸港邮轮旅游纠纷的类型和特点[EB/OL].(2022-10-20)[2023-09-27]. https://baijiahao.baidu.com/s?id=1747209630531881659&wfr=spider&for=pc.

佚名,2022.世界最长邮轮撞上牙买加码头 可能因领航员失误所致[EB/OL].(2022-06-01)[2022-10-07]. https://baijiahao.baidu.com/s?id=1734389951989538741&wfr=spider&for=pc.

佚名,2023.突发!豪华游轮大火!"从很远的地方都能看到"[EB/OL].(2021-08-09)[2023-05-05].https://news.sina.com.cn/c/2021-08-09/doc-ikqcfncc1758336.shtml.

佚名,2023.一邮轮在大西洋遭遇风暴!约百名邮轮游客受伤,至少5人重伤[EB/OL].(2023-11-09)[2024-01-07].https://baijiahao.baidu.com/s?id=1782076508236888251&wfr=spider&for=pc.

印桂生,孙颖,杨东梅,等,2021.船舶安全事故典型案例分析与研究[J].船舶,32(4):1-14.

于萍,2021.邮轮应急疏散过程建模、模拟与布局优化分析[J].中国安全科学学报,31(9):142-149.

张晨静,2019.两艘美国邮轮在墨西哥港口相撞6人受伤[EB/OL].(2019-12-22)[2022-06-20].https://www.guancha.cn/internation/2019_12_22_529142.shtml? s=zwyxgtjbt.

张江驰,谢朝武,黄倩,2022."恐怖邮轮":旅游危机事件在社交媒体场域下的框架建构[J].旅游学刊,37(10):103-116.

张树民,程爵浩,2012.我国邮轮旅游产业发展对策研究[J].旅游学刊,27(6):79-83.

张亚欣,2022.复航再受阻,全球邮轮业何时顺风?[EB/OL].(2022-01-14)[2022-04-20]. https://www.thepaper.cn/newsDetail_forward_16293198.

张燕,2021.大型邮轮建造中的消防安全风险及对策[J].水上消防(4):10-13.

赵丽,2020.钻石公主号事件带来哪些警示[EB/OL].(2020-02-14)[2022-04-10].http://legal.people.com.cn/n1/2020/0214/c42510-31586981.html.

郑直,2023.出海经验丰富,35岁男子深夜却从豪华邮轮离奇坠海失踪! 同行女友发声[EB/OL].(2023-04-28)[2024-01-08]. https://baijiahao.baidu.com/s? id=17644208336427122718.wfr=spider&for=pc.

中华人民共和国教育部,2012.教育部关于印发《教育信息化十年发展规划(2011—2020年)》的通知[EB/OL].(2012-03-21)[2023-04-23].http://www.moe.gov.cn/srcsite/A16/s3342/201203/t20120313_133322.html.

中华人民共和国教育部,2018.教育部关于公布首批国家虚拟仿真实验教学项目认定结果的通知[EB/OL].(2018-06-05)[2023-04-23].http://www.moe.gov.cn/srcsite/A08/s7945/s7946/201806/t20180615_340000.html.

中华人民共和国教育部,2019.教育部关于公布2018年度国家虚拟仿真实验教学项目认定结果的通知[EB/OL].(2019-03-18)[2023-04-23].http://www.moe.gov.cn/srcsite/A08/s7945/s7946/201903/t20190326_375434.html.

中华人民共和国教育部,2019.教育部关于一流本科课程建设的实施意见[EB/OL].(2019-10-30)[2023-04-23].http://www.moe.gov.cn/srcsite/A08/s7056/201910/t20191031_406269.html.

周洁华,李志安,2017.制约海上救生的因素及海上救生装置发展趋势[J].长江丛刊,4(14):144.

祝江斌,王超,2007.我国重大突发事件的政府预警管理模式研究[J].武汉理工大学学报(社会科学版)(4):425-429.

AGYEMANG C，KINATEDER M，2022. A review of the biomechanics of staircase descent：implications for building fire evacuations[J].Fire technology，58：379-413.

AHOLA M，MURTO P，KUJALA P，et al.，2014. Perceiving safety in passenger ships—user studies in an authentic environment[J]. Safety Science，70：222-232.

AKYUZ E，2016. Quantitative human error assessment during abandon ship procedures in maritime transportation[J].Ocean engineering，120：21-29.

BALAKHONTCEVA M，KARBOVSKII V，RYBOKONENKO D，et al.，2015. Multi-agent simulation of passenger evacuation considering ship motions[J]. Procedia computer science，66：140-149.

BALAKHONTCEVA M，KARBOVSKII V，SUTULO S，et al.，2016. Multi-agent simulation of passenger evacuation from a damaged ship under storm conditions[J]. Procedia computer science，80：2455-2464.

BARTOLUCCI A，CASAREALE C，DRURY J，2021. Cooperative and competitive behaviour among passengers during the costa concordia disaster[J/OL].Safety science，134.https://doi.org/10.1016/j.ssci.2020.105055.

BERT F，SCAIOLI G，GUALANO M R，et al.，2014.Norovirus outbreaks on commercial cruise ships：a systematic review and new targets for the public health agenda[J]. Food and environmental virology，6(2)：67-74.

BREWSTER R K，SUNDERMANN A，BOLES C，2020. Lessons learned for COVID-19 in the cruise ship industry[J]. Toxicology and industrial health，36(96)：728-735.

CASAREALE C，BERNARDINI G，BARTOLUCCI A，et al.，2017. Cruise ships like buildings：wayfinding solutions to improve emergency evacuation[J]. Building simulation，10：989-1003.

CHEN H L，LIU H X，GE H C，et al.，2020.Mechanics characteristics of chamber and slide system of vertical slide marine emergency evacuation system[J].Journal of coastal research，103(SI)：311-317.

CHEN Y，ZHANG Z H，WANG T，2022.Direstraits：how tourists on the diamond princess cruise endured the COVID-19 crisis[J/OL].Tourism management，91.https://doi.org/10.1016/j.tourman.2022.104503.

CHO Y-O，HA S，PARK K P，2016.Velocity-based egress model for the analysis of e-vacuation process on passenger ships[J].Journal of marine science and technology，24(3)：466-483.

CHOQUET A，SAM-LEFEBVRE A，2021. Ports closed to cruise ships in the context of

COVID -19：what choices are there for coastal states？［J/OL］. Annals of tourism research，86.https：//doi.org/10.1016/j.annals.2020.103066.

DICKINSON B，VLADIMIR A，2008. Selling the sea：an inside look at the cruise industry［M］. 2nd，ed. New York：Wiley.

EDWARDS E，1972. Man and machine：systems for safety［C］// Proceedings of British Airline Pilots Association Technical Symposium. London：21-36.

FERSON M，PARASKEVOPOULOS P，HATZI S，et al.，2000. Presumptive summer influenza A：an outbreak on a trans-Tasman cruise［J].Communicable diseases intelligence，24（3）：45-47.

FISHER J J，ALMANZA B A，BEHNKE C，et al.，2018. Norovirus on cruise ships：motivation for handwashing？［J］. International journal of hospitality management，2018，75：10-17.

GALEA E R，LAWRENCE P，GWYNNE S，et al.，20014. Integrated fire and evacuation in maritime environments［J].Ship and ocean foundation，1：161-170.

GINNIS A I,KOSTAS K V,POLITIS C G,et al.,2010. VELOS：a VR platform for ship-evacuation analysis［J］. Computer-aided design,42（11）：1045-1058.

GRANDISON A,DEERE S,LAWRENCE P,et al.,2017.The use of confidence intervals to determine convergence of the total evacuation time for stochastic evacuation models［J］. Ocean engineering,146：234-245.

GRANT E，SALMON P M，STEVENS N J，et al.，2018.Back to the future：what do accident causation models tell us about accident prediction？［J］. Safety science，104：99-109.

GRAVNINGEN K，HENRIKSEN S，HUNGNES O，et al.，2022. Risk factors，immune response and whole-genome sequencing of SARS-CoV-2 in a cruise ship outbreak in Norway［J].International journal of infectious diseases,118：10-20.

GREENWOOD M，WOODS H M，1919. The incidence of industrial accidents upon individuals with special reference to multiple accidents［M］. London：Industrial Fatigue Research Board，London.

GUARIN L,KONOVESSIS D,VASSALOS D，2009. Safety level of damaged Ro-Pax ships：risk modelling and cost-effectiveness analysis［J］. Ocean engineering,36（12-13）：941-951.

HEINRICH H W,1931. Industrial accident prevention：a scientific approach［M］. New York：McGraw-Hill Book Company.

HENTHORNE T L, GEORGE B P, SMITH W C, 2013. Risk perception and buying behavior: an examination of some relationships in the context of cruise tourism in Jamaica[J]. International journal of hospitality & tourism administration, 14(1): 66-86.

HERWALDT B L, LEW J F, MOE C L, et al.,1994. Characterization of a variant strain of Norwalk virus from a food-borne outbreak of gastroenteritis on a cruise ship in Hawaii[J]. Journal of clinical microbiology, 32(4):861-866.

HOLMBERG N, ADEMI S S, 2017. Evacuation on board passenger ships with the use of mobile application[D]. Gothenburg:Chalmers University of Technology, Gothenburg, Sweden.

HYSTAD S W, OLANIYAN O S, EID J, 2016. Safe travel: passenger assessment of trust and safety during seafaring[J]. Transportation research part f: traffic psychology and behaviour, 38: 29-36.

International Maritime Organization, 2018. MSC 72/16, Formal safety assessment:decision parameters including risk acceptance criteria[S/OL].(2018-04-09)[2022-05-12].https://www.imo.org/en/OurWork/Safety/Pages/FormalSafetyAssessment.aspx.

ISAKBAEVA E T, WIDDOWSON M A, BEARD R S, et al., 2005, Norovirus transmission on cruise ship[J]. Emerging infectious diseases, 11(1):154-157.

ITO H, HANAOKA S, KAWASAKI T, 2020. The cruise industry and the COVID-19 outbreak[J/OL]. Transportation research interdisciplinary perspectives, 5. https://doi.org/10.1016/j.trip.2020.100136.

JOUSTRA R S, 2018. Analysis of evacuation performance of early stage ship designs using a Markov-Decision-Process model[D]. Delft:Delft University of Technology, Delft, Netherlands.

KAK V,2015. Infections on cruise ships[J]. Microbiology spectrum, 3(4):377-383.

KIM H,PARK J H,LEE D,et al.,2004. Establishing the methodologies for human evacuation simulation in marine accidents[J]. Computers & industrial engineering, 46(4): 725-740.

LANINI S, CAPOBIANCHI M R, PURO V, et al., 2014. Measles outbreak on a cruise ship in the western Mediterranean[J].Euro surveillance, 19(10): 1-5.

LI H,MENG S H, TONG H L, 2021. How to control cruise ship disease risk? Inspiration from the research literature[J/OL].Marine policy, 132. https://doi.org/10.1016/j.marpol.2021.104652.

LI Y P, CAI W, 2019. Research progress on ship evacuation[J].Ship building of

China，1：228-241.

LI Z T，WANG X Q，LI X，et al.，2022. Post COVID-19：health crisis management for the cruise industry［J/OL］.International journal of disaster risk reduction，71.https：//doi.org/10.1016/j.ijdrr.2022.102792.

LIU B，PENNINGTON-GRAY L，KRIEGER J，2016. Tourism crisis management：can the extended parallel process model be used to understand crisis responses in the cruise industry？［J］. Tourism management，55：310-321.

LIU X F，CHANG Y C，2020. An emergency responding mechanism for cruise epidemic prevention：taking COVID-19 as an example［J/OL］.Marine policy，119.https：//doi.org/10.1016/j.marpol.2020.104093.

LIU-LASTRES B，SCHROEDER A，PENNINGTON-GRAY L，2019. Cruise line customers' responses to risk and crisis communication messages：an application of the risk perception attitude framework［J］. Journal of travel research，58(5)：849-865.

LOIS P，WANG J，WALL A D，et al.，2004. Formal safety assessment of cruise ships［J］. Tourism management，25(1)：93-109.

LU C S，TSENG P H，2012. Identifying crucial safety assessment criteria for passenger ferry services［J］.Safety science，50(7)：1462-1471.

MACPHERSON C，2008. Golden goose or Trojan horse？ Cruise ship tourism in Pacific development［J］. Asia Pacific viewpoint，49(2)：185-197.

MILESKI J P，WANG G，BEACHAM L L，2014.Understanding the causes of recent cruise ship mishaps and disasters［J］.Research in transportation business & management，13：65-70.

MILLER J M，TAM T，SUSAN M，et al.，2000. Cruise ships：high-risk passengers and the global spread of new influenza viruses［J］. Clinical infectious diseases，31(2)：433-438.

MILLMAN A J，KRISTA K D，KATHRYN L，et al.，2015. Influenza outbreaks among passengers and crew on two cruise ships：a recent account of preparedness and response to an ever-present challenge［J］. Journal of travel medicine，(5)：306-311.

MITRUKA K，FELSEN C B，TOMIANOVIC D，et al.，2012. Measles，rubella，and varicella among the crew of a cruise ship sailing from Florida，United States，2006［J］. Journal of travel medicine，19(4)：233-237.

MOUCHTOURI V A，RUDGE J W，2015. Legionnaires' disease in hotels and passenger ships：a systematic review of evidence，sources，and contributing factors［J］. Journal of travel medicine，22（5）：325-337.

MURITALA B A，HERNÁNDEZ-LARA A B，SÁNCHEZ-REBULL M V，et al.，2022.Coronavirus cruise：impact and implications of the COVID-19 outbreaks on the perception of cruise tourism［J/OL］. Tourism management perspectives，41. https://doi.org/10.1016/j.tmp.2022.100948.

NERI A J，CRAMER E H，VAUGHAN G H，et al.，2008. Passenger behaviors during norovirus outbreaks on cruise ships［J］. Journal of travel medicine，2008，（3）：172-176.

OBISESAN A，SRIRAMULA S，2018. Efficient response modelling for performance characterisation and risk assessment of ship-iceberg collisions［J］. Applied ocean research，74：127-141.

OTTOMANN C，HARTMANN，B，ANTONIC，2016. Burn care on cruise ships-epidemiology，international regulations，risk situation，disaster management and qualification of the ship's doctor［J］. Burns，42（6）：1304-1310.

PAN T，SHU F，KITTERLIN-LYNCH M，et al.，2021. Perceptions of cruise travel during the COVID-19 pandemic：market recovery strategies for cruise businesses in North America［J/OL］. Tourism management，85. https://doi.org/10.1016/j.tourman.2020.104275.

PASTORIS M，MONACO R，GOLDONI P，et al.，1999. Legionnaires' disease on a cruise ship linked to the water supply system：clinical and public health implications［J］. Clinical infectious diseases，28（1）：33-38.

PINCUS R，ZEBICH-KNOS M，2016. The unique dual-nature aspect of search and rescue enables competing frames：Russia，the USA，and the cruise industry［J］. Polar geography，39（2）：16-40.

POSPOLICKI M，2017. A study on how to improve mass evacuation at sea with the use of survival crafts［D］.Lund：Lund University，Lund，Sweden.

QUINTAL V，SUNG B，LEE S，2022. Is the coast clear？ Trust，risk-reducing behaviours and anxiety toward cruise travel in the wake of COVID-19［J］. Current issues in tourism，25：2，206-218.

RADIC A，LÜCK M，AL-ANSI A，et al.，2021. Cruise ship dining experiencescape：the perspective of female cruise travelers in the midst of the COVID-19 pandemic［J/OL］. International journal of hospitality management，95. https://doi.org/10.

1016/j.ijhm.2021.102923.

ROBERTS S E, 2008. Fatal work-related accidents in UK mer chant shipping from 1919 to 2005[J]. Occupational medicine, 58(2): 129-137.

SMOLAREK L, ŚNIEGOCKI H, 2013. Risk modelling for passages in approach channel[J]. Mathematical problems in engineering(7): 1-8.

TALLEY W K, JIN D, POWELL H K, 2008. Determinants of the severity of cruise vessel accidents[J]. Transportation research part d: transport and environment, 13(2): 86-94.

UNWTO, 2020. UNWTO world tourism barometer and statistical annex, december 2020 [J]. World tourism barometer (English version), 18(7).

VALANTO P, 2015. Time-dependent survival probability of a damaged passenger ship Ⅱ— evacuation in seaway and capsizing[R/OL]. (2005-05-31)[2022-06-20]. https://www.forschungsinformationssystem.de/servlet/is/253772/.

VANEM E, SKJONG R, 2006. Designing for safety in passenger ships utilizing advanced evacuation analyses: a risk based approach[J]. Safety science, 44(2): 111-135.

VIDMAR P, PERKOVIC M, 2015. Methodological approach for safety assessment of cruise ship in port[J]. Safety science, 80: 189-200.

WANG P H, 2020. Investigation on aerodynamic performance of luxury cruise ship[J]. Ocean engineering, 4(1): 213.

WANG W L, LIU S B, LO S M, et al., 2014. Passenger ship evacuation simulation and validation by experimental data sets[J]. Procedia engineering, 71: 427-432.

WANG X J, LIU Z J, WANG J, et al., 2021. Passengers' safety awareness and perception of wayfinding tools in a Ro-Ro passenger ship during an emergency evacuation[J/OL]. Safety science, 137. https://doi.org/10.1016/j.ssci.2021.105189.

WANG X, YONG W, SHI L, 2016. An outbreak of multiple norovirus strains on a cruise ship in China, 2014[J]. Journal of applied microbiology, 2016, 120(1): 226-233.

WEAVER A, 2005. The Mcdonaldization thesis and cruise tourism[J]. Annals of tourism research, 32(2): 346-366.

YUEN K F, CAO Y, BAI X, et al., 2021. The psychology of cruise service usage post COVID-19: health management and policy implications[J/OL]. Marine policy，130.https：//doi.org/10.1016/j.marpol.2021.104586.

ZHENG L，CHEN Q，XU J，et al.，2016. Evaluation of intervention measures for respiratory disease transmission on cruise ships［J］. Indoor and built environment，25(8)：1267-1278.

ZHOU S，HAN L，LIU P，et al.，2020. Global health governance for travel health：lessons learned from the coronavirus disease 2019(COVID -19) outbreaks in large cruise ships［J］. Global health journal，4(4)：133-138.

后 记

　　今年以来,随着国产首艘大型邮轮"爱达·魔都"号在上海开启商业首航,皇家加勒比邮轮、MSC 地中海邮轮、星旅远洋邮轮、招商维京邮轮、蓝梦邮轮等邮轮相继回归我国邮轮母港,邮轮旅游正逐渐成为一种全新的生活方式和时尚追求。上半年,我国邮轮旅客运输量约 50 万人次,恢复至 2019 年同期的一半以上,其中,二季度邮轮旅客运输量较一季度环比增长近 60％,邮轮旅游市场不断升温。作为一种受欢迎的旅游方式,邮轮旅游安全与应急管理的重要性不言而喻。然而,目前国内邮轮安全与应急管理教材存在数量少、内容滞后、时效性不强等问题,亟须编写一批高质量、专业化教材,以服务邮轮旅游人才培养。为此,本书系统构建了邮轮安全与应急管理的理论体系、知识体系和教学体系,内容兼具科学性、实践性和前瞻性,不仅可作为高等院校邮轮旅游教育教学专业教材,还可供邮轮行业安全与应急管理人才培训使用,是提升邮轮安全与应急管理专业技能的实用工具。

　　本书是在集美大学规划处、教务处的组织下完成的,其间得到了公安部牛晋、古小燕和于春全等专家以及集美大学工商管理学院原书记陈福昌的指导与帮助,在此表示诚挚的谢意! 同时,北京联合大学张凌云教授、华侨大学谢朝武教授、上海工程技术大学叶欣梁教授作为顾问,均对本书的编写理念、编写思路、主要内容、体例结构等进行了详细的指导,在此表示衷心的感谢! 集美大学旅游管理专业原教师许智富博士为我们提供了许多有益的建议,对本书的完善起了较大的作用,在此一并表示感谢! 集美大学工商管理学院硕士研究生林钰炀、钟望芳和汪佳佳花费了较长的时间和较大的精力整理资料,感谢她们的努力付出。厦门大学出版社责任编辑施建岚老师严谨细致地审稿和编校,给予了积极的支持,感谢她的辛勤工作!

　　然而,由于时间仓促,以及作者水平有限,书中难免存在不妥之处,敬请学界同道批评指正,我们将不断努力,进一步完善本书,为促进我国邮轮旅游高质量发展贡献一份心力!

主编
2024 年 8 月